王朝的诞生

大汉王朝诞生记

刘素平 著

中国书籍出版社

图书在版编目（CIP）数据

大汉王朝诞生记 / 刘素平著. —北京：中国书籍出版社，2022.9

ISBN 978-7-5068-9117-2

Ⅰ.①大… Ⅱ.①刘… Ⅲ.①中国历史—汉代—通俗读物 Ⅳ.①K234.09

中国版本图书馆CIP数据核字(2022)第133724号

大汉王朝诞生记

刘素平　著

丛书策划	王志刚
责任编辑	王志刚　盛　洁
责任印制	孙马飞　马　芝
封面设计	东方美迪
出版发行	中国书籍出版社
地　　址	北京市丰台区三路居路97号（邮编：100073）
电　　话	（010）52257143（总编室）　（010）52257140（发行部）
电子邮箱	eo@chinabp.com.cn
经　　销	全国新华书店
印　　刷	三河市顺兴印务有限公司
开　　本	710毫米×1000毫米　1/16
字　　数	210千字
印　　张	16.5
版　　次	2022年9月第1版　2022年9月第1次印刷
书　　号	ISBN 978-7-5068-9117-2
定　　价	56.00元

版权所有　翻印必究

目 录

引子　大风起兮云飞扬···1

第一章　秦朝暴政，大规模农民起义···························3
 1. 千古一帝···5
 2. 二世胡亥···10
 3. 戍边误期···15
 4. 鱼腹丹书···19
 5. 陈县称王···23
 6. 六国复国···27

第二章　群雄并起，秦王朝岌岌可危·······················35
 1. 江东起兵···37
 2. 沛县起兵···41
 3. 章邯戏水···47
 4. 薛县议事···51
 5. 定陶之战···55
 6. 怀王之约···59

第三章　楚国分兵，先定关中者王之 …… 65

1. 北上救赵 …… 67
2. 巨鹿之战 …… 72
3. 西进伐秦 …… 76
4. 转道入关 …… 80
5. 章邯降楚 …… 84
6. 秦二世亡 …… 88

第四章　鸿门宴会，得民心者占先机 …… 93

1. 受降子婴 …… 95
2. 坑杀降卒 …… 98
3. 约法三章 …… 100
4. 鸿门之宴 …… 104
5. 焚烧秦宫 …… 111
6. 废约分封 …… 114

第五章　三秦平定，统一天下有基地 …… 119

1. 屈就汉王 …… 121
2. 月追韩信 …… 125
3. 山东复乱 …… 131
4. 暗度陈仓 …… 134
5. 还定三秦 …… 138
6. 人才归汉 …… 142

第六章　两大阵营，众诸侯摇摆不定……147

1. 项羽平齐……149
2. 汉军东出……151
3. 彭城之战……155
4. 联盟瓦解……158
5. 下邑画谋……162
6. 京索之战……167

第七章　楚汉相持，成败只在一念间……173

1. 安邑平魏……175
2. 井陉之战……177
3. 灭赵降燕……181
4. 画箸阻封……185
5. 荥阳相持……187
6. 平定齐国……192

第八章　成王败寇，形势反转汉军胜……197

1. 成皋争夺……199
2. 伤胸扪足……202
3. 鸿沟议和……205
4. 楚退汉追……208
5. 四面楚歌……211
6. 乌江自刎……215

第九章　大汉开国，承袭秦制大一统……………………221

1. 君临天下 …………………………………223
2. 汉承秦制 …………………………………229
3. 强化皇权 …………………………………234
4. 对战匈奴 …………………………………240
5. 清除异己 …………………………………244
6. 汉室江山 …………………………………249

引子

大风起兮云飞扬

在世界几千年的历史长河中,真正能将久远的文明和辽阔的疆域结合在一起的只有中国。公元前221年,秦始皇一统天下,从此在以后漫长的两千多年,中国以一个统一的多民族中央集权制国家屹立在世界的东方,一直是当时世界上最发达的国家之一。

秦始皇,自称"始皇",他也想大秦王朝能够千秋万代传袭下去,然而却事与愿违,只传了二世便崩溃。

究其原因:秦始皇时期,大兴土木,极大地加重了人民的徭役和赋税负担。同时,秦制的严刑酷法使人民动辄触犯刑律,秦王朝的暴政早已让民间暗流涌动。而当秦始皇突然驾崩,王朝内部又陷入皇位之争,夺位成功的秦二世胡亥有过之而无不及的暴政,让人民渴望暴政缓解的愿望落空。因此陈胜吴广一行的戍边误期,引爆了大规模农民起义,也成为秦王朝覆灭的导火索。

然而,秦始皇开创的中央集权的大一统制度,却成为后世封建君主无法抵挡的诱惑和无法摆脱的宿命,而第一个传承者,就是曾经亲眼得见秦始皇威仪的刘邦。

刘邦发出感叹:"嗟乎,大丈夫当如此也!"刘邦此语含而不露,却也抒发了自己的理想和远大志向。

在争夺天下的霸业中首先胜出的项羽也曾见过秦始皇出巡,他说:"彼可取而代也。"但遗憾的是,项羽根本没有建立一个中央政权的意识，而是把诸侯全部分封到各自的领地。项羽只想到当霸王，而没有当帝王的豁达气度和识人之明。

再看刘邦，不仅愈挫愈勇，而且豁达大度；不仅从谏如流，而且具有识人之才。刘邦挖掘无数人才为己所用，特别是对萧何、张良、韩信三人的任用，对他最终缔造伟业起到了至关重要的作用。

这样，在楚汉相争时项羽败给刘邦就不足为奇了。

公元前202年2月28日，刘邦在定陶举行登基大典称帝，国号汉，定都长安，一个统一的大汉王朝从此诞生。

每一个王朝的诞生不可能是一帆风顺的，大汉王朝的诞生也是如此。

大汉王朝的开国皇帝刘邦亲眼见证了秦王朝的兴亡，体会自然就更加刻骨铭心。因此大汉王朝从诞生之日起，就去其糟粕、取其精华地承袭秦制。而当上皇帝的刘邦居安思危，曾作歌曰："大风起兮云飞扬，威加海内兮归故乡，安得猛士兮守四方！"由此，奠定了大汉王朝四百年的根基。

那么，就让我们重回秦朝末年，沿着历史的进程，循着先人的足迹，由远及近，共同回顾一下大汉王朝的诞生历程吧！

大汉王朝
诞生记

第一章
秦朝暴政，大规模农民起义

1. 千古一帝

从秦王政十七年（前230年）至秦王政二十六年（前221年），秦王嬴政先后灭韩、赵、魏、楚、燕、齐六国，结束战国诸侯争霸的混乱局面，完成统一中国大业，建立了一个统一的中央集权的多民族国家——秦朝。

秦王政二十六年（前221年），秦统一六国后，秦王嬴政认为自己"德兼三皇，功过五帝"，取三皇中的"皇"和五帝中的"帝"，组成"皇帝"称号，并使自己成为中国历史上第一个使用"皇帝"称号的君主，自称为"始皇帝"，后人称之为"秦始皇"。

秦始皇不仅开创了使用"皇帝"称号的先河，而且还奠定了中国两千余年政治制度的基本格局。政治上，在中央实行三公九卿管理国家大事，在地方废除分封制代以郡县制。经济上，实行书同文，车同轨，统一货币和度量衡，修筑灵渠，沟通长江和珠江水系。军事上，北击匈奴，南征百越，修筑万里长城抵御外族入侵。因此，秦始皇被后世人称为"千古一帝"。

秦始皇下令大规模地兴建宫殿和陵墓、筑长城、修驰道以及对匈奴和南越用兵，耗费了大量的人力和财力，极大地加重了人民的徭役和赋税负担。有资料显示：秦始皇修阿房宫、骊山陵动用刑徒及奴隶七十多万人，用来防御匈奴侵扰的人员三十万，戍守五岭的人员五十万，再加上修驰道、搞运输的人员，全国共计服徭役者达两百万左右，而此时秦王朝的全国总人口只有约两千万，也就是说有十分之一的人口脱离了土地和生产。与此同时，秦王朝还制定严刑酷法，使人民动辄就会触犯法律。这样一来，统治者与被统治者之间的矛盾就产生并且开始暗流涌动了。

秦始皇高高在上，唯我独尊，他根本没有体察人民的疾苦。

秦始皇三十五年（前212年），秦始皇嫌咸阳（今陕西咸阳）

人口多，宫殿小，就下令大兴土木，抽调大批各地的民工，在都城咸阳的南郊修建阿房宫。

按照秦律的规定：年满十七岁的成年男子都要服兵役和劳役。每人每年需在本县服役一个月，这是常年的徭役。另外，每个人一生中还必须要服两次大役，一次是在本县服役一年，另一次是在外地服役一年。外地是指都城咸阳、边郡或者是其他郡。由于秦始皇要在咸阳南郊修建阿房宫，因此几十万民工被派遣到咸阳服为期一年的外役。

在这几十万民工中，有一个人最值得一提，这个人就是时任泗水亭长的刘季，也就是后来的汉高祖刘邦。

此时的刘邦四十五岁，秦始皇四十八岁。

秦始皇君临天下，他根本不知道在几十万双注视他的眼睛中，还有一个大秦的掘墓人刘邦的存在，但刘邦却挤在观瞻的人群中，目睹了盛大的车马仪仗和精锐的步骑警卫，远远地仰望到了秦始皇的身影……

那一刻，沛县泗水亭长刘季身心受到极大震动，他呆立在原地一动不动，反复说着同一句话：

"嗟乎，大丈夫当如此也！"[①]

"嗟乎，大丈夫当如此也！"

"嗟乎，大丈夫当如此也！"

秦始皇其实很喜欢万众欢呼的场面，甚至可以说是很享受百姓对他狂热的崇拜，因此尽管不断地有刺客对他进行暗杀，他仍然喜欢巡游，并且允许百姓观瞻。

从秦始皇二十七年（前220年）至秦始皇三十七年（前210年）的十年间，秦始皇共进行了五次深入郡县的巡游。

[①] 刘邦此语出自《史记·高祖本纪第八》记载：高祖常繇咸阳，纵观，观秦皇帝，喟然太息曰："嗟乎，大丈夫当如此也！"

秦始皇二十七年（前220年），即秦始皇统一天下之后的第二年，他开始了第一次巡游。①这次巡游秦始皇是奔向西北方向，目的是祭祖和告庙。秦始皇已经完成了统一天下大业，因此他要追寻先祖发达的足迹，去向列祖列宗报告。秦始皇从咸阳出发，首先抵达雍城（今陕西宝鸡）。雍城是秦国的旧都，这里有从静公到出公二十二代秦公的陵墓和宗庙。秦始皇在雍城告祖祭祀之后，又翻山越岭到达了西县（今甘肃陇南）。西县是秦国的第一座都城，是秦国开国之祖第一代秦公秦襄公的陵墓和宗庙所在，因此西县是秦始皇必须亲自前往祭祀的圣地。

第一次巡游之后的第二年，秦始皇又开始了第二次巡游。这次秦始皇是向东，目的是登泰山封禅。在中国古代，泰山是天下的圣山，登泰山封禅是人世间伟业完成、告祭于天的大礼。因此秦始皇完成了统一天下的伟业，在告祭列祖列宗后，就是登泰山封禅，告祭于天。秦始皇在泰山刻石颂功，并冒雨登山行了封禅告天的大祭。从泰山下来，兴致勃勃的秦始皇又走临淄，抵达胶东半岛的黄县（今山东龙口），沿海经过腄县，来到山东半岛东角的成山，继续沿海西南行，在之罘山刻石记功，抵达琅琊。在琅琊秦始皇乐而忘返，竟然修筑离宫高台，停留长达三个月之久，其间，还迁徙三万户人口移居到了琅琊。

琅琊台的奇幻，遥不可及的海上仙山，仙山上不死的仙人，仙人们采食着不老的仙草……令秦始皇心醉而神往。因此在回到咸阳后不到一年，秦始皇再次踏上东去的行程，开始了第三次巡游，此时是秦始皇二十九年（前218年）。第三次巡游，秦始皇轻车熟路地走了与第二次相同的路线。然而，途中遭遇了刺客的狙击，粉碎了秦始皇的好心情和梦想，只到达之罘山刻石记功，在琅琊小住便

---

① 关于秦始皇第一次巡游的目的和线路，两千多年来一直是不解之谜，后世的史家大多数认为这次巡游走的是西北方向，目的是祭祖和告庙。

返回。

秦始皇三十二年（前215年），秦始皇开始第四次巡游，这次的线路是向北方。首先到达了碣石，在碣石城门上刻辞，内容主要还是颂扬皇帝的功绩，为后世垂示规范。派燕地人卢生访求羡门、高誓，又派韩终、侯公、石生寻访仙人求取长生不死的仙药。秦始皇又巡行北方边境，然后从上郡回到咸阳。

秦始皇三十七年（前210年），人已半百的秦始皇进行了他人生中的第五次也是最后一次巡游。

当始皇仪仗到达吴县（今江苏苏州）时，时年二十三岁的项羽见到了秦始皇。出身楚国贵族、年轻气盛的项羽，没有刘邦那样震撼，只是淡淡地说了句：

"彼可取而代也。"①

也许在项羽心目中，秦始皇仅仅是秦王而已，给他机会，他当然也可以称王称霸。令项羽也没想到的是，机会很快就来了。

在项羽见到秦始皇之后，咸阳宫中传来始皇驾崩、秦二世胡亥继位的消息。当然这个消息与秦始皇实际驾崩的时间，已经被打了一个时间差。

秦始皇三十七年（前210年），秦始皇第五次巡游到巨鹿郡南部的沙丘宫平台（今河北省广宗县西北大平台），此时，秦始皇实际上已经病入膏肓了。

七月丙寅这一天，秦始皇预感到一种不祥之兆，他决定口授遗诏，并令随行的中车府令兼行玺符令赵高做笔录。遗诏的主要内容是秦始皇临死前对身后事所做的安排。赐玺给正在上郡（今延安）监军的长子扶苏，命令他将所监领的军队托付给将军蒙恬，迅速赶回都城咸阳主持葬礼，当然也包括继承皇位。

---

① 项羽此语出自《史记·项羽本纪第七》记载：项籍者，下相人也，字羽。又记载：秦始皇帝游会稽，渡浙江，梁与籍俱观。籍曰："彼可取而代也。"

遗诏拟好加封后尚未送出，开创了统一的大秦王朝的秦始皇嬴政就因病死于沙丘①，享年五十岁。

实际上早在十多年前，秦始皇统一天下，千秋伟业告成，近二十年的战争风云瞬间中止平息，进取出击的锋芒陡然间失去了指向，如释重负之余，也让秦始皇的心理失去了平衡，陷入了失落和不安中，同时，多年来强撑硬持的躯体开始乏力，各种病兆也纷至沓来。

此时的秦始皇已届不惑之年，然而他对自己的身心却感到困惑了。

身心出现问题的秦始皇，心境已经困闭于对死亡的恐惧当中。他自比真人，四处寻医求药，寄望方士，向往蓬莱仙境，渴望长生不老，而对于自己的身后事却不加考虑或不作深思。

秦始皇作为始皇帝，一切都是首创，所做的一切都没有先例可循，也没有可资借鉴的经验和教训，因此对于皇位的继承人，在是立长还是立幼的问题上，秦始皇一直犹豫不决，也就没有明确的态度。

也许秦始皇曾经考虑立幼子胡亥为太子，但他令长子扶苏出京到上郡监军之后，只是立没有封地的幼子胡亥为假子，让胡亥随行巡视天下，这只能算是临时的继承人而已。

到了生命的最后关头留遗诏时，秦始皇只是赐玺给长子扶苏，对其他诸子却完全没有提及，这就埋下了巨大的隐患。

长子扶苏实际上没有能够看到秦始皇的玺书，玺书被玩弄阴谋的中车府令赵高给扣押了，因为赵高是幼子胡亥的老师，赵高要扶胡亥当皇帝。

秦始皇突然驾崩，除了身边的少数近侍宦者之外，知情者就只

---

① 《史记·秦始皇本纪第六》记载：上病益甚，乃为玺书赐公子扶苏曰："与丧会咸阳而葬。"书已封，在中车府令赵高行符玺事所，未授使者。七月丙寅，始皇崩于沙丘平台。

有幼子胡亥、丞相李斯、中车府令赵高三人。

面对骤然出现的局面，丞相李斯的第一反应就是密不发丧……接下来，一场场血雨腥风上演了。

2. 二世胡亥

据资料记载：秦始皇一共有三十三个子女，其中儿子二十三个，女儿十个。然而，在历史上留下名字的却是寥寥无几，最著名的应当就是长子扶苏和幼子胡亥了。

胡亥，生长于秦王朝的鼎盛时期，在秦始皇最百无聊赖的时候，能玩乐会享受的儿子最是获得宠爱，而胡亥正是有这个本事，会哄父皇开心，因此秦始皇巡游，胡亥要求跟随就被允许并且还被立为假子[①]。

胡亥除了会玩会享受之外，他的所有人生经验和学识都来自中车府令赵高，因为赵高是秦始皇敕令给胡亥的老师。

那么赵高又是何许人也呢？

赵高的祖上是赵国王室的旁系远支，在战国时代被赵国当作人质送给了秦国。在赵国时没有得到宠爱，到了秦国又没有人关心和援助，赵高的祖上只得留在秦国娶妻生子，一代代繁衍生息下来，而子孙后代流落于咸阳的市井之中，成为与庶民没有任何差异的秦人。

秦昭王五十一年（前256年），赵高出生于秦国的都城咸阳，他的父亲是通于法律、精于书法的下级文法官吏。秦国是注重世业的国家，子承父业、以吏为师是秦王朝的国策。从小聪明好学的赵

[①] 《史记·蒙恬列传第二十八》记载："太子（胡亥）独从，周旋天下，去诸公子绝远，臣无所疑矣。夫先主之举用太子，数年之积也，臣乃何言之敢谏，何虑之敢谋。"

高在成年后就有机会子承父业，走文法的道路入仕，成为一流的书法家和法学家。因此从十七岁开始，赵高就以文法官吏子弟入学室，然后通过考试以优异的成绩入仕为官，此后他三年迈上一个台阶，逐渐走到了秦王的身边从事文秘工作。

这一年，赵高二十三岁。

秦王政十三年（前234年），即秦王嬴政亲政后的第五年，赵高从少府属下的诸多尚书吏中脱颖而出，被秦始皇任命为中车府令。中车府令是秦王朝的一个中级官吏，但职责是负责皇帝的车马管理和出行随驾，甚至需要亲自为皇帝驾驭，职位的重要性非同小可，担当此任者，必定是皇帝绝对信任的心腹之人。另一方面，赵高能被任命为中车府令，说明他是一位文武双全的人才。

当然赵高的仕途也不是一帆风顺，天有不测风云，正当他前程一片光明时，却因触犯法律，获大罪入狱。虽然最后秦始皇念及在身边多年，不仅惜才赦免了他，并且还官复原职，但这件事对赵高的身心却造成了巨大的打击。

至于赵高是出于什么目的和心理去鼓动胡亥当皇帝，现已无法查证，也不得而知了，而实际上他就那么做了。

在说动了胡亥之后，赵高马上开始了第二步，那就是他知道夺权计划要想成功，丞相李斯是他无论如何绕不过去的人。

李斯是楚国人。年轻时李斯是楚国郡府中一名怀才不遇的文法小吏。后来，李斯辞去郡小吏，千里迢迢投奔到荀子门下学习经世致用的帝王之术。学成之后，李斯在对当时的形势作了细致的分析和研究之后，决定离开楚国到秦国去。

李斯来到秦国时，正是庄襄王去世，十三岁的嬴政继位为秦王。此时正值战国末年，秦王嬴政年少，吕不韦当政。吕不韦正在让门下宾客编撰《吕氏春秋》。或许是荀子推荐，也或许是李斯自己打着老师的旗号自荐，总之，李斯入了吕不韦门下，得以直接面对吕

第一章 / 秦朝暴政，大规模农民起义 /

不韦，展示自己的才华。吕不韦极为赏识，就把他推荐给秦王宫，成为秦王嬴政身边的文职侍从。逐渐地，李斯得到了年轻的嬴政信赖，政见策划被秦王逐一采纳实行，并被任命为长史，直接参与了秦国政治，职位从长史、客卿、廷尉，一直做到丞相。参与了消灭六国、统一天下政策的制定和执行。统一的秦王朝建立之后，强化和巩固统治的各项政策，几乎都出于李斯之手。

在长达三十多年的秦国政治生活中，李斯凭借自己杰出的政治才能和机智，一帆风顺，步步高升。大约在秦始皇三十年（前217年）左右，李斯被秦始皇任命为左丞相，封为列侯，成为秦王朝中仅次于皇帝的权势人物。然而秦始皇的突然驾崩，给李斯带来的冲击是很大的。

此时李斯七十一岁。多年的政治生涯让他敏感地意识到，随着新皇的继位，一切都将会不一样了。年过七旬，已经是垂暮之年，行事只能多为晚年子孙考虑了。因此，李斯在为臣之道和保身固宠之间，在安定国本和攫取权益之间，无法说服自己，也无法抗拒赵高，终于他垂泪叹息：呜呼哀哉，落日黄昏，遭遇乱世，身不能随先帝去，命将何处依托哉！然后，李斯接受了赵高的提议。

自此，在沙丘，胡亥、赵高、李斯结成了三人政治同盟，开始了夺权的政治行动。首先就是要消灭最大的竞争对手扶苏。扶苏背后还有蒙氏和三十万秦军，不可力取，只能谋夺。因此三人政治同盟决定销毁秦始皇赐送给长子扶苏的书信，另外制定假诏书，以丞相李斯承受皇帝遗言的方式立胡亥为太子，同时假诏书中还谴责扶苏、蒙恬的种种罪行，赐令他们自杀。被篡改了内容的假诏书，经封口加盖皇帝玺印，再由李斯的亲信和胡亥的门客共同送往上郡。

派出了传送假诏书的使者之后，李斯和赵高便宣称皇帝继续巡游，北上视察秦王朝的北部边防。他们密载秦始皇遗尸，瞒天下人巡游千里，围绕上郡环行，其用意就是配合假诏书的发送，用秦始皇出巡北疆的行动，镇抚北部军队，威慑在上郡的扶苏和蒙恬。

因正值夏天，秦始皇遗体腐烂发臭，竟令车载百斤咸鱼，以扰臭味。呜呼！千古一帝秦始皇，晚年苦求长生不得，死后遗尸还要为政治服务，也是帝王人生的一大悲哀了。如果秦始皇地下有知，自己的江山和长子被如此蹂躏，不知道会作何感想？

秦始皇的长子扶苏的母亲是郑国人，因为喜欢唱一首名为《山有扶苏》的歌，扶苏因此而得名。扶苏从小聪明机智，性格仁厚，天生似乎就有一副悲天悯人的心肠。这与秦始皇的严苛暴政格格不入。在秦始皇眼里，这是软弱无能，难堪重任。因此，秦始皇就派遣扶苏与大将蒙恬，一起去修筑抵御匈奴的万里长城，以磨练他的意志。经过一段时间的锻炼，扶苏的性格果敢了许多。再加上天生仁厚的性格，扶苏被立为太子的支持率节节攀升。

然而扶苏没有等到父皇立他为太子的诏书，却收到了一把让他自刎的赐剑。罪名是：戍边十几年，不仅寸功未立，还多次上书非议朝政，更是对迟迟没有被立为太子允许回京而心生怨恨。

扶苏流着泪听完"诏书"，也许"诏书"中罗织的罪名是实情，至少在扶苏的内心深处也许有过那样的怨恨，因此扶苏对于诏书的真假没有任何怀疑。另外对父皇的孝顺、愚忠，甚至是崇拜，也让扶苏习惯了对父皇的言听计从。总之，扶苏没有听从将军蒙恬要申诉求实的劝说，而是直接含泪自尽了。

如果扶苏换了一种对待"假诏书"的处理方式，也许秦王朝的历史乃至中国的历史都要重新改写。

然而历史没有如果。

得知扶苏自杀的消息后，三人政治同盟松了一口气。他们急速南下，回到都城咸阳。发丧、公布遗诏、立胡亥为太子，一系列操作之后，胡亥又继皇帝位，号称二世皇帝。二世皇帝胡亥当然又任命李斯继任丞相，主持政事，并将赵高升任郎中令，负责宫廷警卫。

在李斯和赵高两位权臣的辅佐下，秦二世王朝暂时稳定下来。有一天，秦二世胡亥对赵高说："朕年龄小，即位不久，百姓还没有归附之心。先帝巡行郡县来显示力量强大，用武力威压天下。如今朕安然不动，不去巡游，就显得软弱无力，这样就没有办法统治天下。"①

秦二世元年（前209年）春，秦二世向东巡行郡县，李斯随从。到达碣石，再沿海向南而行来到会稽，又在始皇所立刻石上全部刻写了文字。秦二世的巡行到辽东后就返回了。

秦二世元年（前209年）四月，秦二世东巡回到咸阳，说："先帝因为咸阳宫狭小而兴建阿房宫。然而殿堂还没有建成，先帝就仙逝了，工程也停止而转去骊山覆土筑陵。目前骊山的工程大体已经结束，如今放弃阿房宫不去完成，就表明先帝所做的事情是错误的。"因此又重新开始修建阿房宫。

如果秦二世胡亥继位后能够励精图治，继续将先皇创下的基业发展下去，他也不失为一代帝王，秦王朝也不会到二世就终结，然而，看看他都干了些什么？

胡亥为了要做皇帝，设计让长兄扶苏自杀。待他当了皇帝后，对其他兄弟姐妹更是残忍杀戮。在咸阳，将十二个兄弟处死；在杜邮，将六个兄弟十个姐妹碾死；在宫中，将没有任何过错的将闾三兄弟逼迫自尽；兄弟公子高，为了保全家人，上书胡亥，自愿为父皇殉葬，算是死得名声好一点的。

胡亥以为将兄弟姐妹杀死，就没人可以与他争皇位，就可以高枕无忧地尽情享乐了。

有一次，胡亥对赵高说："做了皇帝，朕就想尽情享乐，如何？"

---

① 《史记·秦始皇本纪第六》记载：二世与赵高谋曰："朕年少，初即位，黔首未集附。先帝巡行郡县，以示强，威服海内。今晏然不巡行，即见弱，毋以臣畜天下。"

这正中赵高下怀。于是赵高专门给胡亥找享乐之法，并把年轻的胡亥当作铲除异己、扩张权势的工具，结果弄得忠臣含冤而死，满朝大臣惶恐不安，人人自危。

胡亥为了享乐，有赵高的投其所好还不够，又问计李斯永远享乐的良策。李斯献出了一篇酷法治民的治国方法，也就是用督察和治罪的方式来巩固中央集权，镇压百姓的反抗和违法。当然李斯的策略代表了他的法律观念。后来秦王朝的灭亡，也宣告这种法家思想的历史性破产。

胡亥以自己享乐为目的来当皇帝，置人民群众的疾苦于不顾。胡亥继位后，继续征发全国的农夫修造阿房宫和骊山墓地。为了自身的安全，调拨五万士卒在咸阳守卫，让地方各地向咸阳供给粮草，运送粮草的人必须自带粮食。除了常年的无偿劳役之外，农民的赋税负担也日益严重，再加上动辄触犯法律受刑罚……凡此种种暴政，让积蓄已久的大规模农民起义一触即发。

3. 戍边误期

秦二世元年（前209年）七月，时值夏秋之交的雨季，连日的滂沱大雨，使得河道水位上涨，湖泊沼泽泛滥，道路泥泞难行，交通被阻断。

就在此时，一队前往北方边境戍守的人马，当行至泗水郡蕲县大泽乡（今安徽宿县）时被困住了。

这队人马是从陈县征调的戍卒，有九百多人，他们受命去北方边郡渔阳（今北京密云一带）驻防戍守。按照秦王朝的军制，军队是由什伍制编成。五人为一伍，两个伍为一什，五个什为一屯，两个屯为一百人队，五个百人队编成一个五百人队，两个五百人队编成一个千人队。相对应地，设置伍长、什长、屯长、百人长、五百人长、千人长来统领。这支九百多人的戍卒队伍，就设有两名五百人长，近十名百人长，近二十名屯长。

在这里，必须要提到的就是其中的两名屯长——陈胜和吴广。

陈胜，姓陈名胜，字涉，陈郡阳城县（今河南省商水县）人。吴广是陈郡阳夏县（今河南省太康县）人，字叔。被征召入伍时，陈胜和吴广两人都是家境贫穷，受雇为别人耕田的人。

在战国秦汉时代，有字号的人往往是有身份的贵族，下层平民是没有字号的。从这一点来看，拥有字号的陈胜，极有可能就是古老的陈国王族后裔。作为一名没落的贵族，虽然家世几经沉浮，但在陈胜的身上始终保留了古代贵族的流风余韵。

陈胜虽然不能出仕为官，但即便是在受雇耕田时，他也常常感慨地对一起种田的人说："将来如果我们发达了，一定不要互相忘记啊！"陈胜的话惹来了一阵哄笑。大家都笑话他说，为别人种地耕田的人，只是为了吃饭活命而已，谈什么富贵发达啊！陈胜听后便叹息道："燕雀安知鸿鹄之志哉！"① 由此语可以看出陈胜立志想要改变当下沦落的处境，恢复祖上荣光的决心。

按照秦王朝的律法，征调的军队不能如期抵达指定地点，将受到"失期罪"的指控，如果指控成立，犯失期罪者将被斩首处死。

陈胜吴广所在的这支戍边人马，指定的地点是渔阳。眼看着指定的抵达期限一天天临近，然而大雨一直下个不停，道路泥泞得一直不能通行。不安的情绪慢慢在军队中滋生，而且愈演愈烈。

待到计算时日，如期抵达渔阳已经无望时，几乎所有人，特别是那些五百人长和百人长们，最本能也是最直接的想法就是：为了求生只有弃军逃亡。然而作为屯长的陈胜和吴广却有不同的思考，

---

① 《史记·陈涉世家第十八》记载：陈胜者，阳城人也，字涉。……陈涉少时，尝与人佣耕，辍耕之垄上，怅恨久之，曰："苟富贵，无相忘。"庸者笑而应曰："若为庸耕，何富贵也？"陈涉太息曰："嗟乎，燕雀安知鸿鹄之志哉！"

他们认为误期是死罪，弃军逃亡也是死罪，与其逃亡受刑而死，不如干脆举事造反，或许还能杀出一条血路，成就一番大事。因此，走投无路之下，陈胜和吴广决定起兵反秦。

凡举事，须有名目。陈胜和吴广深知这个必须得事先好好地策划一番。

那么，如何起兵反秦呢？

因为毕竟事出突然，所以此前谁也没有料到大雨会将近千人逼上绝路，这时陈胜的政治头脑和他多年来对时局的密切关注起了决定性的作用。

陈胜向吴广和盘托出了他的计划和对时局的判断。

陈胜说："天下人苦于秦的暴政已经很久了。据说，二世胡亥本是幼子，承继皇位的应该是公子扶苏。就是因为公子扶苏曾多次劝谏始皇帝，便被发配到边疆监军将兵。公子扶苏没有罪过，是被二世胡亥冤杀的。百姓们都知道公子扶苏的贤明，早就期盼着公子扶苏能当皇帝，暴政得到缓解。然而，事实是：胡亥继位为二世，暴政不仅没有缓解，反而变本加厉了。"①

吴广没有明白陈胜所说的深层含义，陈胜便进一步说道："关于公子扶苏之事，坊间大致有两种传言。有人说，公子扶苏已经死了，是被冤死的；也有人说，公子扶苏还没死，只是隐姓埋名伺机而动呢。我们现在如果以公子扶苏的名义举事，不仅顺应民情，而且有利于瓦解和动摇军心。"

这回吴广听明白了，并深表赞同。

除此之外，陈胜又向吴广提到了一个人，他就是原楚国的大将

---

① 《史记·陈涉世家第十八》记载：陈胜曰："天下苦秦久矣。吾闻二世少子也，不当立，当立者乃公子扶苏。扶苏以数谏故，上使外将兵。今或闻无罪，二世杀之。百姓多闻其贤，未知其死也。项燕为楚将，数有功，爱士卒，楚人怜之。或以为死，或以为亡。今诚以吾众诈自称公子扶苏、项燕，为天下唱，宜多应者。"吴广以为然。

项燕。

陈胜和吴广都是陈郡人，而陈郡曾是楚国的领土，以旧国而言，陈胜和吴广都是楚国人。

此时陈胜吴广等人被大雨所困的大泽乡，属于泗水郡蕲县，原本也是楚国的领土。早在公元前223年，末代楚王熊启和楚国大将项燕统领楚军，就是在蕲县与秦将王翦率领的六十万秦军激战。结果是，楚军战败，大将项燕自杀，楚国由此而灭亡。从此，蕲县成为了数十万楚军的国殇之地。项燕是楚国的大将，他不仅军功卓著而且爱护士卒，因此十多年来，楚国人对于项燕的怀念就一直没有中断过。

陈胜说："有的人以为项燕将军已经战死了，但也有的人认为项燕将军没有死，他一直在逃亡之中。如果我们现在以项燕将军的名义举事，一定会得到原楚国人的广泛响应。"

陈胜的一番分析和策划，吴广深以为然。

试想：一支由旧楚国人组成的队伍，在蕲县这个国殇之地，再一次被逼到了走投无路的境地。此时借助记忆中的英雄，恢复故国山河，最是能够集聚人心，激发人们的斗志。

于是陈胜与吴广两人，在举事的大义上达成了一致。也就是说陈胜吴广举事起兵，一是以公子扶苏的名义，二是以楚将项燕的名义。

然而举事大义虽然定下来，但毕竟举事之事是没有先例可以遵循的。陈胜和吴广仍然不能安心。

秦汉时代，鬼神占卜盛行。因此陈胜吴广两人在情急之下，决定问计于占卜者，并付之行动，由吴广悄悄地找到了一位占卜者。

占卜者最会察言观色，占卜者所说的话往往是一语双关的，而对于占卜者所说之语的解读，就在于听者自己的理解了。

占卜者对陈胜吴广说："二位的事情能成功，会建功立业，但是二位为什么不问卜于鬼神呢？"

陈胜和吴广闻听占卜者之言，按照自己的心事揣摩占卜者的言外之意，决定借助鬼神来稳定和鼓动人心。

接下来的事情，就一步步地按照陈胜和吴广的策划来进行了。

4. 鱼腹丹书

陈胜和吴广决定借助离奇怪异之事，来为举事营造氛围和制造舆论。那么，究竟采取什么办法呢？

陈胜和吴广望着在外面的河道湖泊中捕鱼的士卒们，若有所思，片刻之后，两个人同时想到了什么，情不自禁地互相对视着，都从对方的眼中找到了答案。然后，两个人很有默契地分头采取行动。陈胜去找朱笔，吴广去找麻布。

待陈胜和吴广两人再次碰面时，吴广手里拎着刚刚打捞上来的一篓鱼。他们避开所有人，来到一处僻静之所。吴广从怀中展开一块麻布，陈胜迅速挥动朱笔，快速在麻布上写下了"陈胜王"三个字。然后，吴广又快速地将写好字的麻布卷成一个细条，再从鱼篓中拿出一条还在活蹦乱跳的大鱼，由鱼嘴将麻布送入鱼腹中，再将此鱼放入鱼篓，与其他鱼混在一起。

快速地做好这一切之后，吴广又轻松地吹着口哨，背起鱼篓，加入到了捞鱼的士卒们之中。又捞了几条鱼之后，吴广与其他士卒一起，将所捞的鱼，送到了伙房，这样，自然而然地，所有人打捞的鱼，都混在了一起。

待到伙夫们埋锅造饭时，一名伙夫发出了一声惊叫："快看啊！这条鱼腹中有异物呢！"这一声叫喊，将所有的伙夫们都吸引过来。众人一看，发出惊叫的伙夫手里，血淋淋地举着一条卷起来的好似麻布的东西。

有人提醒道："快打开来看看，这是什么东西？"

那名伙夫便将异物放在桌子上，慢慢地打开。众人都好奇地将目光锁定在那名伙夫的手上。随着异物被打开，伙夫们又纷纷走近观察辨认。

大家纷纷确认，这是一块麻布。再细看，所有的伙夫们异口同声地惊呼：快看，麻布上好像还有字呢！

伙夫们都是普通的下层士卒，没有识字的。这时，伙夫长已经派人去通知他的上级了。

很快，伙房的鱼腹中发现一块带字的麻布的消息，像一阵风似的传遍了整支戍边的队伍。队伍中早已经是人心惶惶，一点风吹草动，都会触动人们敏感的神经。因此，伙房发现异物之事，立即吸引了所有人。特别是那些各级长官，几十人都挤进了伙房，让伙房一下子就拥挤了起来。

当然，其中也包括屯长陈胜和吴广。

有一位百人长是识字的。他走近桌子上铺开的麻布，仔细辨认，并情不自禁地读着上面的字，然后他大声地对众人说："陈胜王。这条麻布上的字，是陈胜王三个字啊！"

又有识字之人，确认了麻布上的字，确实是"陈胜王"三个字。

众人纷纷问："这是什么意思啊？"

那位首先辨认出文字的百人长说："大概就是陈胜为王的意思。"

闻听此言，伙房内所有人的目光都投向了屯长陈胜。陈胜回给大家的，似乎也是一脸茫然和惊讶的表情。

此时，吴广不失时机地跑到外面，向众人大声地宣布："鱼腹中发现了一条麻布，并且麻布上的字，经长官们辨认，确定是陈胜王三个字。陈胜不就是我们的屯长吗？这真是天意啊！原来陈胜就是我们的大王啊！"

在吴广的鼓动下，许多的士卒都围拢在陈胜身边，齐声喊叫：陈胜王，陈胜王，陈胜王。

这样的情景，让这支戍守队伍的两个最高长官——五百人长（也称为将尉），很不高兴。在他们的训斥下，士卒们渐渐散开，此事也暂告一个段落。

到了晚上，吴广又偷偷地潜入驻地附近的一座神祠旁边的草丛中，他先点燃一堆火，一会儿后将火熄灭，又换到另一处点火，这样，火光时燃时灭，且飘忽不定，恰似传说中的鬼火。

吴广在四处点火的同时，还模仿着狐狸的叫声，听起来又似人声在喊："大楚兴，陈胜王。大楚兴，陈胜王。"①

……

这一天一夜，在这支队伍的驻地，白天鱼腹现怪异麻布字书，晚上现鬼火和狐狸声，这些都令众人惊恐不安。

天亮以后，戍卒们再见到陈胜时的目光就不一样了。刚开始时众人还是偷偷地指指点点，小声地议论，到后来就直接用膜拜的眼神来崇拜陈胜了。

几乎是所有戍卒，都从陈胜身上看到了希望，唯独那两名将尉感觉很郁闷。一方面是对不能带队伍如期到达即将被治罪的郁闷，另一方面是对近一天来出现的种种怪异现象的郁闷。他们没想到，仅仅是一天一夜的时间，陈胜的威望就远远地超过了他们。然而，他们也别无他法，一筹莫展之下只能靠喝酒来麻醉自己。

吴广平素爱护他人，因此士卒中有很多人愿意为他效力。吃饭时，吴广望着已经喝得醉醺醺的两位将尉，故意对众人高声说道："我们肯定是不能如期抵达渔阳了。失期当处斩刑。不如我们现在就四散逃亡吧！"

两名将尉虽然喝醉了，但听到吴广之言，酒便被惊醒了一大半。

---

① 《史记·陈涉世家第十八》记载：卒买鱼烹食，得鱼腹中书，固以怪之矣。又间令吴广之次所旁丛祠中，夜篝火，狐鸣呼曰："大楚兴，陈胜王"。卒皆夜惊恐。旦日，卒中往往语，皆指目陈胜。

第一章 / 秦朝暴政，大规模农民起义 /

因为失期已经是死罪了，到时候拿士卒们当替罪羊，说不定他们还能有一条活路，可是如果人都跑光了，他们两个没带去一兵一卒，那可真就是死路一条了。

因此两名将尉闻听吴广的鼓动之言大怒，命令手下的戍卒将吴广绑了，鞭笞五十大板。然而戍卒们已经没有人听从将尉的命令了。两名将尉见没人动手，便亲自拔剑威吓吴广，而吴广原来的目的就是逼迫将尉出手。将尉一拔剑，正中吴广下怀，吴广就借机不退反进，挺身夺剑。毕竟双拳难抵四手。在吴广对付一名将尉时，陈胜也向另一名将尉扑去。

陈胜和吴广互相配合，两人对阵两人，由于两名将尉喝醉了，战斗力便大打折扣。很快地陈胜和吴广两人就战胜了各自的对手，并将两名将尉杀死。到了这个时候，所有的戍卒都不再有任何犹疑，他们纷纷聚集到陈胜和吴广身边。

陈胜不失时机地对众人说道："我们去北方戍边，遇雨失期，按律失期当被处斩。即使是幸运地不被处斩，在戍守的过程中，十有六七也是死。大丈夫死则死已，要死得其所，死得大义凛然，死得立下大名。放眼当今天下，王侯将相，宁有种乎！"[1]

众人纷纷说道："陈胜王，大家都听你的，你就说接下来我们怎么办吧！"

陈胜高兴地答道："好，那我们就一起举事反秦，复兴大楚。"

于是，陈胜和吴广就带领众人，以两名将尉的首级为祭品，设坛结盟。九百多人袒露右臂，誓言复兴大楚。

然后，对外宣布：此举是为呼应秦公子扶苏和楚将项燕而起的。

由此，秦王朝的天空下，以大泽乡为中心，一场暴风雨，骤然

---

[1] 《史记·陈涉世家第十八》记载：陈胜佐之，并杀两尉。召令徒属曰："公等遇雨，皆已失期，失期当斩。藉弟令毋斩，而戍死者固十六七。且壮士不死即已，死即举大名耳，王侯将相宁有种乎！"

降临了。

5. 陈县称王

秦二世元年（前209年）七月，陈胜和吴广在获得了九百多戍卒的拥护后，立即将这支九百人的队伍，按照秦王朝的军制重新组织起来，并扩大编制为郡军团，以陈胜为将军，以吴广为都尉。然后，就率军开始向郡县发起进攻。

陈胜和吴广率领的起义军，首先攻占了驻地大泽乡，进而占领了大泽乡所在的蕲县城。

蕲县，本是楚国的国土，又是楚国的国殇之地。陈胜和吴广以楚将项燕和复兴楚国的名义起兵，立即得到了蕲县民众的积极响应和大力支持。因此，陈胜吴广起义军顺利攻占了蕲县，并且以蕲县为根据地，征兵扩军，整编休整，策划下一步的行动。

在蕲县，陈胜作了东、西分进的军事部署。以符离人葛婴为将，统领部分人马，向蕲县以东和以南的地区进发；陈胜和吴广率领起义军主力向蕲县西面发展。

陈胜和吴广率领的西路军，沿浍河行进，首先攻占了蕲县西北的邻县铚县（今安徽宿州西南），再沿河向西北进军，进入砀郡境内。然后又攻占了酂（今河南永城），再折向东南，攻占谯县（今安徽亳县），继续向西进入陈郡境内。在陈郡境内，迅速攻占了苦县（今河南鹿邑）和柘县（今河南柘城西北），然后乘势挥师南下，向陈郡的郡治陈县（今河南淮阳）进攻。

陈胜和吴广起义军势如破竹，连克数县。正所谓：兵贵神速。当起义军兵临陈县城下时，由于事发突然，陈郡郡守和陈县县令都不在任上，只有陈郡守丞率守军仓促迎战。起义军一击之下，结果是守丞战死，起义军攻占了陈县。

陈县，是陈胜和吴广起义军攻下的第一座郡治大城。

早在西周、春秋时期，陈县曾是陈国的国都。到了战国时期，陈国为楚国所灭，陈县成为了楚国的领土。特别是到了战国末期，陈县曾经是楚国的国都。秦灭楚以后，设置陈郡，而陈郡的郡治设在了陈县。

由于历史的原因，秦统一六国以来，反秦的暗流一直在陈县涌动。其中最著名的反秦义士有魏国的游侠名士张耳和韩国的贵族张良。

张耳，曾是魏国信陵君的门客。信陵君去世后，张耳成了游侠。此后来到外黄，机缘巧合地娶了一位富家女子为妻。有妻家财力的支持，不仅使得张耳当上了外黄县令，而且成为了远近闻名的侠义之士。然而，由于秦朝的法律严禁游侠的存在，张耳在被通缉以后，再一次逃亡来到陈县隐姓埋名，伺机而动。

张良，是韩国贵族的后人，并且与韩国王室同姓。张良的祖父名为韩开地，父亲名为韩平，一家父子两代为韩国丞相，辅佐五世韩王。张良的父亲去世时，张良年纪还小，到韩国灭亡时，张良二十多岁。二十多年间，张良天天生活在秦军压境、国势一天天衰微的苦难和心酸之中。张良作为韩国的贵族，又是聪明智慧的热血青年，在他的内心深处，埋藏着对秦国的仇恨，一心一意要为韩国复仇。

张良一直致力于反秦串联，陈县是他第一个长期停留的地方。后来张良又追寻着燕人的足迹，上穷碧下黄泉，终于寻得一名可以挥动一百二十斤铁锤的仓海力士，然后着手开始实施刺杀秦始皇的计划[1]。然而，刺杀行动正式实施时，纵然仓海力士力大无穷，强力

---

[1] 《史记·秦始皇本纪第六》记载：二十九年，始皇东游。至阳武博浪沙中，为盗所惊。求弗得，乃令天下大索十日。《汉书·张陈王周传第十》记载：秦始皇东游，至博浪沙中，良与客狙击秦皇帝，误中副车。秦皇帝大怒，大索天下，求贼急甚。

的铁锤也只是击中了秦始皇乘舆的副车。一击不中，已经打草惊蛇，张良知道刺杀失败了，便也不再恋战，与仓海力士分头行动，在秦始皇的盛怒之中迅速撤离。当然，聪明智慧如张良，早就计划好了退路，因此秦始皇下令搜捕十多天，连刺客的影子也没找到。而从此那个刺杀秦始皇的韩国贵族青年，便改名换姓成为了张良。

陈县，是中原地区的一座重要城市。连接黄河水系和淮河水系的鸿沟就经过陈县。因此陈县也是纵贯南北、贯通东西的交通枢纽。

除了历史和地理的因素之外，陈胜和吴广之所以亲率起义军直扑陈县而来，一是因为陈胜出生于陈县西南的阳城县，吴广出身于陈县北部的阳夏县；二是因为跟随陈胜和吴广首先起事的九百多戍卒中，也大部分是陈县人。因此，攻占了陈县，就相当于是回到了自己的家乡，就有了父老乡亲的支持和拥护。

进入陈县以后，陈胜和吴广的起义军已经拥有了六七百辆战车，一千余名骑兵，数万步兵。而此时距离陈胜和吴广在大泽乡起兵，仅仅才一个月左右。

在陈县，陈胜宴请陈县的父老豪杰、有影响的人士，共商大计。家乡的父老、豪杰都如约前来积极建言献策，说："将军披坚执锐，讨伐无道昏君，诛杀暴秦，应该恢复楚国的社稷，论功应该立为王。"① 实际上，父老豪杰们最主要的建议就是让陈胜要建立政权，称王复兴楚国，然后号令天下，推翻秦王朝。

于是，陈胜和吴广采纳了父老们的建议。

秦二世元年（前209年）八月，陈胜在陈县称王，并以陈县为都城，国号为张楚。陈胜之所以以张楚为国号，是取"张大楚国"之寓意，楚国以此而复兴，更是由此而张大。

---

① 《史记·陈涉世家第十八》记载：三老、豪杰皆曰："将军身被（披）坚执锐，伐无道，诛暴秦，复立楚国之社稷，功宜为王。"陈涉乃立为王，号为张楚。

张楚国的建立，使得陈胜起义军与秦王朝之间的斗争，升级为国家政权之间的对抗，即以复兴的楚国对抗暴虐的秦国。张楚的旗帜一举，各郡县深受秦朝官吏之苦的人，都起来惩处当地的长官，杀死他们来响应陈胜。于是，很快陈胜起义军就得到天下响应，或归之如流，亲赴陈胜麾下；或就地起兵，呼应张楚。

孔子的后人孔鲋，带着孔子的礼器来归附陈胜，做了张楚政权的博士官。魏国的王室后裔魏咎、楚国的封君蔡赐、魏国的名士张耳和陈余等人士，也都汇集到了张楚陈胜的麾下。

此前在蕲县分兵东进的葛婴，在攻占了东城（今安徽定远县东南）后，私自立楚人襄强为楚王，后来听说陈胜在陈县称王，葛婴又杀了襄强回来向陈胜汇报战况。没想到陈胜却杀了葛婴。

张楚国在陈县建都后，陈胜又迅速作出了主力西进攻秦、分兵四面出击的军事部署。第一路，以吴广为假王（即代理楚王），统领张楚军主力沿三川东海大道向西挺进，直逼荥阳（今河南荥阳），并伺机夺取关中。第二路，以宋留为将军，领兵东南攻取南阳（今河南南阳），并伺机攻占出入关中的南大门武关（今陕西丹凤县东），直指秦王朝的都城咸阳。第三路，以武臣为将军，领军北渡黄河，攻取燕赵地区。第四路，以周市为将军，向北进入砀郡和东郡，攻占原魏国地区。第五路，以邓宗为将，领军向九江（今安徽、江西一带）方向进攻。第六路，以召平为将，领军向广陵（今江苏扬州一带）方向进攻。

此后，秦楚之间的军事形势，大致沿袭了这六路大军的发展走向。

在短短的两三个月内，以张楚国为中心，各路人马相继起兵，都以张楚为号召，共同反秦。

与此同时，六国的复国运动，也相继展开了。

6. 六国复国

秦二世元年（前209年）八月，吴广率领张楚国主力第一路军攻到荥阳城下，秦王朝防守荥阳的是三川郡守李由（秦丞相李斯之子），李由凭坚固的城墙据守，使吴广的攻城连连失败，交战双方进入僵持状态。

陈胜征召张楚国中的豪杰一起来商议对策，因为上蔡人房君蔡赐提出了很多建议，于是陈胜便任命蔡赐为上柱国。

陈胜又任命周文（又名周章）为将军，向西攻打秦地。周文是陈县的贤人，曾经当过楚国大将项燕军中占卜时日吉凶的官，侍奉过春申君。周文自称熟悉军事，陈胜便授予了他将军印。周文率军向西进攻，一路上收集兵马扩军，归者甚众。周文率军绕过荥阳，等到达函谷关（今陕西临潼东）时，已经拥有近千乘战车，数十万士卒。

与此同时，张楚国的第二路军，由宋留率领开始进攻南阳。

陈胜称王后，大梁人陈余就劝陈胜说："大王您攻克梁、楚两国之地，率兵西进，目标是攻入函谷关，无暇收复黄河以北地区。我曾经到赵国交游，结识了那里的豪杰，熟悉那里的地形，希望大王您给我派一支突袭的人马，北略黄河以北之地。"

于是，陈胜派以前交好的陈县人武臣为将军，以邵骚为护军，以张耳、陈余为左右尉，领兵三千，组成张楚国第三路军，北攻赵地。

秦二世元年（前209年）八月，武臣奉陈胜之命率兵渡过黄河，一路扩军，得兵万余人，并立号"武信君"。武臣攻城掠地，很快占领了赵地十余城，然而其余的城邑都坚守对抗，不肯降服。武臣等人就率军向东北进击范阳。

这时范阳人蒯通向范阳县令游说："我听说你快要死了，所以前来表示哀悼。虽然如此，我还要向你祝贺，祝贺你遇上我，可以死里逃生。"

范阳令说:"为什么哀悼我呢?"

蒯通回答道:"秦朝的法律严苛,你做范阳令已经十年了,被你害的人不可胜数,原来没有人敢反抗你,只不过是畏惧秦朝的法律罢了。如今天下大乱,武信君的军队马上就要到了,而你却坚守范阳城。城中的年轻人,都争着要杀死你,来迎接武信君。为今之计,让我去和武信君协商,或许还可以转祸为福。"

范阳令便派蒯通去见武臣。蒯通对武臣说:"将军您采用我的计策,可以不攻坚就降下城池,可以不通过战争就夺得土地,传一道公文可以平定千里。"

武臣问道:"什么样的计策?"

蒯通说:"您交给我封侯的印信,去封拜范阳县令,范阳县令就会献城投降。再让范阳县令乘坐豪华的车子,来往于燕、赵边境一带,当地官吏看到范阳县令这样气派,都会像范阳县令一样献出城池投降。"

于是,武臣就采纳了蒯通的计策,使得赵地有三十多座城不战而降。

到了秦二世元年(前209年)九月,周文率军挺进到戏水(今陕西临潼东)驻扎下来。秦二世闻报,来不及调兵,只好赦免了骊山的刑徒和奴隶,由少府章邯指挥,抵御周文。在戏水一战中,章邯击退周文。随后,在两三个月的时间里,章邯率秦军连败周文,周文节节败退后,在渑池自杀身亡。

武臣等人率军来到邯郸,此时张耳和陈余听说周文西进到戏即败退的消息,又听说诸将对陈胜的诸多不满和怨恨,于是,张耳、陈余两人就向武臣献计:"陈涉在蕲蕲县起事,到陈县便自立为王,看来不一定非立六国后裔为王不可。将军您现在仅用三千人就占领了赵地数十座城池,在河北成为一个独立地区,您不称王,则不足以镇服。如果陈涉听信陷害您的谗言，那您就被动了。将军您不要失去机会，时机喘息间就会失去。"

武臣听从了张耳、陈余的建议，以邯郸为都城，自立为王，称赵王，宣告赵国复国。赵王武臣封陈余为大将军，张耳为右丞相，邵骚为左丞相。

陈胜得知武臣称王后大怒，逮捕关押了武臣等人的家眷。陈胜原本想杀了武臣等人的家眷，这时上柱国房君蔡赐进谏说："一个秦国还没有灭亡，如果诛杀武臣等人的家属，这等于是在制造又一个为敌的秦国。不如顺水推舟，封立武臣为王，再派人去祝贺，促使他们赶快率兵西进攻秦。"①

陈胜采纳了房君蔡赐的建议，将关押的武臣等人的家眷迁移到宫中，改杀为软禁。又封张耳之子张敖为成都君，派使者祝贺武臣称王，同时，让武臣发兵向西进攻函谷关。

赵王武臣的将相一起商议说："大王在赵地为王，并非楚王的本意。楚王在诛灭秦朝之后，一定会进攻赵国。眼下之计不如不向西进兵，而是派使者北上收取燕地来扩大自己的地盘。这样一来，赵国南面依仗黄河，北面占有燕、代之地，楚国即使战胜秦国，也不敢欺压赵国，而如果楚国不能战胜秦国，必定会器重赵国。赵国利用秦国的衰败便可以取得天下。"②

赵王武臣听从张耳和陈余的劝说，没有向西进兵，只是派韩广攻燕地，李良攻略常山郡，张魇攻略上党郡。

---

① 《史记·张耳陈余列传第二十九》记载：使人报陈王，陈王大怒，欲尽族武臣等家，而发兵击赵。陈王相国房君谏曰："秦未亡而诛武臣等家，此又生一秦也。不如因而贺之，使急引兵西击秦。"陈王然之，从其计，徙系武臣等家宫中，封张耳子敖为成都君。

② 《史记·陈涉世家第十八》记载：赵王将相相与谋曰："王王赵，非楚意也。楚已诛秦，必加兵于赵。计莫如毋西兵，使使北徇燕地以自广也。赵南据大河，北有燕、代，楚虽胜秦，不敢制赵。若楚不胜秦，必重赵。赵乘秦之弊，可以得志于天下。"

韩广攻下燕地后，燕国原来的权贵豪杰对韩广说："楚国已经立了王，赵国也已经立了王。燕国虽然很小，但毕竟也是曾经拥有万辆战车的国家，希望将军立为燕王。"

韩广说："我的母亲在赵地，不可这样做。"

燕人说："赵国正在西边担忧秦国，南边担忧楚国，它的力量无法禁止燕国立王。况且凭着楚国的强大，尚不敢杀害赵王及其将相的家眷，赵国又岂敢杀害将军的家眷呢！"①

于是韩广有样学样，在燕地民众的支持下，自立为燕王，宣告燕国复国。

赵王武臣听说后也大怒，率张耳和陈余进攻燕国。其间，赵王武臣因为微服出行一度还被燕军所捕获，后来用计才被放回。与此同时，在韩广自立为燕王的几个月之后，赵国将燕王韩广的母亲和家眷送归燕国。

陈胜起义称王后，被贬为平民的原魏国宁陵君魏咎前来投奔陈胜。陈胜又派原魏国人周市带兵夺取魏国旧地。周市不负所望，将原魏国的旧地成功收复。

周市在平定魏地后，继续东进到原齐国的旧地狄县。秦朝的狄县县令率军民固守县城。此时原齐国王族田氏同族的田儋和堂弟田荣正在狄县城内。

秦二世二年（前208年）十月（秦以十月为岁首），田儋和田荣趁魏国人周市进攻狄县之机，率领家奴，杀死狄县县令。田儋认为自己本是齐国王族，因此，在夺取了狄县的兵权后，自立为齐王，并率兵击退了周市。然后田儋趁机收复齐国旧地，宣告齐国复国。

---

① 《史记·陈涉世家第十八》记载：燕故贵人豪杰谓韩广曰："楚已立王，赵又已立王。燕虽小，亦万乘之国也，愿将军立为燕王。"韩广曰："广母在赵，不可。"燕人曰："赵方西忧秦，南忧楚，其力不能禁我。且以楚之强，不敢害赵王将相之家，赵独安敢害将军之家！"韩广以为然，乃自立为燕王。

魏国人周市两次拒绝了众人和齐、赵两国使者拥立他为魏王，声称一定要立宁陵君魏咎为王。周市为了证明自己不是假意推迟，立即派人前往陈县迎接魏咎。刚开始时，陈胜不想放人，在周市一连五次的请求下，陈胜才答应放人。

秦二世二年（前208年）十一月，周市从陈县迎回魏咎为王，魏国宣告复国，周市任相国。

与此同时，周文兵败自杀后，围困荥阳的吴广也出现了危机。

秦二世二年（前208年）十一月，吴广军中有一员将领名为田臧，在得知周文军兵败后，就与其他将领谋划自己这一路军的发展。田臧认为：周文战败后，秦军必然很快就会来收复荥阳，到时候秦军势必会对这一路张楚军形成内外夹击之势，如此一来，张楚军就必败无疑了。此时唯一的出路就是派少量兵力监视荥阳秦军，再以精兵迎击东进的秦军。然而，现在的问题是，假王吴广不仅骄纵，而且不懂得用兵计谋。如果和他商量计策，根本就行不通，搞不好还容易走漏消息。为今之计，只能杀了吴广，夺取兵权，然后再图谋发展。

这样一来与陈胜一起首先起义的将领吴广，在起义还不到三个月时间里，就因能力不足以担当大任，而被手下几个部将设计所杀，并将首级献给了陈胜。陈胜虽然悲痛，但也只能接受已经既成的事实。陈胜派使者给田臧送去令尹（楚国称宰相为令尹）的大印，封田臧为统军上将。

拥有了兵权的田臧，就按照此前的计策开始行动。田臧命李归等将领继续在荥阳城下监视被围困在荥阳城的秦军，而自己则亲率精兵西进，在敖仓（今河南郑州西北）迎击章邯所率的秦军。双方经过激烈的交战，张楚军战败，田臧战死，所部人马四下溃散。章邯进兵到荥阳，李归战败也被杀。

至此，张楚国的第一路进攻人马全线败亡溃散。

与此同时，张楚军中由阳城人邓说所率领的一部分人马驻守在郏（今河南郏县），兵败后邓说逃回陈县。邓说被盛怒中的陈胜诛杀。另外，张楚军的将领伍徐驻守在许（河南许昌市东）也被章邯击败，伍徐将部队遣散后分头逃回陈县。

秦将章邯乘胜追击，开始进攻张楚国的都城陈县。张楚国的上柱国房君蔡赐战死。接下来，秦将章邯又进攻陈县西部的张楚国守军张贺部。此时，陈胜亲自出城督战，然而结果仍然没有挽回败局，张楚军战败，张贺战死。

与此同时的赵国，大将李良叛变投敌，赵王武臣被杀，张耳和陈余得以逃脱。而齐国的齐王田儋和燕国的燕王韩广，此时都已经立国三个月。

秦二世二年（前208年）十二月，秦丞相李斯，向秦二世呈上了《行督责书》，而秦将章邯攻破了张楚国的都城陈县。陈胜先退到汝阴（今安徽阜阳），随即又退到下城父（今安徽涡阳县东南）。不料，为陈胜驾车的驭手庄贾被秦军收买叛变，将陈胜击杀。

陈胜被击杀，由大泽乡起兵之后而建立的张楚国也就此灭亡。

陈胜从起事称王到被杀害，虽然不过短短六个月，但他所发动的反秦起义，已经形成燎原之势，势不可挡。

陈胜从前的近侍将领吕臣，为了给陈胜报仇，组织四处散落的原张楚军，组成了一支军队。由于这支队伍每个人头上都戴着一顶青帽子，因此又被称为"苍头军"。

吕臣率领"苍头军"从新阳（今安徽界首县北）起兵，迅速北上攻占了陈县，杀死了投降秦军的庄贾，不仅为陈胜报了仇，而且重新将陈县纳入楚军的控制之下。吕臣在陈县，又遭到了秦军左右校尉的进攻，吕臣不敌败走。

后来吕臣又收拾旧部，与当阳君英布等联合，在青波（今河南新蔡县西南）大破秦军，再次将陈县纳入楚军的控制范围之内。

与此同时，先前被陈胜派往西进的宋留军已经攻占了南阳郡，但宋留听说陈胜已死，便惊慌不安，没有了战斗力，导致南阳郡又被秦军夺回。宋留原本是要在攻占南阳郡后，再西进武关的。这回也没有动力，于是，回师向东到达新蔡（今河南新蔡），又遭遇到秦军，宋留率军投降后，被押送到咸阳受车裂之刑而死。

第一章 / 秦朝暴政，大规模农民起义 /

大汉王朝
诞生记

第二章
群雄并起,秦王朝岌岌可危

1. 江东起兵

陈胜和吴广在蕲县大泽乡起义，所举的义旗之一就是以楚国大将项燕的名义，反秦复楚。秦二世元年（前209年）九月，项燕的后人项梁和项羽叔侄，在江东地区起兵，史称项氏江东起兵。

项氏一族，祖上是楚国的王族。分支下来，项氏代代为楚军中的将领。因军功受封于项地，建立封国。取地名项，作为家族名。项氏的封国原来在颍水南（今河南项城一带）。战国中后期以来，楚国受到秦国东进的压迫，节节败退。项氏一族跟随东迁。最后迁到了泗水东岸的下相县（今江苏宿迁一带）。

项梁是项燕的第四个儿子。项燕战死后，项梁成为了项氏一族的主心骨和头面人物。

项羽，名籍，字羽，楚幽王六年（前232年）出生于下相县。项羽是项燕的孙子，项燕战死时，项羽仅仅九岁。项羽是由叔父项梁抚养长大的。

秦始皇统一六国后，将六国的王族和贵族迁徙到僻远之地或关中咸阳附近。幸运的是，项氏一族没有被迁徙，仍留在了下相故地，只是失去了旧有的封地特权，成为了秦王朝的普通编户平民。

然而，项氏一族虽然沦为平民，但是贵族和王侯将相的意识未曾泯灭。一方面，项梁操持项氏家务，抚养项羽；另一方面，项梁四处游历，广泛结交不轨志士和游侠，立志恢复故国旧土。

项梁曾游历到了关中，因触犯了秦律被逮捕，关进栎阳县（今西安阎良区东北）监狱。后来请托蕲县狱掾曹咎修书一封给栎阳县狱掾司马欣，才得以出狱。

后来曹咎跟随项梁、项羽起兵作战，爵封海春侯，官至大司马，成为楚军的主要将领之一。而司马欣在巨鹿之战后，促成了章邯投降项羽。项羽分封时，念及旧情新功，封司马欣为塞王。当然，这是后话了。

古老的长江，从西向东，滚滚而来。然而，当长江流至江西九江之后，开始折向东北流进安徽芜湖。流过芜湖之后，几乎是呈正北向流往南京，过南京后又折向东，汇入东海。

长江两岸一直是以南北划分，唯有九江至南京一段是以东西划分。因此长江以东的江苏南部和浙江北部一带，则被称为江东。

江东地区，原为吴国领土。越王勾践卧薪尝胆灭亡吴国之后，江东成为了越国的领土。楚怀王二十三年（前306年），楚国灭掉越国，江东又成了楚国的领土。秦始皇灭亡楚国后，江东成为了统一的秦王朝领土，并在江东设置会稽郡，郡治在吴县（今江苏苏州）。

项梁因杀人与人结仇，就带着项羽离开下相，向东南迁徙，进入江东地区，最后定居在会稽郡的吴县。

吴中人士景仰项氏名族，又久闻项梁大名，因此当项梁来到吴县后，纷纷依附在项梁门下，使客居吴县的项梁，俨然成了头面人物，甚至项梁还成了会稽郡府和吴县县令的座上客。遇有徭役征发和丧葬祭祀等事情，项梁常常被推举出来主持其事。

于是项梁就利用名将世家之后，深谙兵法的才能和组织能力，在受托办事时，暗中运用兵法规范组织宾客子弟，考察人才。这样在不知不觉间，吴中地区人力物力的调配使用情况，就在项梁的掌握之中了。

项羽在叔父的教导呵护下一天天长大，当叔侄俩来到江东吴县时，项羽已经长成了一个身高八尺有余的汉子。项羽继承了项氏一族武将的体魄和勇武，不仅力能扛鼎，而且才气超越常人，但凡见过他之人，都心生畏惧之心。

项梁也曾经让项羽去学习读书写字和学剑术，然而项羽都半途而废，还振振有词地辩解道："学习读书写字，只不过可以会写名字而已；学习剑术，也不过是一对一的对打而已。我要学，就学习与万人对敌的本事。"

于是，项梁就亲自教授项羽兵法，项羽很高兴，但也只是学习到粗浅的知识，就无意再深入下去了。

秦始皇三十七年（前210年），秦始皇第五次巡游天下时，进入会稽郡经过吴县，项梁与项羽叔侄也前去观瞻。

遥遥远望着秦始皇盛大的车马行列，项羽冷哼一声，说道："彼可取而代也。"

项羽此语一出，吓出项梁一身冷汗。项梁环顾左右，迅速掩住项羽的嘴，低声呵斥道："不要妄言，以免招致灭族之祸。"①

从此，项梁对侄子项羽另眼相看，同时也明白，项氏一族后继有人了。

此时，项羽二十三岁。

秦二世元年（前209年）七月，陈胜和吴广起兵，天下大乱，会稽郡也受到了波及。观望到九月份时，会稽郡的代理太守殷通感到秦王朝大势已去，也决定起兵。因为殷通不是会稽郡人，他意识到，要在本郡起兵必须得借助项梁的威望。于是，殷通就请项梁来郡府商议大事。

除了项梁，殷通要借助的人，还有一位吴县的名门大族之后桓楚。桓楚当时并不在吴县，而是因避祸隐匿了踪迹。

殷通对项梁说："如今天下大乱，江西都造反了，这也是上天灭亡秦朝的时候。我听说先发则能制人，后发则为人所制。我决意

---

① 《史记·项羽本纪第七》记载：秦始皇帝游会稽，渡浙江，梁与籍俱观。籍曰："彼可取而代也。"梁掩其口，曰："毋妄言，族矣！"梁以此奇籍。

举郡起兵,想以项公和桓楚为部将,共同成就大业,项公意下如何?"①

两个月来,项梁当然也在密切关注时局,等待一举而起的时机。此时闻听殷通之言,心中暗喜,并计上心头,便应道:"桓楚在外逃亡,隐藏了踪迹,没有人知道他的所在,不过,侄儿项籍与桓楚有些交往,或许能找到。"

殷通同意了。项梁出郡府找到项羽,叔侄两人一番密谋之后,又一起来到郡府。项羽带剑在门外等候,项梁再次进府入堂,与殷通一块儿坐着,对殷通说:"项籍已经在门外听候召见。请允许我让项籍进来,让他接受命令召回桓楚。"殷通说:"好吧。"于是传令宣项羽进来。

项羽来到堂上,一边与殷通见礼,一边向殷通靠近,看时机已经成熟,项梁就给项羽使了一个眼色说:"可以行动了。"项羽得到了叔父项梁的行动命令,便迅速地拔剑向殷通刺去。殷通还没有反应过来是怎么一回事儿呢,就已经身首异处了。

项羽将殷通的头交给项梁,又将殷通佩戴的郡守印绶取下,挂在项梁身上。于是,项梁提着殷通的头,佩戴着郡守印绶,来号令郡守府中人。因为事发突然,郡守府中人立即群龙失首,一时大乱。也有百十人不听命者,都被项羽斩杀了,余下的人纷纷俯身愿意服从项梁。

项梁夺取了会稽郡首府后,立即召见会稽郡与吴县的各级官吏和地方豪杰,动之以情,晓之以理,将所要做的起兵反秦这件事情向大家讲清楚,最后得到了众人的支持。其中,最有力的支持者当属吴县县令郑昌。郑昌后来成为楚军的重要将领,被项羽封为韩王,

---

① 《史记·项羽本纪第七》记载:秦二世元年七月,陈涉等起大泽中。其九月,会稽守通谓梁曰:"江西皆反,此亦天亡秦之时也,吾闻先即制人,后则为人所制。吾欲发兵,使公及桓楚将。"……梁曰:"桓楚亡,人莫知其处,独籍知之耳。"梁乃出,诫籍持剑居外待。梁复入,与守坐,曰:"请召籍,使受命召桓楚。"守曰:"诺。"梁召籍入。

在抵抗刘邦东进的过程中，起到了不可忽视的作用。当然，这是后话了。

项梁征集吴中士卒起义，派人搜罗下属各县壮丁，得到精兵八千人。项梁任命吴中豪杰为校尉、侯、司马等职，只有一个人没有得到任用，这个人就自己去向项梁申述。项梁说："前些时候有一丧事，让你去主办一件事，你不能办，因此不再任用你。"

于是，大家都很佩服项梁，推举项梁为会稽郡太守，项羽出任郡都尉，协助项梁统领军队，镇抚下属县邑。

然后，项氏叔侄开始在会稽郡征兵。在各县的配合下，报名应征者十分踊跃，经过挑选，组成了一支八千人的精兵队伍，成为后来项氏楚军的核心力量，史称江东子弟兵。

2. 沛县起兵

在潍河之北，古泗水之西，黄淮平原的中部，自古以来就有许多沼泽湿地，因为是一片有着充沛水草的地方，此地因而得名为"沛"。而在沛的西北方向，由于地势低洼，池塘水洼更是不计其数，此地取丰沛之意，得名为"丰"。

在丰地附近有一片大的沼泽地，当地人称为"大泽"。有一天，一位叫刘媪的妇人在大泽的坡上睡着了。睡梦中，她梦到有一条蛟龙进入体内。此后不久，刘媪就有了身孕，十月怀胎之后，生下了一个男孩儿。

这个男孩儿就是后来的汉高祖刘邦。

当然，刘邦这个名字，是当上皇帝以后改的。邦，就是国，有经邦治国的大名，才担当得起统治天下的大任。①

刘氏的祖先起源于三皇五帝中的尧帝。尧帝长子监明受封于"刘"邑。监明早亡，其子式继封，以邑为氏。传到夏朝时，有先祖刘累。再传到秦国的士会一支，士会归入晋国，成为晋国的大夫，但他的一支后裔留在了秦国，并沿用了刘氏。战国时期，刘氏族人刘清（刘邦的曾祖父）随秦军征战，被魏国俘虏，留居魏地，成为了魏国的大夫。

秦昭王二十一年（前286年），秦昭王伐魏，魏国割让都城安邑给秦国，而秦国将原来安邑的魏国居民迁往大梁，其中就包括刘氏一族。而就在这一年，宋国灭亡了。又过了两年，魏国获得了旧宋国丰地一带，设立大宋郡，并从大梁迁移原魏民到丰地建立城邑，其中就包括刘氏一族，并且刘仁（刘邦的祖父），还担任了丰邑令，被魏国封为丰公。这样，刘氏一族就作为魏国人，在丰邑繁衍生息。

丰地与沛地相邻，同属于淮泗地区，但是天下动荡，社会时常大变迁，在秦始皇统一天下前的战国时期，丰地与沛地的归属时常发生着变化，甚至是，在相当长的时期，两地曾分属不同的国家。而在丰邑属于魏国的时候，与丰邑相邻的沛地，也归入楚国。在此后的十多年间，沛地是属于楚国春申君的食邑之地。

刘邦的祖父当的是魏国的丰邑令，严格来说，在丰邑出生的刘邦，当时是属于魏国人。

幼年的刘邦是与同年同月同日生的小伙伴卢绾一起，在无忧无虑的游戏玩耍中度过的。刘邦和卢绾长到十来岁，刘太公和卢太公两人一商量，就把刘邦和卢绾送进了丰邑最有名的"马公书院"，师从马维先生读书识字。

少年刘邦聪明伶俐，在学院中能够尊师向学，很快就在同学中

---

① 刘邦出生时，父亲给他取名为刘季。而刘太公，本名刘煓，字执嘉。刘太公，是司马迁著《史记》时，对太上皇的一个尊称。本书在提及刘邦父子时，均用刘邦和刘太公直接称呼。

脱颖而出，深得先生马维的赏识，与此同时，少年刘邦也让包括卢绾在内的同学们，都对他十分崇拜。

青年刘邦崇拜魏国的信陵君，然而，当刘邦成年时，信陵君已经去世了，这让刘邦一直感叹生不逢时，错过了机会。后来，刘邦偶然得知信陵君的门人张耳在外黄（今河南民权县）广交天下宾客，他不想再令自己有遗憾了，因此立即就不顾一切跋山涉水地到了外黄，拜在张耳的门下，成为了一名游侠。这样，从十七岁至三十二岁，刘邦一直追随着张耳的脚步，行走在沛县、丰邑和外黄的游侠世界里。

秦王政二十四年、楚王熊启元年（前223年），楚国灭亡后，亡楚归秦。这样，在丰邑和沛县两地游走的刘邦，就不再是生活在魏楚两国交界的边缘人，而正式成为秦人。刘邦的户籍就成为：秦泗水郡沛县丰邑中阳里。

秦朝的律法对游侠是严格限制的，于是，成为秦朝人的刘邦，信心满满地走进了选拔地方小吏的考场，并顺利通过，被任命为沛县下属的泗水亭长。

按照秦朝律法的规定：年满十七岁的成年男子，都要服兵役和劳役。每个人一生必须要服两次大役。一次是在本县服役一年，另一次是在外地服役一年。外地是指都城咸阳、边郡或是他郡。

秦始皇三十五年（前212年），秦始皇嫌咸阳人口多，宫殿小，下令大兴土木，修建阿房宫，在全国各地抽调几十万的民工，到咸阳服为期一年的外役。在这几十万民工中，就有时任泗水亭长的刘邦。

刘邦在泗水亭长任上多年，又为人豪爽仗义，因此在他即将远行之际，亲朋好友加上沛县的属吏都纷纷前来饯行。按照惯例，大家都以三百铜钱包一个红包赠送给刘邦。唯有萧何给了五百铜钱。于是，刘邦便深深记下了萧何这份人情。

刘邦跋山涉水地来到都城咸阳，在咸阳郊外的建筑工地上开始服役。

有一天，秦始皇出行，并且允许老百姓观瞻。刘邦挤在观瞻的人群中，目睹了盛大的车马仪仗和精锐的步骑警卫，远远地仰望到了秦始皇的身影……

那一刻，刘邦身心受到极大震动，他呆立在原地一动不动，反复说着同一句话："嗟乎，大丈夫当如此也！"①

结束了在咸阳的一年徭役之后，刘邦回到了家乡，继续当泗水亭长。

秦始皇三十七年（前210年）的上半年，刘邦的夫人吕雉，又给刘邦生了一个儿子。然而，到这一年的岁尾（秦朝以九月为岁尾，十月为岁首），陆续传来了改朝换代等各种消息。对老百姓来说重要的消息是：停工的阿房宫和骊山皇陵又重新开工了，并且服徭役的人数还更多了。

刘邦刚刚服役回来，又接到一个押解服役民工去骊山的差事，而且还是即日启程，不得有误。

刘邦押解服役人员西去，刚出沛县城不远，就有几个人借机跑了。到了丰邑一带又跑了几个人。当晚夜宿丰邑之西的一处馆驿。第二天早上清点人数，又跑了几个。刘邦很清楚国家的律法，服役者逃脱，要受罚，而押解的吏官也要受连带责罚。最后，刘邦决定放了所有人，自己也从此隐遁山野。

于是，当到达丰邑西面的泽中亭的馆驿夜宿时，刘邦对余下的众人说："你们都散了吧！大家各按天命，好自为之。"

当然，还有十几个人留下来。其中，有一个人必须提到，他就是沛县城里杀狗卖肉的汉子樊哙。

刘邦和樊哙等十几个人，在泽中亭的馆驿吃饱喝足后，连夜进入芒砀山。

---

① 《史记·高祖本纪第八》记载：高祖常繇咸阳，纵观，观秦皇帝，喟然太息曰："嗟乎，大丈夫当如此也！"

芒砀山，在泗水郡与砀郡的交界地带，一南一北，是隔着七八里而相望的两座山，北为芒，南为砀，合称为芒砀山。

在一条林间小路上，十几个人鱼贯而行。突然，走在前面的一个人，惊慌地对刘邦说："前面有一条碗口粗的大蛇挡住去路，我们还是改道吧？"

是时，刘邦因喝了很多酒，已经醉意朦胧，闻听此言，一边拔剑出鞘，一边说："大丈夫，岂有被大蛇拦住去路的道理。"

说完，刘邦提剑向前冲去。果然见一条巨蛇挡在道路的中间。刘邦一声大吼，提剑向巨蛇挥去，只见手起剑落，再看那巨蛇，一下子就从七寸处被斩成两段。于是，众人惊魂未定地跨过断蛇继续前行。没行多远，刘邦就醉卧在路边呼呼大睡。众人也是就地倒卧歇息了。

第二天早晨，有一个人来到刘邦斩蛇的地方，看到一位老妇人在哭，便好奇地询问缘由。老妇说她的儿子化成巨蛇挡在路上，却被赤帝的儿子给斩杀了。这个人刚想细问，一转身，老妇人就不见了。

这个人追上刘邦一行之后，便把路遇老妇之事说了。闻听此人之言，刘邦心中大喜，而其他人则对刘邦更加肃然起敬了。

刘邦所选择的隐匿之地芒砀山地区，由于地势复杂，加上是两郡县的交界，属于二不管地界。许多人慕刘邦之名前来投奔。没过多久，刘邦的手下就聚集了近百人。

秦二世元年（前209年）七八月间，从泗水郡蕲县大泽乡方向，传来一个消息：陈胜和吴广率众反了！

刘邦在芒砀山密切地关注着局势的发展。

秦二世元年（前209年）九月，除了王公贵族的起兵复国，秦王朝的各郡县，也纷纷有人带头呼应起义，主要的作法就是杀了当地的郡、县令，然后，或各自攻城掠地，或择主而投。

这时沛县令慌了。他赶紧召集主吏萧何、狱掾曹参等人商议。

萧何和曹参建议说:"您身为秦朝的官吏,如今要叛秦起事,率领沛县子弟,恐怕他们不愿意听命。希望您召集逃亡在外面的人,可以得到几百人。利用这股力量胁持百姓,百姓不敢不听从您的命令。"

萧何与曹参的建议就是将流亡在外的刘邦召集回来,此时刘邦身边已经聚集了近百人。这样一来,一方面可以壮大队伍,另一方面将有可能反的人都收编,将隐患消除。

沛县县令觉得很有道理,就采纳了。然后,萧何和曹参又举荐了樊哙连夜赶往芒砀山报信儿。刘邦闻讯立即率众向沛县奔来。然而,还没等刘邦到达沛县,沛县令就后悔了。他下令让手下的衙役去抓捕萧何和曹参。

有人向萧何曹参通风报信。两人赶紧逃到城外,正好与刚到城外的刘邦汇合。刘邦命人将一封信用箭射进城中,告诉沛县的父老说:"天下苦于秦朝的暴政已经很久了。现在沛县的父老为沛县令守城,但各国诸侯都已经起事,一旦城破就要被屠戮。如果守城的吏卒和城中的百姓杀了出尔反尔的沛县令,在子弟中选择一位可以立为首领的人,响应诸侯军,这样一来,一方面可以大家一起守卫家乡,另一方面可以保全身家性命。若不然,父老全遭杀害,死得毫无意义。

于是,群情激愤了。吏卒和百姓一起涌进县衙,一哄而上,将县令斩杀。然后,打开城门,迎接刘邦等人进城。

父老们众推刘邦做沛县县令,刘邦说:"天下正在混乱当中,诸侯都已经起事,如果推选的将领不能胜任,就会一败涂地。我不是吝惜自己的生命,只怕才劣力薄,不能保全父老子弟。这是一件大事,希望另外共同推选一位能够胜任的人。"萧何、曹参等都是文官,看重身家性命,怕事情不成,秦朝会诛灭他们的全族,所以都推刘邦。父老们都说:"我们平时听到刘季许多奇异的事情,看来刘季是该显贵的,而且又经过占卜,没有比刘季更吉利的人了。"

众人立刘邦为沛公。刘邦顺从民意，建黄帝祠，设祭坛祭祀蚩尤，并且擂起战鼓，挑起赤色的旗帜，宣布沛县起义。又因刘邦此前斩杀巨蛇时，有仙人指示杀蛇者为赤帝子，所以刘邦以赤帝子自称。从此，少年豪吏如萧何、曹参、樊哙等人以及沛县子弟二、三千人都服从刘邦的号令。

3. 章邯戏水

在秦统一六国的过程中，以及在秦始皇时代，蒙氏一族是功不可没的。因为蒙恬一家是三代秦军名将。蒙恬的祖父蒙骜、父亲蒙武都是曾经驰骋在秦统一六国战场上的功臣，蒙恬更是秦始皇时期的戍边大将。

秦始皇三十二年（前215年）时，秦始皇下令进攻匈奴，任命蒙恬为大将，统领三十万大军出击占领了河套地区。次年，蒙恬又率军渡过黄河，夺取了整个阴山地区和贺兰山高地，迫使匈奴失去了南进的基地。另外，蒙恬负责指挥三十万北部军驻守北部边防，他还将旧秦国、赵国、燕国的北部长城全部连接起来，建立起了统一的北部边防。

然而，秦二世元年（前209年）十月①，刚刚即皇帝位的胡亥，就以莫须有的罪名，杀害了蒙恬、蒙毅兄弟俩，致使秦王朝整个军事防务一下子失衡了。

秦二世元年（前209年）一月，秦二世胡亥开始东巡郡县。

对于秦二世胡亥来说，此行的目的就是游玩享乐，因此秦二世胡亥在碣石、辽东、并海等地游山玩水之后，又到会稽郡刻石留墨。然而，对于时任郎中令的赵高来说，这可是排除异己的最好机会。

---

① 秦以十月为岁首，九月为岁尾。即每年的首月从十月开始，然后十一、十二月、一月……九月为一年结束。

因此，在赵高的谗言之中，一路上大臣接连被杀戮，并且还假借罪名，致使文臣武将们互相株连，使得满朝震惊，人人恐惧不安。

又因为凡是进谏的人，都被认为是在诽谤朝廷，从此大臣们只知谄媚讨好，没人敢和秦二世据实禀报了。

秦二世元年（前209年）八月，一位使者火速赶往都城咸阳，将关东叛乱的消息向二世皇帝禀报，然而可悲的是，正在享乐的秦二世胡亥根本不相信使者的话，还以妖言惑众之名，将这位使者诛杀。

秦二世二年（前208年）冬，当陈胜派遣的周文（又名周章）率领的几十万大军已经到达戏水（今陕西临潼东），秦二世胡亥大为震惊，这才想起和群臣们商议。

然而曾经一统天下的大秦王朝，此时已经是千疮百孔，危机四伏了，朝堂上下很难找出蒙氏家族那样的将军了。

关键时刻，时任少府的章邯站了出来，将岌岌可危的秦二世王朝，又向前推进了一段时日。

少府，在秦朝是属于文官，位列九卿之一，是专门负责一些特殊的财政收入和皇家的手工业职位。可以说，少府是担当宫廷事务的大臣。

章邯，字少荣，年轻时入伍从军。在秦始皇统一天下时，他曾在与赵国和韩国的战争中立有军功。秦始皇统一六国后，他步入政界，一步步晋升为少府。他一直协助丞相李斯负责骊山皇陵工程。进入秦二世时期，他受命主持骊山皇陵的收尾工程。

大军压境，秦二世手下已经无可用之大将军，群臣更是人人自危、不发一言。此时，刚刚从戏水前线赶回来的少府章邯站了出来，说："盗贼已到达骊山东面的戏水，且兵众势强，现在调配军队为时已晚。骊山有很多刑徒，不如就近赦免骊山的刑徒，发给他们兵器，让他们出击盗贼。"

秦二世已经别无选择，一听章邯之言，大喜，立即诏令大赦天下，并任命章邯为大将，率领骊山（今陕西临潼东南）的刑徒及奴隶，共七十余万，迎击周文。

周文，又名周章，是陈县的豪杰县侠，曾经在战国四大公子之一的楚国春申君门下做过门客。他自称熟习兵法，并曾经加入项燕军中服役参战。陈胜军攻克陈县以后，他以地方豪杰的身份加入了起义军。被陈胜任命为将军后，率军绕过荥阳西进，直奔函谷关。周文以突然袭击的方式，突破洛阳、新安、渑池一线，并一举攻破函谷关。然而，当周文大军浩浩荡荡抵达骊山东面的戏水时，一支精锐的秦军，已经静悄悄地在戏水西岸严阵以待了。

周文曾经参加过项燕对抗王翦的大战，也就是说，周文是见识过秦楚两军百万雄师的战阵的。当周文观察到布阵在戏水西岸的秦军时，不禁倒抽了一口冷气，从内心深处生发出了一种不寒而栗之感。周文意识到：这应该就是传闻中始皇帝的近卫军之一、拱卫咸阳的京师中尉军啊！

周文从心里首先就服输了，因为这样的军队，是他无论如何不可能战胜的。

由于地形的限制，周文的数十万大军无法展开，因此，周文首先以轻锐部队，筑便桥强渡戏水，然后战车开路，步兵跟随，试探着进攻秦军的结合部。秦军在章邯的指挥下，也不着急，放任周文军渡河。待一部分渡河后，秦军齐进，转换阵型，合拢结合部，开始攻击。另外，秦军骑兵从两翼扑出，突入渡河到一半的周文军身后，将便桥焚烧破坏，切断周文军戏水两岸的联系。

渡过戏水的周文军，在前有战车冲阵后有骑兵包抄的情况下，纷纷溃散，根本无法组织战阵，被各个击破斩杀，无一生还。

接下来，周文军不敢轻易渡河。曾经引诱秦军渡河追击，然而秦军一直不为所动，只是坚守在戏水西岸。于是两军相持在戏水。

此时，张楚国原本想借风云突变，一举攻入咸阳灭亡秦王朝的可能性，转瞬即逝了，而秦王朝则从最初的慌乱中清醒过来，开始集结军队，调派王离率军东进反击。这样一来，秦王朝得以苟延残喘。

　　章邯的秦军与周文的张楚军在戏水交战的同时，在会稽起兵的项梁一直按兵不动，却也是积极地在江东整训，密切注视着形势的发展。而刘邦在沛县起兵后，则是立即开始进攻周边郡县。首先进攻的是胡陵、方与两地。

　　秦二世二年（前208年）十月，刘邦率部与秦泗水郡的监平在丰邑展开了大战，结果是刘邦获得大胜，夺取了丰邑。丰邑是刘邦生长的地方，是他势在必夺之地。这时原为泗水卒史的周苛和周昌两兄弟前来归附，刘邦的队伍进一步扩大。

　　秦二世二年（前208年）十一月，刘邦令和他在沛县起兵的雍齿驻守丰邑，自己则亲自率领主力军进入薛，与驻守薛的秦军展开激战。薛郡郡守壮，战败逃到戚地。刘邦麾下左司马追上并将薛郡郡守壮斩杀。接着，刘邦率军返回亢父和方与两地，并让曹参率部驻守方与。当初陈胜在陈县分兵进攻的一路人马，是由魏国人周市为将军，率军向北进入砀郡和东郡，夺取原魏国的地区。

　　周市率部来到方与，曹参率部迎战。然而，周市却不战而退。周市没有在方与和刘邦军正面交战，却私下里联络驻守丰邑的雍齿。周市派人对雍齿说："丰，原来梁王曾迁徙到这里，如今魏地已经攻占的有数十城，你雍齿如果降魏，魏封你雍齿为侯，仍然驻守丰邑，如果不投降，就要血洗丰邑。"①

　　雍齿本来就不太想归属刘邦，现在魏国人来招降，他立即就叛变，为魏国来驻守丰邑了。刘邦闻讯率部来进攻丰邑，然而没能夺取回来。刘邦为此大病一场，于是，刘邦率军又回到了沛县。

　　秦二世二年（前208年）一月，刘邦在沛县，听闻东阳的宁君

---

　　① 《史记·高祖本纪第八》记载：周市使人谓雍齿曰："丰，故梁徙也。今魏地已定者数十城。齿今下魏，魏以齿为侯守丰。不下，且屠丰。"

和秦嘉,在留县,拥立景驹为楚假王,于是,刘邦立即率所部去投奔景驹,期望能向楚假王借兵来夺回丰邑。在路上,遇到了另一队投奔景驹的人马,为首者为张良。

闻听消息的刘邦和张良两人,不约而同地欲去投奔景驹,半路相遇,却偶然促成了刘邦和张良的相见恨晚。

这是刘邦与张良两人的初见。两人一见如故,便兵合一处。再深聊时,张良对刘邦有相见恨晚之感,便主动放弃投奔景驹,直接转投到刘邦麾下。

得到张良的投奔,刘邦不禁受宠若惊,感叹道:这真是上天对自己的眷顾。

与此同时,秦将章邯在追击陈胜的部队,别将司马仁率军向北攻占楚地,到了砀县。东阳宁君和刘邦联合引兵西进,与司马仁在萧县西面交战,没有取胜。刘邦退回来收集散兵,屯兵留县,引兵进攻砀县,三天就攻下了砀县。接着刘邦收编砀县降兵,得到了五六千人,再进攻下邑,也打了下来。然后回军丰邑。

刘邦听说项梁在薛县,便带了随从一百多人去见项梁。项梁给刘邦增拨五千人马,五大夫一级的将领就有十人。然后刘邦引兵回来进攻丰邑,终于夺回了丰邑。此后,刘邦就加入了项梁的阵营。

4. 薛县议事

借着陈胜和吴广大泽乡起义之势,六国纷纷复国。

秦二世二年(前208年)十二月,陈胜被杀身亡,张楚国建立六个月后,也随之灭亡。虽然张楚国失败,但它所引发的后果却是巨大的。此后,反秦复国的浪潮,此起彼伏,一浪高过一浪,犹如星星之火,逐渐成燎原之势。

此时,陈胜在败逃中被杀的确切消息,各地起义军还不完全得知。

陈胜四处分兵之时，其中，广陵（今江苏扬州）人召平，被派往东海郡南部一带攻城略地，而召平的家乡广陵县就在这一区域内。广陵县与会稽郡隔长江相望。到了秦二世二年（前208年）二月，召平率军一直没有攻下广陵，正在进退两难之际，得到陈胜兵败和秦军东进的消息，于是，放弃围攻广陵，南下渡过长江，来到吴县面见项梁。

召平假借陈胜的名义，任命项梁为上柱国（最高军事大臣之一），带兵西进，攻击秦军。而此时的项梁已经在江东完成整训，正伺机而动呢！因此，项梁接受了任命，并挑选精锐士卒八千人，北上渡过长江，进入东海郡内。

东海郡本为楚国的领地，项氏家族在楚国人心中的影响力是巨大的。同时，项梁再加上"陈胜的任命"这个尚方宝剑，更是如虎添翼。因此，闻听项梁到来，楚国各地的起义军纷纷前来归附。

首先前来归附的是陈婴。

陈婴，本来是秦王朝东阳县（今江苏盱眙）的令史，为人严谨又有信用，在东阳县内人缘和口碑极佳，被人们称为忠厚长者。各地纷纷起义时，东阳的青年人杀了县令举事，聚合了几千人。这支人马为了和其他队伍相区别，头上都裹着青巾，表示异军突起。他们想要选一个首领出来，没有找到合适的人选，就共同推陈婴做首领。

陈婴推辞说不能胜任，大家不仅强行推立他做首领，而且还打算推举陈婴称王。陈婴的母亲对陈婴说："自从我做了你家的媳妇，从未曾听说你的前辈有过高官贵爵。如今你突然得到很大的名声不是好兆头，不如有所归属，事情成功了，犹能得到封侯，事情失败了，也容易逃脱，因为你不是社会上指名道姓的人。"[①]因此陈婴不敢为

[①]《史记·项羽本纪第七》记载：陈婴母谓婴曰："自我为汝家妇，未尝闻汝先古之有贵者，今暴得大名，不祥。不如有所属，事成犹得封侯，事败易以亡，非世所指名也。"婴乃不敢为王。

王，对他的军吏说："项氏世代为将，有名于楚。如今想干成大事，将帅不得其人不行。我们依附名门大族，一定能使秦朝灭亡。"

当项梁来到东阳县时，陈婴的队伍已经达到了两万人。项梁到达东阳县后，立即派人与陈婴联系，希望能与陈婴联合共同抗秦。陈婴依母命正想有所归属，便欣然率部归附，成为项梁军的一部分。

于是，项梁军如虎添翼，迅速整军出发。然而，项梁行军的方向是一路北上，而不是如假借陈胜名义的召平所希望的那样急速西进。项梁领军从东阳出发，沿大泽向东北，在淮阴渡过淮河，然后继续北上，由淩县抵达下相县（今江苏宿迁）。

下相，是项氏家族的封地和根基之地。可以说，项梁之所以没有西进而是北上，其中原因之一，就是为了回到下相与项氏宗族会合。项梁让大军在下相停留并进行了整编。之后，又开拔到下邳驻扎下来。

这样，在持续三个月的北上进军中，项梁军在没有遭遇到重大战斗的情况下，就顺利地占领了东海郡，并将军队扩编到了六七万人，使得未来楚军的基本力量初步完成。同时，继陈婴之后，淮南大盗英布、蒲将军所率领的武装势力等纷纷归属项梁。谋士范增、将才韩信、战将钟离眜、吕臣父子等，也在这时加入了项梁的队伍。项氏，更是举宗族之力汇聚到项梁军中。

总之，项梁经过这次渡江北进，未来楚国的军政建设有了基本的雏形。

秦二世二年（前208年）端月[①]，陈胜兵败下落不明后，曾名义上归属陈胜的起义军头领秦嘉，拥立占据彭城的楚国贵族景驹为楚王，并领兵到了方与。与此同时，秦嘉派公孙庆出使齐国，想联合齐国共同抗秦，言语间公孙庆激怒了齐王田儋，公孙庆被杀。

此时的项梁与景驹都是打着张楚的旗号，对立冲突一触即发。

[①] 端月，即正月，秦朝为避始皇名政讳，而改正月为端月，正月也就是一月。

从项梁进军下邳时开始，楚王景驹就下令大将秦嘉屯兵在彭城东部，意图就是阻止项梁军的西进。项梁对军吏们说："陈王首先起事，作战不利，不知道下落。如今秦嘉背叛陈王而立景驹，大逆不道。"

项梁军西进对秦嘉发起攻击，秦嘉军不敌，战败向北撤退。项梁军乘胜追击到薛郡的胡陵县（今山东鱼台），再败秦嘉军。秦嘉战死，所部投降项梁，而楚王景驹往砀郡方向溃逃，也死于乱军之中。

于是，项梁收编景驹和秦嘉的旧部，暂时驻扎在胡陵。

秦二世二年（前208年）二月，秦将章邯率军进入砀郡东部的栗县（今河南夏邑）。项梁派部下朱鸡石和余樊军南下迎击章邯军。结果是楚军战败。余樊军战死，朱鸡石退回胡陵。

秦二世二年（前208年）四月，项梁引军北上到达薛郡的薛县（今山东滕县），在此地项梁得到了陈胜已死的确切消息，项梁便杀了败军之将朱鸡石，为陈胜王祭祀发丧。然后项梁又以张楚国上柱国的名义，召集楚国各地的起义军，共赴薛县议事，史称"薛县会议"。

参加此次会议的人员，除了以项梁、项羽为首的项氏家族成员之外，还有陈婴、英布、蒲将军、范增、桓楚、吕臣、吕青等人。另外，刘邦和张良，也早就脱离景驹的阵营归附项梁，因此也参加了会议。

此次会议的主题，主要是关于后陈胜时代楚国应该如何重建的问题。

在会上，已经七十多岁的谋士范增向项梁谏言："陈胜王的失败是在意料之中的，秦灭六国，楚国是没有过错的，自从楚怀王入秦不返，楚人至今还想念他，所以楚南公才有'楚虽三户，亡秦必楚'的说法，如今陈胜王首先起事，没有立楚国的后裔而自立为王，他的号召力就有限，局面就不会长久。如今将军起兵，各地起义将领纷纷归附，是因为将军世代为楚国的将领。因此，拥立楚王之后为王，恢复楚国的天下，应该是将军接下来要做的。"

项梁接受了范增的建议，急令寻找楚王的后人。结果在民间已经成为放羊倌的楚怀王之孙熊心，被项梁找到。

秦二世二年（前208年）六月，在薛县，项梁与各路楚国起义军一起，共同拥立熊心为楚王。同时，为了顺应民意，怀念楚怀王，将楚王熊心仍称为楚怀王，以盱台（今江苏盱眙）为都城，重建楚国。项梁自号武信君，出任最高将领，军队人数达十万余人。

可以说，此时的楚军，名副其实地成为了六国反秦的主力军。

项梁所选的都城盱台，紧靠东阳县，而东阳又是楚将陈婴的家乡，于是，项梁认命陈婴为上柱国，辅佐楚怀王熊心南下盱台建都。

薛县会议所议之事，还有一个是关于韩国复国的问题。因为自陈胜起兵以来，原六国中的楚、齐、赵、魏、燕国都已经复国，唯有韩国还未实现复国愿望。

恢复韩国的建议是张良提出来的。在得到了项梁的同意后，张良在民间找到了韩王的后代韩成，拥立为韩王，张良任司徒。两人领兵前往原韩国的领地颍川一带，为韩国复国积极努力着。

与此同时，六国的复国，使得秦军分散了攻击的目标，因此，秦将章邯继续北上，选择了向刚刚建国的魏国进攻，并将魏王魏咎围困在了临济（今河南封丘县东）。

5. 定陶之战

秦二世二年（前208年）四月，临济危在旦夕，魏王魏咎匆忙派相国周市出使齐国，王弟魏豹出使楚国，请求援救。周市和魏豹不辱使命，齐楚两国分别派田巴和项它两位将军，分别领兵随周市和魏豹来援魏。齐、楚两国援军与章邯军遭遇，一番激烈而残酷的战斗厮杀，结果是章邯军大胜。魏国的相国周市，在此次战斗中战死。

秦二世二年（前208年）六月，齐王田儋亲率齐军到临济援魏。

秦将章邯命令士兵口中衔枚夜袭齐、魏联军，齐、魏军大败。齐王田儋战死，田儋之弟田荣收拾残兵败退到了东阿（今山东阳谷县）。魏王魏咎为了城中百姓免遭涂炭，答应与秦军谈判。谈判成功后，魏国向秦军投降，而魏王魏咎则自焚身亡。

秦二世二年（前208年）七月，魏王魏咎的堂弟魏豹，在魏咎自焚后逃往楚国投奔楚怀王。楚怀王给予魏豹数千人马，命令他再去夺回魏地。有了兵马的魏豹，重新攻城略地，竟然打下了二十多座城池。

与此同时，齐国人听闻齐王田儋已死，就另立了战国末代齐王田建之弟田假为新的齐王，以田角为相国，田间为大将。

秦二世二年（前208年）八月，秦将章邯在打败了齐魏联军之后，继续追击田荣到达东阿城下，并将城围困起来。与此同时，楚国的项梁闻报田荣危急，亲自率军来增援，在东阿城下大破秦军。

东阿之战是项氏楚军与秦军主力的第一次大战。初战即告捷，使得项梁战胜秦军的自信大大增强了。

此时，因为楚军的援救而解除了围困的田荣，闻听齐人另立了新君，勃然大怒，立即回师攻击临济，驱逐新齐王田假。田假不敌田荣，弃城逃到了楚国，而齐相田角逃到了赵国。齐国大将田间，此前被齐王田儋派往赵国求援，也滞留在了赵国。

田荣夺回临济后，立田儋之子田市为齐王，自己做相国，并任命自己的弟弟田横为大将。自此齐国重新平定。

东阿之战后，秦将章邯领军向西败退，项梁追击。两军在濮阳县（今河南濮阳）城外再次交战，秦军再败。这时，秦军已经被截断成了两支。由章邯率领的主力残部，退入濮阳城中坚守不出。另一支往东向城阳败退。

秦军兵分两路败退，楚军也相应地分成了两部分。主力由项梁统领，追击章邯，围攻濮阳。另一部分由项羽、刘邦统领，往东追击向城阳方向撤退的秦军。

濮阳，本为东郡的郡治。是黄河南岸，紧靠白马津渡口的一座大城。章邯退入城内后，迅速修筑护城河和堑壕，并引黄河水流入护城河中，作长期固守的准备。章邯选择在濮阳固守的战略意图相当正确，因为控制了渡口就等于是保证了受援的通道畅通，在此地固守，再伺机反攻。

项梁从东阿出发，紧追不舍地向西进军。因为章邯困守濮阳不出战，于是，项梁只得率军向定陶逼近。到达定陶周边之后，项梁又再次击败秦军，并重兵包围了定陶（今山东定陶）。

定陶，是东方富裕之城，曾经是秦昭王时权臣穰侯魏冉的封地。

项梁攻到定陶的同时，由项羽与刘邦组成的联军，首先攻克了城阳，消灭了章邯分兵的李信军。随后驻扎在濮阳县东，在濮阳东与秦军交战，再败秦军。

此后项羽、刘邦也离开濮阳攻打定陶县。定陶未攻下，项羽、刘邦又率军向西攻城略地，到达了雍丘，并在雍丘与秦军交战，消灭了由秦丞相李斯之子、三川守李由率领的秦军，断绝了秦王朝西南方向的增援之军。然后项羽、刘邦又回军攻外黄县，但未攻下。

接连的胜利，使得项梁楚军中开始慢慢滋生了轻视秦军的情绪，并且这种骄傲的情绪从上至下在军中蔓延。见此，项梁的部将宋义很是忧虑，劝谏项梁说："打仗取胜后而将领骄傲和士卒懈怠是败军的前兆，如今士卒稍有懈怠，秦兵日益增多，我替你担心啊！一定要阻止懈怠的势头蔓延下去。"然而，此时的项梁已经被胜利冲昏了头脑，不仅没有重视宋义之言，反而派宋义去出使齐国，与田荣交涉出军合兵之事。①

宋义在出使齐国的途中，遇到了齐国使者高陵君显，问："你

---

① 《史记·项羽本纪第七》记载：宋义乃谏项梁曰："战胜而将骄卒惰者败。今卒少惰矣，秦兵日益，臣为君畏之。"项梁弗听。乃使宋义使于齐。

是要去定陶见武信君吗？"高陵君显回答道："是的。"宋义说："我断定武信君的军队近日必败，你慢走就可以免死，快走就要遭殃。"①

早在宋义出使齐国之前，当项梁在东阿大败秦军之后，就多次派人出使齐国催促齐国军队，打算与齐国联兵西进。宋义来到齐国面见田荣，请求出兵支援，然而田荣仍然还是那句话："想要齐国出兵，除非楚国杀了田假，赵国杀了田角和田间。"项梁说："田假是楚国友好国家的国王，走投无路才来依附我，不忍心杀他。"赵国也不想杀田角、田间来作为交换的条件。于是齐国的田荣便拒绝相助项梁。

在项梁一路追击秦军之际，秦国也举全部的兵力增援章邯，这使得章邯的力量，又壮大起来。其中除了暗中通过黄河漕运补充装备军粮之外，章邯可以在全国各地抽调并集结援军。章邯调动河东郡和河内郡的秦军，沿黄河北岸向西进攻，同时，章邯还奏请朝廷，抽调正在河北攻击赵国的王离军南下，渡河与他会合，一起攻击楚军。

王离，内史频阳县（今陕西富平）人，祖父王翦、父亲王贲都是秦国的名将，也是秦统一天下的功臣。王氏家族与蒙氏家族一样，都是秦王朝最为显赫的将门世家，一家三代为将，父子两代封侯。当蒙恬讨伐匈奴，驻守北部边境之时，王离是蒙恬军中的副将。蒙恬死后，王离继任蒙恬之职。接到支援章邯军之前，王离是奉命率领北部军沿直道南下，东渡黄河，负责旧赵国和燕国地区的平叛军事活动。

这时章邯收到了由外黄方向驰援而来的秦军带来的李由军被歼灭的消息，于是，接下来章邯的军事部署，更加小心谨慎了。

可以说与项梁此时的骄傲情绪正好相反，秦将章邯在近期接连

---

① 《史记·项羽本纪第七》记载：乃使宋义使于齐。道遇齐使者高陵君显，曰："公将见武信君乎？"曰："然。"曰："臣论武信君军必败。公徐行即免死，疾行则及祸。"

的失败中，深刻地认识到了项氏楚军，是与以往对手截然不同的。这是一支组织严密，极富战斗力的精锐之军。对付这样的大敌，只有集中优势兵力，谨慎作战，方可取胜。

章邯是善于用兵的将领，他继承了秦将白起以来的用兵之道，即在形势不利之时，首要的是示敌以弱，用战术退却和保守态势来麻痹对手，然后再秘密而迅速地关注敌军动向，一旦敌军出现懈怠的空隙，再用突然袭击的方式进行奇袭，最后一举获胜。

秦二世二年（前208年）九月，王离军秘密集结南移，与河东和河内军一道在濮阳附近渡过黄河。这样一来，秦军的几路人马就全部到位，并在濮阳集结完毕，秦军军势大振。得到了增援的秦军主力，由濮阳秘密向定陶方向运动，趁项梁小胜后的麻痹轻敌之时，借夜色的掩护，突然袭击项梁军大营。

定陶城内的秦军也呼应出击，里应外合。

秦军突然袭击式的攻击，让项梁军猝不及防。项梁军的许多士卒还在睡梦中，根本没有战斗力，因此一下子就被秦军击溃了。在突发的乱战之中，项梁虽然想极力稳住阵脚，但兵败如山倒，没有在睡梦中被击杀的士卒们已经完全不听指挥，四处溃散。项梁近身侍卫们也是乱作一团，反击没有章法，使得项梁在战阵中战死身亡。

定陶之战后，因为项梁所率楚军的战败，使得由陈胜吴广所引发的战事进入新的局面，秦将章邯将主战场由黄河以南转移到了黄河以北。

6. 怀王之约

定陶之战，楚军战败，项梁阵亡。当消息传回楚国都城盱眙之时，楚国上下极为震惊。在这种前所未有的危机面前，由项梁所立的楚国王室后裔楚怀王熊心反而很冷静。楚怀王立即作出了迅速北上，迁都彭城的决定，其目的就是致力于收拾残局，重新振作和部署楚军。

楚怀王深知，此前他虽然被立为楚王，但他除了拥有旧王族出身这个号召力以外，在楚军中没有任何基础和实力，因此楚怀王心想：也许项梁的身死是他亲政掌握实权的最佳时机了。

在迁都彭城之后，楚怀王首先命令各路楚军全都作战略撤退，并向彭城方向集结。待楚军全部集结完毕后，楚怀王又对各路楚军进行了重新部署。

楚怀王令吕臣军屯驻在彭城东侧，令项羽军屯驻在彭城西侧，令刘邦军屯驻在砀县，此外对其他各支楚军也都作了相应的安排。楚怀王此举将骤变的局势先稳定了下来。

接下来，楚怀王着手直接掌握楚国的军政大权。

楚怀王首先将驻守彭城的两支楚军主力吕臣军和项羽军合并，由自己亲自担任主帅。楚怀王任命一直辅佐自己的陈婴为上柱国，全面负责楚国的政务，同时又任命吕臣为司徒、吕青为令尹，让吕氏父子两人共同出任辅政的要职。

吕臣本来是陈胜的近侍大将，在陈胜兵败被杀后，组成"苍头军"，不仅为陈胜报了仇，而且还百折不挠地多次夺回失地。吕臣与吕青父子两人是项梁薛县议事时的主要参与者之一。楚怀王被拥立为王后，父子两人又奉命成为了协助楚怀王立国的近侍大将，因此吕臣父子才深得楚怀王的倚靠和信任。

项梁兵败之时，项羽和刘邦联军正在围攻外黄县。项梁兵败被杀之后，项羽和刘邦都无心再战，离开外黄攻打陈留（今河南开封）。陈留坚兵固守，没有攻下来。刘邦和项羽互相商量说："如今武信侯的军队垮了，士卒恐惧，战斗力就大打折扣了。再打下去，很难打胜仗的。"① 于是刘邦和项羽两人就领兵与吕臣的军队一起向东进

---

① 《史记·项羽本纪第七》记载：沛公、项羽去外黄攻陈留，陈留坚守不能下。沛公、项羽相与谋曰："今项梁军破，士卒恐。"乃与吕臣军俱引兵而东。

发，最后各自按照楚怀王的命令撤退到指定位置，即吕臣驻扎在彭城的东面，项羽驻扎在彭城的西面，刘邦驻扎在砀县。

虽然项梁兵败战死，但项氏的影响力确实是太大了，即便是在楚怀王亲政之后，面对项氏的巨大权势，仍然不得不采取借助和抑制相结合的策略。

项梁死后，项羽成为了项氏的领军人物。楚怀王将项羽封为长安侯，以鲁县为食邑领地，号称为鲁公。虽然从地位上来看，算是楚国的一方诸侯，但是实际上军权却被楚怀王收回了。

作为平民出身的刘邦，得到了楚怀王的信任和重用。楚怀王封刘邦为武安侯，任命为砀郡长，令其继续统领本部兵马，驻守砀县，并负责彭城西侧外围的防务。

与此同时，秦将章邯在打垮了项梁的军队之后，以为楚地的敌人不用担心了，危机已经过去了，因此章邯就率军渡过黄河去攻打赵地。由于章邯军已经北上进攻赵国，黄河以南的战事暂时平静下来。因此，楚怀王便借此时机，全力整军建制，强化政权，并对未来反秦战争的整体格局，重新进行了战略性策划。

秦二世二年（前208年）后九月（闰九月），楚怀王经与朝臣们商议，制定了史称为"怀王之约"的战略性规划。

怀王之约的主要内容大致有三个方面：一是以楚国为盟主联合作战诛灭暴秦；二是六国政权的建立，王政复兴是正统；三是新的秦国王政，由先攻入关中者出任。

此时，战国时期的六国都已经复国，再一次出现了秦与六国对抗的局面。当然，在六国复国的过程中，从来都不是一帆风顺的，各国复国的过程中，都充满了曲折，甚至是血的代价。好在总的来说，除了偏远的燕国之外，其他国都实现了王政复兴。

此时的五国国王分别是：楚怀王熊心、赵王赵歇、齐王田市、魏王魏豹、韩王韩成，这五位国王都是故国的旧王族出身，因此以楚怀王为盟主制定的"怀王之约",其主要内容,一方面是对于已经形成的天下政局的肯定和确认,另一方面也对陈胜所开创的平民王政,采取先肯定后修正的态度,力图通过扶持和肯定各国的王政复兴,从而杜绝各种实力人物擅自称王的野心,同时对于群雄并起,英雄豪杰争相立功求进的愿望,作了富有诱惑性的正面引导。

怀王之约的诱惑就是:不论国别,不分贵贱,先攻入关中灭亡秦国者王之。

怀王之约,相当于是反秦阵营的行动纲领,将作为天下公约公布于众,并由各国各路英雄互相监督、互相见证来执行。

怀王之约,在极大地调动了各国各路英雄积极性的同时,也强调一定要汲取战国末年各国互不相救最后被秦国各个击破的教训。

正当怀王之约制定之时,秦军两大主力会师河北,围攻赵国。赵国的求援使者接连不断地抵达彭城。作为反秦阵营的盟主,楚怀王迅速作出了以楚军主力渡黄河援救赵国的决定,同时楚怀王还决定另外派遣一支偏师,向西进攻关中,直捣秦都咸阳。

楚怀王根据当时的形势,两路分兵,势在必行。

因为从戏水一战之后,秦军在章邯的率领下,先后攻灭了陈胜张楚、赵王武臣、魏王魏咎、齐王田儋、楚将项梁,收复了三川、颍川、南阳、陈郡、东郡、上党、太原、邯郸等广大地区。整个黄河以南、淮河以北地区,六国联军只退守着泗水、薛郡一线。

此时秦军的两大主力在黄河以北地区,将赵国围困在了巨鹿城。

也就是说,秦国的都城关中地区,已经完成了重新设防,再次成为了易守难攻的战略后方。

北上援赵和西进入关,都是难啃的硬骨头。特别是西进攻取关中,无异于虎口拔牙。当时的楚军诸将对西进的任务都不看好,但唯独项羽是个例外。因为项羽本来就是勇敢无畏的战士,加上为叔父项梁报仇心切,所以项羽主动向楚怀王请缨,愿意率本部兵马,奉怀王之约，西进攻取关中。

然而，项羽太过于锋芒毕露了。

项羽勇武善战，他的军事才能和威望是楚军中无人能比的，但他年轻气盛，暴躁彪悍，又是无人能够控制的。

楚国君臣上下一致认为，对项羽决不能单独委以重任，必须有控制地使用，不能让他做大称王。那么由谁来控制项羽呢？

正在楚怀王一筹莫展之时，当初宋义所遇到的齐使高陵君显正好在楚军中，他对楚王说："宋义说武信君之军必败，数日之后，果然失败了。还没有开战就能预知失败的征兆，这可以说是了解兵法啊！"于是楚怀王立即召见了宋义并与他商议军国大事，宋义之言果然很有见地，楚怀王因此特别高兴，立即任命宋义为上将军。①

楚怀王没有同意项羽入关西进的请求，反而是任命项羽为宋义的副将，随同楚军主力北上去援救赵国。项羽不仅愿望没有达成，还要位居人下，当然是不服，并在心里给楚怀王记下了一笔账。

对于带兵西进入关的人选，楚怀王及其左右，又把目标集中在了刘邦身上。大家一致认为，刘邦老成持重，宽怀大度，由刘邦率军西进攻秦，可以争取秦国人心，而当大功告成之后，刘邦也可以驾驭。于是，刘邦得到了奉命西进攻取关中的重任。

从此，项羽与刘邦之间争斗的种子便埋下了。

楚国兵分两路，为以后楚汉两大阵营的形成，也埋下了伏笔……

---

① 《史记·项羽本纪第七》记载：初，宋义所遇齐使者高陵君显在楚军，见楚王曰："宋义论武信君之军必败，居数日，军果败。兵未战而先见败征，此可谓知兵矣。"王召宋义与计事而大说之，因置以为上将军。项羽为鲁公，为次将，范增为末将，救赵。诸别将皆属宋义，号为卿子冠军。

大汉王朝
诞生记

第三章
楚国分兵，先定关中者王之

1. 北上救赵

秦二世二年（前208年）十一月，赵王武臣命大将李良攻打太原郡。李良率军到达石邑（今河北石家庄）时，秦军扼守住了井陉关，使得李良军无法前进。秦将假借二世皇帝的名义致信李良，信未加封，信上说："李良曾经侍奉过我，并得到了信任重用。李良若能叛赵归秦，可以赦免以前的罪过，并给以高贵显要的职位。"

李良接到信后，怀疑信中的话不可靠，因此没有答应为秦效力。然而李良虽然没有投降，但也无法破关进兵，于是只得返回了都城邯郸请求增加兵力。①

在邯郸郊外，李良遇到了一支由百余骑兵随从护卫出行的队伍，看阵仗架势，李良误以为是赵王武臣出行，就跪伏在道旁，等待上前见礼。实际上出行的人是武臣的姐姐，而武臣的姐姐不认识李良并且喝醉了，见有人见礼，就只是派了一名随从骑兵出面招呼李良起来。李良平时骄纵惯了，如今竟然被一名随从招呼起来，就觉得受到了轻视和侮辱，也在自己的部下面前感觉到丢尽了面子。

这时，李良的随从官员中有一个人对他说："天下人都起来反秦，有本事的人应先立为王。况且赵王武臣本来在您之下，现在连他的姐姐也竟然敢不下车接见您。请追上前去，把她杀掉。"

李良已经得到了秦国的书信，本来想反叛赵国，只是犹豫未决，现在受到了这样的侮辱，不由勃然大怒，便派人追上前去，把赵王武臣的姐姐杀死在路上。然后一不做二不休地率军倒转刀剑，突袭邯郸城。

由于事发太过突然，赵王武臣根本没有一丝防备就被杀身亡，左丞相邵骚也被杀。张耳和陈余因耳目众多事先得知了消息才得以

---

① 《史记·张耳陈余列传第二十九》记载：秦将诈称二世使人遗李良书，不封，曰："良尝事我得显幸。良诚能反赵为秦，赦良罪，贵良。"良得书，疑不信。乃还之邯郸，益请兵。

逃脱。

张耳和陈余逃出去之后，立即收集旧部，竟然得到数万之众。这时，有门客就给张耳和陈余献计说："你们两人客居赵地，都不是赵国人，如果想要在赵国立足，镇服赵国人，是很难办到的，必须立原赵国的王室之后为王，而您两人以正当的名义扶持他，才可以成就功业。"

秦二世二年（前208年）端月，张耳、陈余访求到赵国的后人赵歇，就拥立赵歇为王，让赵王居住在信都（今河北邢台西南）。张耳为相国，陈余为大将。李良率兵攻打陈余，被陈余击败，李良逃走投降了秦将章邯。

定陶之战的胜利，让秦将章邯认识到了南北两支秦军主力联合作战的威力。因此，在章邯的统一部署下，秦军主力全部渡过黄河，准备一举消灭赵国，彻底平定黄河北部地区的叛乱。章邯军和王离军，这两大秦军主力联合作战，在渡过黄河以后，于秦二世二年（前208年）后九月（闰九月）大破赵国和齐国联军，并乘胜攻陷了赵国的旧都邯郸城。章邯率兵攻到邯郸，将邯郸的老百姓都迁移到了河内郡，并把邯郸城夷为平地。

邯郸失守后，赵王歇和相国张耳举国东迁，退入巨鹿城中。一方面借助齐国做长期坚守的准备，另一方面向六国紧急求援。陈余则转而北上，去搜罗常山的兵众，得到了好几万人，回兵向南，驻扎在巨鹿以北。

与此同时，秦军主帅章邯和王离，也对秦军重新进行了战略部署。由王离军追击赵齐联军进入巨鹿郡，将赵国君臣和赵齐联军主力围困在巨鹿城内，做好攻城准备。而章邯的军队驻扎在巨鹿城南面的棘原（今河北平乡县西南），修筑连接河内郡与邯郸郡的甬道，直连黄河。一是掩护王离军，二是做好王离军在前线的后勤保障工作。

秦军围困巨鹿城的军事部署，章邯采用的仍然是围城打援的战术。如果六国援军到来，那么就用优势兵力在巨鹿一带进行战略决战；如果六国援军不到，那么就等巨鹿城中粮尽兵疲之时，再一举攻占。

秦军两大主力围攻赵国，赵国期盼着援军的到来。那么此时的其他五国，又是处于什么状态呢？

齐国是由齐国王族的田儋和堂弟田荣首先复国的。齐国是赵国的东邻，武臣赵国与田儋齐国时期，两国关系一直很好。李良的叛变，赵王武臣被杀，使得赵国一夜之间就崩溃了。赵国是齐国的西方屏障，如果赵国灭亡，齐国将直接面临秦国的军事威胁。因此，齐王田儋紧急派部将田间率军渡过黄河支援赵国。此后，赵齐联军一直与秦王离军相持作战。

齐王田儋在临济救援魏国时，战败被秦将章邯所杀，田荣败走东阿。

齐国人听说田儋已死，就另立了田假为新的齐王，并以田角为相国，田间为大将。

败走东阿的田荣，得到楚国的项梁援救，解除了危机。闻听齐人另立了新的齐王，大怒回师攻击新齐王。田假不敌，逃到楚国，田角逃到赵国，此前田间到赵国搬救兵也一直滞留在赵国。

然后，田荣立田儋之子田市为齐王，自任相国，任命弟弟田横为大将。

此前，当楚国的项梁请求齐国出兵时，田荣因提出的要求没有满足，拒绝发兵。此时，赵王被围巨鹿，田荣仍不发兵。田荣的所作所为引发齐国人的不满。

魏王魏咎为了城中百姓免遭屠杀，向秦军投降后自焚身亡。魏咎之弟魏豹在楚怀王的支持下，重新攻略魏地后自立为魏王。秦二世三年（前207年）十月，魏豹亲自率军救赵。

赵王武臣派大将韩广北略燕地。在占领燕国旧地后，得到当地民众的支持而自立为王，燕国复国。赵王武臣大怒，差一点反目成仇。当赵王武臣在一次微服出行时被燕军捕获，燕军想以武臣换赵国一半领土，张耳陈余多次派人交涉无果，后来幸好有一个小兵挺身而出，用计，燕将才释放了武臣。秦二世三年（前207年）十月，已经立国十五个月的燕王韩广，派遣大将臧荼出兵救赵。

当时，收到赵国的求援消息之后，各国派来援救的有十余路人马。包括相国张耳的儿子张敖也收复了代郡的万余人马屯驻在巨鹿城北，然而，各路人马都只是在巨鹿附近安营扎寨，都没有与秦军交锋。

似乎所有人都在等待着一个时机的到来。

秦二世三年（前207年）十月，宋义率领楚军由彭城誓师出发，北上救赵。在宋义麾下，项羽为副将，范增为末将，桓楚、英布、蒲将军等为楚军将领。

宋义本来是项梁的部下。当项梁因一连串的胜利而滋生轻敌傲慢的情绪时，宋义曾劝谏过项梁，然而，却被项梁打发去出使齐国。在路上，遇到了要去定陶见项梁的齐国使者高陵君显，告之项梁近日必败，缓去则免一死。后来的事实证明，宋义预见的果然没错。改往谒见楚怀王的高陵君显，将宋义预知战事成败的事，原原本本地讲给楚怀王。楚怀王正在寻找统军大将，宋义便被重用了。

宋义率领楚军北上救赵，当到达安阳（今河南安阳）时，宋义就下令停止前进。一连四十六天，宋义都没有发出开拔的指令。然而，作为副将的项羽心急啊！

项羽对宋义说："我听说秦军把赵王围在巨鹿，赶快带兵渡河，楚军从外面攻打，与巨鹿城内的赵军里应外合，夹击秦军，定会有所作为。"① 然而，宋义却说："咬牛的牛虻不能伤害虱子。如今秦军攻打赵军，打胜了则兵疲力尽，我们乘秦军疲惫发动进攻；打不胜，

---

① 《史记·项羽本纪第七》记载：行至安阳，留四十六日不进。项羽曰："吾闻秦军围赵王巨鹿，疾引兵渡河，楚击其外，赵应其内，破秦军必矣。"

我们就率领军队鸣鼓西进,一定打垮秦军。因此不如先让秦、赵相斗。身披甲胄,手执利器,冲锋陷阵,我宋义不如你项籍,但坐下来运筹划策,你项籍不如我宋义。"

因此宋义再也不听项羽的意见,并向军中下令说:"凶猛如虎,狠戾如羊,贪婪如狼,倔强不听指挥的人,一律斩首。"

项羽无奈,只得等候机会。

秦二世三年(前207年)十月至十一月间,安阳一带大雨,楚军的后勤转运受到了影响,楚军中士卒冻饿交加。而就在此时,齐国同意聘用宋义的儿子为臣,宋义就亲自送儿子到无盐赴任,摆酒设宴,大会宾客。

于是,项羽的机会来了。

项羽利用宋义离军之际,召集心腹将领商议说:"本来打算并力攻秦,却长期停留不进。如今年荒岁饥,人民贫困,士卒只吃半升豆子,食不果腹,军中没有存粮,宋义却还设宴会宾客。不率领军队渡河就地取用赵国的粮食,而说什么等待秦军疲敝。秦以那样强大的兵力进攻新建立的赵国,还谈什么疲敝啊!"

如此项羽与众心腹分析研判了形势和宋义的行为,明确了取代宋义的意图,得到了项氏及其部下的支持,做好一切准备。

宋义回营的第二天早上,项羽与诸将一起,例行到宋义营帐中议事。项羽上前拔剑斩杀了宋义,然后出营帐,以副将的名义,假称是奉楚怀王之密令,诛杀与齐国通谋反叛的宋义。

众将一致支持项羽,纷纷言道:"楚王由将军家拥立,如今将军又为楚王诛杀叛逆,名正言顺。"于是,众将共同拥立项羽为代理上将军,统率全军。

随后,项羽派军追杀宋义的儿子,一直进入齐国境内,将其杀死。

项羽又派桓楚前往彭城,将事情向楚怀王汇报。鞭长莫及之下,楚怀王只得接受现实,任命项羽为上将军,领兵救赵,当阳君英布、蒲将军都归项羽节制。

2. 巨鹿之战

秦将章邯打垮了项梁，攻杀了齐王田儋，消灭了魏王魏咎，在一系列的胜利之后，楚地有名的将领几乎都已经死了，因此，章邯以为楚地的敌人不用担心了，就渡过黄河，向北进军攻打赵地，并且又大破了赵军。

赵王赵歇、相国张耳以及齐将田间、田角等人，统领赵齐联军主力向东退入了巨鹿城。赵国大将军陈余早在打败叛将李良之后，收复了常山兵卒数万人，而此时的陈余率军北上进入恒山郡，又集结了恒山郡的人马，驻扎在巨鹿城北面的围城秦军之外。

秦将章邯命令王离、涉间率军围攻巨鹿城，而自己则率军驻扎在巨鹿的南面，修筑甬道为王离、涉间军输送粮食、物资。

在等待援军到来之时，赵国的相国张耳多次催促城外的赵国大将军陈余前来解围，但是陈余总觉得信心不足，一直没有出兵解围。陈余一面命令军队挖掘深沟，修砌高垒，坚壁自守，一面连续派使者前往楚、齐、燕、魏各国催促请援。陈余是想待各国援军到来之后，再一起向围城秦军发起进攻。

然而数月过后，秦军由于后勤通畅，粮草充足，士气旺盛，攻势日益猛烈，反观巨鹿城中的赵军存粮日渐减少，兵员伤亡日渐增多，形势紧迫，危在旦夕。

一直得不到陈余增援的相国张耳十分愤怒，又增派了张魇、陈泽两人突围出去见陈余，并附带一封书信责问陈余。张耳在信中说："起初我和你结成生死之交，如今赵王歇和我的性命危在旦夕，而你拥兵数万，不肯相救，这算什么生死之交呢？如果真想践行自己的诺言，那你为什么不攻击秦军，那怕是大家同归于尽呢？这样做，或许能保全十分之一二。"①

陈余看完信件后，无奈地对张黡和陈泽说："我预料，向前进攻，非但救不了赵国，反而白白地葬送全军。我陈余之所以不和你们同归于尽，是想留下一些人马替赵王报仇。如果一定要同归于尽，那好比拿肉去打饿虎，又有什么益处呢？"

张黡和陈泽说："如今已经到了生死关头，应该以同死来践行曾经的诺言，哪顾得上虑及后果！"

陈余说："我明知这样死去没有任何益处，但一定按你们说的去办。"于是陈余无奈，只得集结五千兵马交给张黡、陈泽，让他们尝试着去进攻围巨鹿城的秦军。结果，不仅五千兵马全军覆没，甚至两位主将张黡、陈泽也一起阵亡。

这边，章邯、王离率军包围着巨鹿，那边，项羽在杀了宋义、夺取了楚国上将军之职后，终于在延误了三个月之后，火速带领楚国士卒前往援救巨鹿。

楚军从安阳出发，急速北上，准备在黄河下游的平原津渡口渡河。此时，平原津属于齐国的济北郡领地。

项羽领军到达济北郡时，齐国的两支人马，正在因王权之争而在此开战。这两支人马，一支是由原齐王田建之孙田安率领，一支由田都掌握。

田安与在巨鹿城内的田间、田角一样，是属于齐王田假一派。田都本为齐相田荣的部下，是奉田荣之命，领军与田安在济北郡对阵。两军已经对阵多时，一直没有分出胜负。

齐将田都对田荣固执于田氏王族内部的恩怨，不肯出兵援助的所作所为，早就开始不满。秦二世三年（前207年）十月（秦以十

---

① 《史记·张耳陈余列传第二十九》记载：数月，张耳大怒，怨陈余，使张黡、陈泽往让陈余曰："始吾与公为刎颈交，今王与耳旦暮且死，而公拥兵数万，不肯相救，安在其相为死！苟必信，胡不赴秦军俱死？且有十一二相全。"

月为岁首），田都反叛田荣，自行率军前往援助赵国。同年十二月，原战国末代齐王田建之孙田安，也攻下济北郡几座城池，率军投奔援赵的项羽楚军。

因此，当项羽到来后，背叛田荣的田都，与田安一起迎接项羽大军。这样，在田安田都的配合下，项羽军顺利进入济北郡，抵达平原津，开始准备渡河。

项羽率领全军分批渡河。最先渡过黄河的楚军，是由英布和蒲将军统领的两万楚军精锐。按照事先的策略，这支精锐人马渡过黄河之后，便向章邯部署在棘原和巨鹿间的秦军后勤部队发起进攻。

章邯用兵，最重粮道。

棘原，是船运码头和仓储所在地。王离军的粮草供应，是由棘原陆运到巨鹿。为了保证粮道的畅通和安全，章邯在黄河和漳水间大兴土木，在粮道的两侧修筑起防卫用的壁垒，称为甬道。由重兵驻军守卫甬道，以防备敌军攻击。

当阳君英布[①]和蒲将军率军，像一把犀利的尖刀，直插章邯军和王离军之间，对守卫甬道的秦军展开分段猛烈进攻，将长蛇般的甬道数处切断占据，这样，不仅切断了秦军的粮草供应线，也将秦军两大主力章邯军和王离军分割开来。

然后项羽统率楚军主力也渡过黄河，支援英布和蒲将军扩大战果。英布和蒲将军顶住秦军的反击，在漳河和黄河之间稳住阵脚，筑壁垒坚守，掩护项羽军主力，迅速抵达漳河。

---

① 《史记·黥布列传第三十一》记载："黥布者，六人也，姓英氏。"因此，黥布即英布。英布（？～公元前196年），偃姓，英氏，名布，九江郡六县（今安徽省六安市）人，秦末汉初名将。早年坐罪，受到黥刑，俗称黥布。初随项梁起义，迎娶吴芮之女，拥立楚怀王继位，封为当阳君。项梁阵亡后，成为项羽帐下将领之一，屡破秦军，封为九江王。受到汉朝游说，叛楚归汉，为楚将龙苴所败。辅佐刘邦打败项羽，建立汉朝，封为淮南王，与韩信、彭越并称汉初三大名将。

项羽统领楚军主力一举渡过漳河。全军渡过漳河之后，项羽下了一道青史留名的重大命令——砸破炊具，烧毁营舍，全军将士每人只携带三天口粮，然后，项羽又下令将渡船凿沉全部沉入河底。项羽此举就是想用破釜沉舟的方式，自绝退路，以令士卒要拼死速战速决。这样一来，楚军人人以拼死一战的决心，逼近巨鹿，向王离军展开了猛烈的攻击。

秦二世三年（前207年）十二月，项羽军一到，就围困了王离军。此时，由于秦军两大主力被分割开来，又断绝了粮道，战局一下子就出现了变化。

楚军与秦军遭遇后，一日之内，连打了九场大仗，楚军连战连捷。

破秦军的甬道，拔秦军壁垒，大破秦军，杀了大将苏角，俘虏了秦军主帅王离，大将涉间拒不向楚军投降，自焚而死。

此前，陈余率领的数万赵军，驻守在巨鹿城北，这是最早到达的人马。张耳的儿子张敖率领的一万人马，也驻扎在陈余军的旁边。燕国的臧荼所率领的人马，也驻扎在陈余军附近。因为有陈余五千人马的覆军之鉴，诸部援军深壁高垒，固守不出，一心等待楚军主力的到来。

楚军攻击秦军时，诸侯将领都在营垒上观战。楚军战士无不以一当十，楚兵喊声震天，诸侯军人人胆战心惊。仅仅一日，从日出到日斜过午，楚军大捷，王离军败局已定，目瞪口呆地观战的各国援军才省悟过来，纷纷开营出兵，配合项羽楚军，攻击开始溃退的秦军。

打垮了秦军，项羽在原王离的营帐内，召见各诸侯将领。诸将战战兢兢地穿行在尸骨堆积如山血流成河的战场，当进入辕门后，所有人都膝行而前，待到项羽面前时，所有人都不敢抬头仰视。

经过此战，在各国诸将中，从此项羽就确立了霸主地位。大家一致公推项羽为诸国联军统帅，纷纷跟随项羽作战。

巨鹿解围后，赵王歇与张耳出城答谢诸侯。张耳见到陈余，首先就责问为什么不救巨鹿，并且查问张黡、陈泽的下落。陈余非常恼火，但也如实回答说："张黡、陈泽逼我立即以死践约，我就给张黡、陈泽他们两人派了五千士卒，他们进攻围城秦军时全军覆没。"

张耳不相信，以为是陈余杀了张黡、陈泽两人，因此用怀疑的目光一再追问。被多年的至交如此审问。于是，陈余就心冷了，愤怒地说："没想到你对我的怨恨这样深！难道你以为我稀罕将军这个职位吗？"陈余怒解将军印交还给张耳。张耳没想到陈余会有此举，一时惊愕，没有接将军印。这时陈余内急离开了。张耳的门客就劝说道："古语云，上天给予的，若不接受，反而会遭受灾祸。陈将军把将军印交给您，如果不接受是违反天意，不吉利，请赶快收起来。"于是张耳顺势收回将军印，并且接收了陈余的人马。而陈余率领数百亲信，退隐山林湖泽，捕鱼打猎去了。张耳和陈余两个多年的至交，也从此反目。

巨鹿之战后，秦将王离军被歼灭，章邯身为统领中军的总帅，当然负有不可推卸的责任，受到朝廷方面的指责。在项羽所统领的各诸侯联军攻击之下，章邯又接连失利，步步后撤。然而，章邯不愧为坚韧的宿将，在内外不利的形势下完成撤退收缩，稳住阵脚。

从秦二世三年（前207年）一月至六月，章邯军一直坚守在河内一带，迫使项羽所率领的诸侯联军滞留漳河地区达半年之久。

与此同时，另一支由刘邦率领的楚军开始西进，在关中开辟了攻秦的第二战场。

3. 西进伐秦

秦二世元年（前209年）九月，刘邦从芒砀山回到沛县起兵。然而在沛县起兵后不久，就遭遇了部将雍齿在他出生地丰邑的反叛，刘邦为此大病不起。好在大难不死，刘邦又重整旗鼓。

秦二世二年（前208年）端月（正月），陈胜部将秦嘉拥立楚国旧贵族景驹为楚王，刘邦闻讯前去投奔，半路上偶遇张良，两人相见恨晚，一起到留县成为了楚王景驹的部下。

刘邦投靠景驹，本意是希望从景驹那里得到增援，然后重新夺回出生地丰邑。然而由于秦军压境，形势急转直下，已经来不及考虑丰邑之事了。楚王景驹派刘邦和东阳宁君领兵南下萧县阻击秦军，在萧县西部秦楚两军展开激战，结果是楚军兵败，退回留县。

秦二世二年（前208年）二月，趁秦将章邯率军在陈郡应对陈胜的属下吕臣和英布军之机，刘邦领军南下进攻砀县。经过三天的围攻激战，刘邦攻破了砀县。

砀县，位于砀郡的东南，是夹在砀郡和泗水郡之间的边县。砀在丰邑之南，和丰邑一样，原来是魏国的领地。

砀县和刘邦有着许多渊源。

一是刘邦早年任游侠时，东游跟从外黄县的张耳，曾在砀县住过几个月，与砀郡人士有过很深的交往。二是刘邦因释放徭徒而亡命落草之时，也选择藏匿于砀县北部的芒砀山地区，砀县本地有许多人也曾慕名前去投靠。三是刘邦之妻吕氏一族，曾是砀郡单父县的大户人家。刘邦起兵后，妻弟吕泽、吕释之，集结单父县的少年投靠了刘邦。

刘邦攻下砀县后，就开始进行大规模的征兵整编，很顺利就得到了六千新军。而刘邦在沛县起兵之时，得到了沛县官吏百姓的全力支持，才征兵三千。因此刘邦开始把根据地向砀郡和砀县方面转移。

秦二世二年（前208年）三月，刘邦率军向北攻克了砀县的邻县下邑（今河南砀山）。然后由下邑继续北上，开始围攻出生地丰邑，又没有成功。到了四月时，留县方面发生政治变动，楚王景驹被项

第三章 / 楚国分兵，先定关中者王之 /

梁军攻杀，属下大部分都归属了项梁。项梁拥十万之兵驻军薛县，刘邦也前往薛县归附项梁，从而成为了项梁楚军的一部分。

刘邦在项梁所派楚军的援助下，终于收复了念念不忘的出生地丰邑。

秦二世二年（前208年）六月，刘邦参加了项梁在薛县召集的各路将领议事会，成为了拥立楚怀王的将领之一，得到了楚怀王的初步好感。

正在这时，齐国告急，项梁统领楚军主力由薛县北上东阿援救齐国的田荣，刘邦也率领本部军随同前往。

当秦将章邯分兵两路时，项梁也分兵两路。刘邦与项羽奉项梁之命合兵往成阳方向追击秦军。刘邦和项羽联军围困成阳（今山东菏泽），当强行攻下成阳之后，又南下攻击定陶，由于定陶防守坚固，未能攻破。

此时，因为秦章邯军被项梁楚军主力围困在濮阳，于是各路秦军便开始向濮阳移动支援。特别是丞相李斯的儿子李由，时任三川郡守。三川郡与东郡相邻，李由又曾被章邯解救过，因此章邯被围，李由便立即率本部军迁回增援章邯。

在砀郡雍邱县，李由军与刘邦和项羽联军遭遇，双方激烈大战，结果是刘邦和项羽联军大胜，斩杀了李由，切断了秦军由黄河南岸支援章邯军的通道。随后刘邦就停留在陈留县和外黄县一带作战。

秦二世二年（前208年）九月，项梁军战败被杀，刘邦和项羽不敢停留，与楚军将领吕臣一起，往彭城方向撤退收缩。与此同时，楚怀王也由盱台迁都彭城，并且亲政重建楚军和政权。刘邦被封为武安侯，任命为砀郡长，统领本部人马驻守砀县①。

秦二世二年（前208年）后九月（闰九月），刘邦以砀郡长之职，受楚怀王之命，奉"怀王之约"，向西进军去攻取关中。刘邦率军由砀县出发，首先向东郡的成阳方向移动。在移动过程中，收集散失在成阳一带的陈胜军和项梁军的残部，扩大了军队。在扩军的同时，刘邦率军攻击驻守在成阳一带的秦军营垒，并击破了两支地方秦军。

秦二世三年（前207年）十月，刘邦率军南下，往砀郡方向回移，在东郡与砀郡之间的成武县，与秦东郡的地方军以及王离的一支别军交战，并将其击溃。然后，刘邦率军返回砀郡整编休整。

秦二世三年（前207年）十二月，刘邦在砀郡栗县（今河南夏邑）收编了楚军刚武侯的四千人马，然后，又与魏国将领皇欣、武蒲率领的魏军联合对秦军作战，取得胜利之后，刘邦率军再次回到砀郡整编休整。

秦二世三年（前207年）二月，刘邦再一次从根据地砀郡出发，北上进攻昌邑县（今山东巨野县南）。

昌邑县在砀郡北部，是砀郡的属县。刘邦是楚怀王封的砀郡长，因此，昌邑名义上在刘邦的管辖之下。

在昌邑以北，东郡成阳以东，薛县张县（今山东梁山）以南，是一大片湖泊沼泽地，称为巨野泽。

在秦始皇末年，有一个叫彭越的渔民，聚集了一帮渔民弟兄，为躲避繁重的徭役及苛酷的法律，亡命在巨野泽中。天下大乱之时，彭越在巨野泽中蛰伏了一年多，一直不为外界所动。直到秦二世三年（前207年）十二月，项羽在巨鹿大败秦军之后，秦王朝的败局

---

① 《汉书·高帝纪第一上》记载：时连雨自七月至九月。沛公、项羽方攻陈留，闻梁死，士卒恐，乃与将军吕臣引兵而东，徙怀王自盱台都彭城。吕臣军彭城东，项羽军彭城西，沛公军砀……后九月，怀王并吕臣、项羽军自将之。以沛公为砀郡长，封武安侯，将砀郡兵。以羽为鲁公，封长安侯。

已经明显，彭越才率众加入群雄角逐的行列中。

彭越虽出自草莽，却治军严谨，军中有约，违令者斩，使得在巨野泽聚集的一千余人，人人对他畏服。

对于刘邦，彭越早有耳闻，感觉到刘邦与他是同类人。因此，当刘邦进攻昌邑县城时，彭越就以当地军充任先军前导，积极协助刘邦军进行攻击。虽然刘邦最后没有攻下昌邑，但是与彭越却结下了深交。等到刘邦和项羽争夺天下，楚汉战争进行到关键时刻，彭越的协力出兵，竟然成为了决定胜负的关键之一。当然，这是后话了。

在昌邑进攻受阻的情况下，刘邦率军回师向陈留方向进军，终于，开始了西向攻取关中的行动。

事实上，刘邦之所以选择此时才开始西进，是因为确认了章邯军已经无力回天，秦军也不可能袭击楚国的都城了。

4. 转道入关

大局渐趋明朗之后，刘邦军正式开始西进攻取关中的行动。

这次行动，刘邦军西进的意图很明确，就是沿着三川东海道西去，重走两年前周文（周章）军的进军路线，由陈留、开封、荥阳、洛阳、渑池方向，在夺取函谷关后进入关中，力求尽快攻取咸阳。

在刘邦抵达陈留县时，收服了称霸一方的郦食其和郦商两兄弟，被流传为一段佳话。①

郦食其，陈留县高阳乡（今河南杞县）人，家境贫寒，好读书、有辩才，却蛰居乡间不得志。他不事耕耘，又不能经商置业，年过半百还只是当着里门的门监，勉强混口饭吃。然而，虽然他地位卑微，却喜欢高冠儒服，高高瘦瘦地始终保持着一副穷酸的名士相。对大

---

① 此段佳话，主要依据《史记·高祖本纪第八》和《史记·郦生陆贾列传第三十七》中的记载。

户人家、强人豪杰，也从来不低身逢迎。

刘邦其人，喜好结交天下英雄豪杰，善于让人和他一起共事。刘邦军每到一地驻扎下来时，都会访求贤士，网罗怪才奇人，为己所用。

当刘邦行军至砀郡高阳乡时，郦食其闻听武安侯到来，预感到自己出人头地的机会来了。

刘邦军队中有一骑士家在高阳乡。当这位骑士回家探亲时，郦食其就找到了这位同乡。郦食其对骑士说："我听说武安侯傲慢而看不起人，但他有许多远大的谋略，这才是我真正想要追随的人。拜托你，向武安侯引荐一下如何？"

骑士问："那我怎么向武安侯介绍你呢？"

郦食其答："你就说，我的家乡有位郦先生，年纪已有六十多岁，身高八尺，人们都称他是狂生，但是他说自己并非狂生。"

骑士说："武安侯不喜欢儒生，许多人头戴儒生的帽子来见他，他就立刻把他们的帽子摘下来，在里边撒尿。在和人谈话的时候，动不动就破口大骂。所以你最好不要以儒生的身份去见他。"

郦食其说："你只管像我教你的那样说吧！"

骑士回军之后，就把郦食其说的话，原封不动地告诉了刘邦。

果然，听了骑士的话后，刘邦对郦食其这个人产生了兴趣，答应可以见一见郦食其。刘邦在召见郦食其时，正坐在床边，令两位女子给他洗脚。

郦食其见状，大为不满，长揖不拜，直接斥责道："你是想帮助秦国攻打诸侯呢，还是想率领诸侯灭掉秦国？"

刘邦回骂道："你个混账儒生！天下的人同受秦朝的苦已经很久了，所以诸侯们才陆续起兵反抗暴秦，你怎么说我会帮助秦国攻打诸侯呢？"

郦食其说："如果你下决心聚合民众，召集义兵来推翻暴虐无道的秦王朝，那就不应该用这种倨慢不礼的态度来接见长者。"

刘邦闻听此言，微微一笑，知道所传非虚，便起身道歉，整理好衣衫后，以礼接待了郦食其。

郦食其有个弟弟名叫郦商，在陈胜起兵时，郦商也聚集了数千人响应。刘邦将郦食其收入麾下，郦商率军四千多人，也加入了刘邦的队伍。

这样，刘邦得到了一文一武的郦氏两兄弟，可以说是如虎添翼。

刘邦向郦食其求问西进关中的策略，郦食其说："目前，武安侯你所有兵马不足万人，如果直接西进攻取关中，无异于虎口夺食。陈留城地处交通要道，不仅四通八达，而且城中粮食储备丰富。陈留县令是我的熟人，我愿意入陈留劝降县令。如果县令肯降，那就是大好事。如果县令不肯降，那武安侯你就举兵进攻，我在里面当内应。我们里应外合，陈留可下。"

刘邦听从郦食其的计策，让郦食其先进陈留县城，自己统领大军紧随其后，一举夺下了陈留，得到了大量补给。

秦二世三年（前207年）三月，刘邦令郦商为将，统率陈留收编的人马，进攻大梁县（今河南开封西南），由于秦军顽强抵抗，未能攻下。

于是，刘邦避开开封，北上进入东郡，绕过西进，与秦将杨熊所率秦军，在白马津展开激战，又追至曲遇（今河南中牟），大败秦军，秦将杨熊败走。杨熊逃至荥阳，秦二世派使者斩杀了杨熊。

秦二世三年（前207年）四月，消灭杨熊所部秦军后，由于荥阳坚固，难以攻克，刘邦又率军南下，进入颍川郡，并与在当地活动的韩王成和张良会师。

此前，张良劝项梁立韩成为韩王，并跟随韩王成西至韩地略地。然而，一年多来，所略之地每占辄失，始终没有打开局面，因此，张良和韩王成，一直游兵于颍川一带。刘邦率军进入颍川，与张良的韩军兵合一处,军威大振,一举攻下了颍川郡治阳翟(今河南禹州),对顽强抵抗的秦军,实施了屠城报复。

这时,赵国别将司马卬率领一支赵军,由上党郡方向南下,进入到平阴县(今河南孟津)的黄河北岸,有渡河进入三川郡,走三川东海道西取函谷关,进入关中的动向。刘邦率军由颍川北上,攻克平阴县,封锁了黄河渡口,迫使赵将司马卬放弃了渡河入关的打算。从主观上来说,刘邦此举是不愿意攻取关中的功绩被司马卬夺去,而客观上来说,却使秦章邯军再一次转危为安。

然后,刘邦率军南下,与秦军再战三川郡治洛阳,在洛阳东与秦军交战失利,也被迫放弃了由洛阳直接西进经新安、渑池一线夺取函谷关进入关中的想法,而是迂回南下。

刘邦率军由洛阳经轩辕道(今河南偃师东)退回颍川。之后,留下韩王成留守阳翟,刘邦和张良领兵往南阳郡方向移动,准备夺取南阳西部的武关,走商洛道攻入关中。

秦二世三年(前207年)六月,刘邦率军南下攻击南阳。在颍川和南阳交界的犨县(今河南平顶山西南)东,与南阳守齮大战,大破南阳秦军。南阳郡守齮率军退守南阳郡治宛城(今河南南阳)。刘邦急于西进入关,无意停留攻坚,而是想绕过宛城直接西进。

张良觉得不妥,劝告道:"沛公,您虽然着急想要进入关中,但是秦军兵力还很多,并且前后据险而守。如果今天攻不下宛西就离开,那么有强大的秦军在前面围堵,宛城方面又从后面攻击,这样一来,我们就会腹背受敌,因此这是一条危险的道路啊!"①

刘邦接受了张良的建议,在夜晚引兵返还攻击宛城,偃旗息鼓,天还没亮,就将宛城团团围住。突然的变故,让南阳郡守齮以为战也是死,不战也是死,就想自杀。门客陈恢劝谏说要出使楚营面见

---

① 《汉书·高帝纪第一上》记载:沛公引兵过宛西。张良谏曰:"沛公虽欲急入关,秦兵尚众,距险。今不下宛,宛从后击,强秦在前,此危道也。"

刘邦，有条件地投降。

陈恢出城面见刘邦说："小臣听说将军身受怀王之约，先入关中者为王。而今，将军围攻宛城。宛城及南阳诸县有数十城池，守卫的将士自以为战也死，降也死，所以人人登城固守死战。将军如果整日强攻，双方伤亡定会很多，要是放弃攻宛而引兵向西，宛地的秦兵可能会尾追于后。将军攻宛，则延误了先机，弃宛，则留下了后有追兵之患。为将军着想，不如允许宛城守军投降，封郡守为侯，仍令其驻守原地，而将其兵力调出一并向西。这样，前方还未攻下的城邑，定会闻风响应而迎接将军，那么，将军便会顺利通行而无后顾之忧了。"

刘邦接受了陈恢的提议。于是宛城开城投降。刘邦顺利入城并遵守约定，封南阳郡守齮为殷侯，继续担任南阳郡守，封陈恢食邑千户。

5. 章邯降楚

秦二世三年（前207年）十二月，王离军被歼灭，章邯军十分震惊和恐慌，然而章邯不愧为优秀的将领，在孤军失援形势如此不利的情况下，慢慢稳定了军心，步步为营地开始收缩退兵。

自从章邯进攻赵国夷平邯郸城之后，在漳河以北已经无据点可以坚守，章邯军便退到了漳水南岸一带。章邯令一部分人马沿河内一线的漳河南岸设防，利用漳河天险做坚守河内的准备。

此时的章邯仍然采取他擅长的防守反攻策略，高壁深垒地做好了固守待援的准备。章邯认为：只要保住河内，战局就有逆转的可能。

在漳河与黄河之间的棘原（今河北大名）一带，章邯军曾经筑有甬道为王离军输送粮食，后来甬道被楚军英布和蒲将军率军切断。章邯多次派军反扑，欲畅通甬道，以保证粮草的输送。当王离军被歼灭之后，章邯便停止了对英布与蒲将军军的反扑，转入收缩防御，以棘原为中心，在漳河与黄河之间，借助地势高壁深垒，构筑起坚固的防御工事，集结兵力，阻止诸侯国联军从东北方向迂回包抄河内。

秦二世三年（前207年）二月，在巨鹿稍作休整之后，项羽率领诸侯国联军，开始向漳河一带步步进逼过来。

项羽军在棘原以北渡过漳河，仍然以英布和蒲将军军为前锋，摆下阵式寻求章邯主力进行决战。然而章邯军一直坚守不出战。章邯率军驻扎在棘原，项羽驻军于漳水南，两军相持不战。项羽只好率军，以猛烈攻势进行攻坚战。

章邯在不利的情况下，步步为营，有序地向河内郡北部的安阳县（今河南安阳）方向收缩撤退。

这样一来，章邯军以河内郡为基地，西以河东郡为依托，南以三川郡为靠背，利用黄河漕运，就食敖仓粮，顽强地抗击诸侯国联军的进攻。

从秦二世三年（前207年）一月至七月，章邯军一直与项羽统领的诸侯国联军艰苦地进行拉锯战。

此次章邯所面对的对手，既不是戏水之战时周文军那样的乌合之众，也不是定陶之战时骄兵懈将的项梁军，而是由项羽统领的各诸侯国联军。诸侯国联军在血战大胜之后，毫不松懈，步步紧逼过来。

然而对于章邯来说，诸侯国联军的强大不是最可怕的，而最让他崩溃的是来自秦王朝内部朝局的变化。

此时的秦二世王朝，左丞相李斯、右丞相冯去疾、将军冯劫等一批老臣都已经被处死，赵高出任丞相执掌朝政。章邯不仅外受项羽攻击，没有援军，而且内失依靠，开始受到怀疑、猜忌和谴责。

章邯的秦军多次被项羽所率领的诸侯国联军打败，秦二世便派人责备章邯。

在多次的转危为安中，章邯前后失据，决定派长史司马欣专程前往咸阳，一是向朝廷解释战败的原因和战场的情况；二是请求增援。

司马欣到了咸阳以后，直接前往咸阳宫求见二世皇帝，然而，请谒递进去以后，司马欣连续三天到宫廷外门等候召见。一天过去，没有消息，两天过去了，还是没有消息，到了第三天时，仍然音讯皆无，司马欣害怕了，心想：大事不妙啊！皇帝即便再忙，也不可能三天了都不召见他啊！看来是丞相赵高把持朝政，刻意阻断了皇帝与章将军的关系了。

司马欣想至此，恐怕有变，于是决定立即赶回军中。返程时，司马欣为了以防万一，放弃了来时的大路，改走小道，绕回了章邯军大营。

事实证明，司马欣的判断是准确的。由于赵高的弟弟掌管着内廷，所以赵高第一时间就得知了司马欣求见皇帝的消息，并截留了请谒。此时，赵高已经不信任章邯[①]，也害怕司马欣的求见皇帝会对自己不利，因此除了在宫廷外门阻挡司马欣三天不予接见之外，且在司马欣返回时，紧急派人追捕。幸好司马欣改变了路线，才得以安全返回军营。

司马欣回营就立即来见章邯，汇报说："赵高专权，如今朝廷上已经没有可以担当的人了。将军如果胜，则必定遭嫉妒，如果败，将军必死无疑。何去何从，请将军深思啊！"

恰好此时，赵国的陈余将军也写信给章邯。在信中，陈余举事说理，分析形势，劝章邯反秦与诸侯国联手。

实际上，章邯是一位意志坚定的人。章邯身为秦国老臣，受先帝旧恩多年，对秦国的山河人民也有很深的执念。对于与诸侯联手的事，他始终犹豫不决。他深知自担任秦军统帅以来，被他诛杀的反秦将士以数十万计，楚王陈胜、齐王田儋、魏王魏咎先后成了他

---

① 《史记·秦始皇本纪第六》《史记·项羽本纪第七》均言赵高不见司马欣，有不信之心。

的刀下鬼，特别是项梁也是死在自己手下，背秦降楚，项羽和诸侯能容他吗？

抱着试试看的心态，章邯暗中派心腹前往项羽大营谈判，但没有谈妥。于是，章邯与项羽之间，打打谈谈，上演了拉锯战。然而，就在双方苦战、和战交替上演之时，项羽出了一招奇兵。

项羽派遣蒲将军领兵，日夜兼行，迂回从漳水上游的三户津（今河北磁县西南）强行渡过漳水。蒲将军突破秦军的防线，在漳水南岸抢滩筑工事，在交战中击败秦军，稳住了阵地。

得知蒲将军稳住阵地后，项羽率领全军迅速向西移动，在漳水的支流汙水（今河北临漳西）一带大破秦军。迫使章邯军放弃漳河防线，退守洹水。这样一来，章邯所重点依托的安阳就岌岌可危了。

就在此时，赵国将军瑕丘人申阳，统领赵军的一支别部，由孟津强行渡过黄河进入了三川郡，攻克了洛阳和新安之间的河南县，切断了章邯军往来黄河走山阳东海道连接关中的唯一通道，完成了对章邯军的战略包围。

对于章邯来说，这时已经没有了回旋的余地，因此章邯再次派人来见项羽，表达了想要和谈约降的诚意。项羽召集各路将领商议。项羽说："现在我军粮草日渐短缺，准备接受章邯的受降请求。各位看意下如何？"此时的项羽已经拥有了一语定乾坤的威望。既然项羽已经如此说了，诸将就没人反对了。

于是，在秦二世三年（前207年）七月，项羽和章邯根据约定，在洹水之南的殷墟上相见。

章邯见到项羽后，就哭诉了赵高的种种行为，同时也表达了对往日战场厮杀的身不由己。也许在章邯的痛哭流涕中，还有对先帝故国的愧疚。

项羽许诺，待攻破关中以后，立章邯为雍王治秦，并将章邯安置在楚军大营随同行动，而任命司马欣为上将军，统领秦军。

于是，筑坛结盟，歃血起誓，签订约降协定。

司马欣能得到项羽的信任，被封为上将军，统领秦军，是因为司马欣算是项氏家族的恩人。当年司马欣在栎阳县（今西安市阎良区东北）做狱掾时，正好项梁在关中犯法被逮捕关押在栎阳县大狱中，在得到同行曹咎的一封书信后，释放了项梁。从此司马欣的情就被项氏记下了。司马欣后来从军，征集关中军支援章邯，做了章邯的长史，而曹咎也从军，跟随了项梁。

6. 秦二世亡

在宛城，刘邦接受南阳郡守齮的投降，并如约封赏，收编军队，此举具有重大的意义。

在此之前，刘邦军与六国反秦军一样，也用残酷的手段对待秦军。刘邦军是楚军的一支，先是以沛县人为主体的沛县县军，后来又是以砀郡人为多数的砀郡郡军。在转战各地时，虽然有兵员补充，但大体上一直是以楚国和魏国人为主，而南阳受降之后，秦军开始成建制地被编入刘邦军。

可以说，由于刘邦处置秦军投降得当，从此秦之官吏军民开始大规模地倒向刘邦。当刘邦统领楚军旧部和新编的秦军一道西进时，南阳境内诸县，纷纷开城投降。

刘邦率军继续西行，当到达丹水（今河南淅川）时，秦军将领高武侯鳃和穰侯王陵直接投降，加入刘邦所率领的楚军中。继而，当刘邦进攻西陵、胡阳、析（今河南西峡县）、郦（今河南南阳西北）等地时，也都不战而降。

在进军顺利的情况下，刘邦又下了一道命令：本部军所过之处，一律不得掳掠施暴。明令禁止报复秦人、残破秦土的做法。于是，秦国军民欢喜，民必所向，纷纷归附刘邦。

秦二世三年（前207年）七月，刘邦率所部楚军进兵至关中的南大门武关东面，并派遣魏国人宁昌出使秦二世朝廷，实际上就是去约见把持朝政的丞相赵高。

也就是在这时，秦将章邯投降了项羽。

秦末之乱以来，秦军主力共有三支：一是在南，是由任嚣和赵陀统领的南部军；二是在北，是由王离统领的北部军；三是在中，是由章邯统领的中部军。

长江以南的南部军，早在反秦以后就尽归楚国；王离的北部军被项羽歼灭以后，黄河以北，都是燕赵旗帜；章邯约降项羽，长江与黄河之间，都是楚齐魏韩了。也就是说，此时的秦二世王朝，除了蜀汉关中本土以外，已经没有国土可以依托，也没有了军队可以调动。

关于秦王朝大厦将倾只待最后一击的形势，除了只知享乐的秦二世胡亥以外，秦人都看明白了这一点。

秦王朝瓦解之势已定，项羽以秦军为先导入关的意图也已经很明显。而尽早进入关中，占领咸阳实现怀王之约做秦王，也是刘邦念念不忘的初衷，因此，为了抢时间，刘邦与张良等人商议，决定派宁昌火速到咸阳面见赵高。

刘邦给赵高开出的条件是以项羽给章邯的条件为例的。刘邦约降赵高的条件是：赵高杀秦二世，打开武关大门。刘邦军入关后，分割旧秦领土为两个国家，由赵高和刘邦分别称王统治。

赵高听了刘邦的使者宁昌给他开出的条件，心动了。为了万全起见，便有了"指鹿为马"[①]的试探。

秦二世三年（前207年）八月的一天，赵高指使人将一头鹿带进宫献给了秦二世。赵高指着鹿对秦二世说："这是一匹马，献给

[①] 《史记·秦始皇本纪第六》记载：八月己亥，赵高欲为乱，恐群臣不听，乃先设验，持鹿献于二世，曰："马也。"二世笑曰："丞相误邪？谓鹿为马。"问左右，左右或默，或言马以阿顺赵高。

皇上。"

秦二世一听，哈哈大笑道："丞相弄错了，怎么把鹿说成马了呢？"

赵高继续坚持说："没错啊，这就是一匹马啊！"

秦二世环顾左右的贴身近侍，问道："这明明白白是一头鹿，丞相非得坚持说这是一匹马，你们说说，这是鹿还是马？"

近侍们当然明白丞相是故意指鹿为马的，对于丞相如此说的原因，搞不清状况的干脆沉默不语，想曲意逢迎赵高的也附和说是马。当然也有个别刚直不阿与秦二世贴心的人，说那是鹿。

于是，秦二世皇帝大吃一惊，便以为真是自己糊涂了。当晚，秦二世皇帝便噩梦不断。

此后怪事接连出现，搅得秦二世皇帝寝食难安。于是，秦二世宣太卜进宫算卦解梦。太卜解卦说，皇上奉宗庙鬼神，斋戒不明，今泾水之神作祟，才有此不祥预兆。当然，太卜说的话，是赵高早就安排好的。

当秦二世举棋不定之时，赵高趁机劝谏说："鬼神不享，天且降殃，应远离咸阳宫以禳息灾难。"

一直以来，对赵高之言秦二世都是言听计从，这次更不例外。因此秦二世立即离开位于渭水之北的正宫咸阳宫，移居到了咸阳北郊的离宫望夷宫。

望夷宫，临近泾水而建，可以遥望北方夷翟，宫殿因此而得名望夷。

赵高将秦二世皇帝诱骗到望夷宫，就是想将秦二世皇帝孤立和封闭起来，进一步收紧秦二世皇帝的消息通道，从而彻底地掌控朝权。当然，指鹿为马时，敢于指认说是鹿的近侍们，都被抓入狱或处死。

秦二世皇帝移居到望夷宫以后，赵高认为皇帝已经远离了朝廷被封闭起来了，因此也不再时刻直接监护皇帝了。这对于秦二世皇帝来说，反而觉得是一种解脱和自由。

然而也就在这时，朝堂上下的一些消息，有机会传进了秦二世皇帝耳中。闻听此消息，秦二世感觉到了前所未有的不安，便派人去咸阳向赵高求证。

可以说，秦二世皇帝此举，加速了自己的死亡，因为这等于告诉赵高，箭已在弦上，不得不发了。

赵高决定立即发动政变，诛杀秦二世皇帝。①

赵高发动宫廷政变所依赖的人有两位，一位是弟弟赵成，一个是女婿阎乐。赵成时任郎中令，掌管皇帝的侍从内卫。阎乐时任咸阳县令，掌管着咸阳县兵，而望夷宫就在咸阳县的辖区内。

赵高令阎乐诈称咸阳境内有盗贼，以缉盗的名义征发咸阳兵，开赴望夷宫，并强行进入宫中与赵成里应外合，诛杀秦二世。

阎乐按计行事，征调千余咸阳兵，来到望夷宫门前，在卫士令和卫士仆射前来交涉之际突然将两人逮捕，并且不由分说斩杀卫士令，强行攻入宫中。

阎乐与赵成汇合之后，立即令士兵用弓箭攻击秦二世皇帝的寝宫。

秦二世皇帝大怒之下，召集伺候左右的宦者抵抗，到了这个时候，哪里还有人愿意抵抗。当秦二世皇帝逃入内室时，身边就只有一名宦者跟随。

秦二世皇帝无奈地责问这位宦者："为什么不早将实情相告于朕？"

宦者无奈地回答道："如果早进言，那么早就已经被陛下您给诛杀了。"

当阎乐带兵站在秦二世皇帝面前时，秦二世皇帝还期望能再见

---

① 赵高发动政变逼迫秦二世事之始末，以《史记·秦始皇本纪》的记载为基础而成。

赵高一面，在得知不可能之后，秦二世皇帝便退而求其次，哀求的条件从郡王一直降到了庶人。然而，阎乐持剑逼近，打消了秦二世皇帝一切想活命的念头。

最后，得知只有死路一条的秦二世皇帝，被逼自杀身亡。

秦二世胡亥，二十岁继位当皇帝，整整当了三年，死时年仅二十三岁。

呜呼！虽然秦二世胡亥当皇帝时，曾以残暴的手段催促修建皇陵，但死后却落得只以庶人之葬仪，被草草地掩埋于杜县南部的宜春苑中（今西安市雁塔区曲江乡江池村）。

第四章
鸿门宴会，得民心者占先机

1. 受降子婴

早在秦二世胡亥移居望夷宫时，赵高就故伎重施，以试探的方式，将有意自佩玺印称王的想法呈给众大臣和将士们，试探的结果是难以得到支持。

于是赵高就与弟弟赵成、女婿阎乐密谋说："皇上不听劝告，如今事已危急，想要嫁祸我们的家族，我打算废掉二世皇上，另立公子婴为皇帝。公子婴仁爱俭约，百姓都听他的话。"

当赵高的女婿阎乐逼迫秦二世胡亥自杀以后，立即赶回咸阳向赵高汇报。

闻报，赵高马上在咸阳宫召见大臣百官和王孙公子，宣布秦二世皇帝驾崩，并说："秦本来是诸侯国，始皇君临天下，所以号称皇帝。现在六国又都复国，秦国的地域日益缩小，仍然称帝，空有其名，不可，应该如过去一样称王。"

于是，皇帝称号被取消，仍称秦王，而立公子婴为秦王，赵高仍然自任丞相，辅佐国政。

逼迫秦二世自杀，放弃皇帝称号回归秦王，是应了刘邦约降的条件，在没有得到大臣和将士们支持的情况下，赵高不敢贸然称王，只得先立公子婴为秦王，以稳定局势。随后，赵高立即派使者向刘邦汇报弑杀了秦二世胡亥的消息，并交涉要刘邦按约定平分关中。

刘邦与张良商议。张良认为赵高是在使诈，不能相信。于是，刘邦拒绝了如约与赵高分王关中，而是听从张良之计，派郦食其、陆贾游说武关（今陕西丹凤县武关镇）的秦将投降，然后袭击武关，并夺取了武关。

与此同时，在咸阳的赵高，一面等待刘邦的消息，一面对公子婴说要依照王位继承的礼仪，让公子婴在家斋戒五日，然后再前往宗庙告祖祭祀，接受秦王玺印，正式宣告即位。

公子婴①，此时已经三十多岁了，是秦王室中一位年长的贤者。当二世皇帝受到赵高的怂恿准备诛杀蒙恬、蒙毅兄弟及其家族时，公子婴曾经挺身劝谏。虽然最后仍然没有保全蒙氏，但公子婴在满朝文武大臣及王族宗室中，却也得到了相当大的尊重和声望。

公子婴很清楚自己目前的处境，他不相信赵高，就与两个儿子和亲信侍从韩谈商量说："赵高在望夷宫杀死二世皇帝，害怕群臣诛伐他，才假借大义，立我为王。据说赵高已和楚有密约，灭秦宗室分王关中。如今让我斋戒后前往宗庙，无非就是想在宗庙中杀了我。我就装病不去宗庙，一定逼赵高亲自前来询问，来则杀之。"②

赵高数次派人请公子婴前往宗庙，公子婴就是不去。

果然，赵高就亲自来了。

一见面，赵高就说："宗庙大事，王上怎么不来？"赵高的话音还未落，就被早就做好准备的韩谈一剑刺死。

秦二世三年（前207年）八月，公子婴诛灭赵高宗族，正式即位为秦王。

公子婴即位为秦王，成为了秦王子婴之后，立即开始着手清除赵高党羽，重新组建秦朝廷。然后，诏告各地安定民情，急令前线坚守据敌，试图挽救秦国濒于毁灭的命运。

在得知刘邦军已经进入武关的消息后，秦王子婴就急令戍卫京师的部队前往峣关和蓝田一带设防，以阻止刘邦军进入关中。

然而，一切都为时已晚。

---

① 关于秦王婴的身世有两种说法。一种说法是在《史记·李斯列传第二十七》记载：高自知天弗与，群臣弗许，乃召始皇弟，授之玺。另一种说法是在《史记·秦始皇本纪第六》记载：立二世之兄子公子婴为秦王。

② 《史记·秦始皇本纪第六》记载：斋五日，子婴与其子二人谋曰："丞相高杀二世望夷宫，恐群臣诛之，乃详以义立我。我闻赵高乃与楚约，灭秦宗室而王关中。今使我斋见庙，此欲因庙中杀我。我称病不行，丞相必自来，来则杀之。"

在夺取了武关之后，刘邦一面率军向西，进入商洛道，一面令郦商别将攻取了秦的汉中、巴、蜀等地。

接着，在峣关，刘邦听从张良的计谋，用重金为诱饵，收买秦军将领言和，并趁秦军犹豫不定之际，突然发动袭击，一举击败秦军，攻克了峣关。

然后，刘邦所部楚军，沿丹水进至秦都咸阳附近的蓝田。

这一年的岁尾（前207年）九月，虽然秦王子婴组织了最后的力量与刘邦军队大战于蓝田，但是仍然惨败。刘邦军大破秦军。这样，秦王子婴就失去了所有的抵抗力量。

刘邦率军沿灞河而下，直奔咸阳而来。

汉元年（前206年）十月，刘邦军抵达咸阳东南郊外的灞上地区，此时，秦王子婴已经无兵可用，无险可守，被迫开城无条件投降。

秦王子婴乘白马牵引的素车，颈系天子绶带，手捧封存的皇帝玺印符节，带领百官出城到灞河西岸的轵道（今陕西西安城区）旁，向刘邦献上了传国玉玺，并迎接刘邦军入城。

至此，秦王朝灭亡。秦国自秦襄公八年开国以来，延续了五百七十一年的历史，至此结束。从秦始皇开始的秦王朝，共历十五年零四十七天。末年秦王子婴，在位仅仅不到两个月。

刘邦受降秦王子婴之后，有人向刘邦建议诛杀秦王子婴。刘邦没有采纳。

刘邦说："怀王派遣我奉约入关，是因为我能宽容待人。已经降服而加以杀害，乃是不祥之事。"

其实，刘邦思虑得很长远。此时，他已经在考虑战后组建新的朝廷的问题了。

刘邦很清楚，秦王子婴的归附，代表了秦国官民的归附。善待秦王子婴，眼下，可以安定秦国军心民心；将来，子婴可以作为统治秦国的人选。

不仅对子婴如此，对秦国的宗室大臣，刘邦也一律宽赦不杀，并下令各级官吏各司旧职保持不变。当然，前提是要听从刘邦军的统一指挥。

2. 坑杀降卒

早在秦二世三年（前207）十月，燕国派大将臧荼援救赵国，魏国的魏豹领兵救赵。巨鹿大战后，臧荼和魏豹均跟随项羽西入关中。

与此同时，赵国的张耳率军跟随项羽入关，而赵王歇继续留在赵国镇守。

齐将田间、田角兄弟，齐王建的孙子田安以及另一名齐将田都等三支齐军，也都在打败章邯之后跟随项羽入关。

在项羽率联军与章邯军两军对峙期间，赵国的将领司马卬由上党郡南下抵达黄河边，将河内与河东的联系切断，为联军对河内郡的战略包围发挥了很大的作用。打败章邯以后，司马卬率本部跟随项羽入关。

秦二世三年（前207年）七月，赵国的相国张耳的部下申阳，率军向西进攻，攻占了原来韩国的河南洛阳一带，当项羽率领联军渡过黄河进入三川郡后，申阳率军迎接联军。

秦二世三年（前207年）八月，项羽在打败章邯、迫使章邯投降之后，领兵浩浩荡荡地直奔关中而来。

西进的联军，除了项羽直接统领的主力楚军之外，还有张耳、司马卬、申阳率领的三支赵军，田间、田角、田安、田都率领的四支齐军，臧荼率领的燕军，魏豹率领的魏军，再加上新降的二十万秦军，共约有六七十万人。

俗话说：林子大了，什么鸟都有。

六七十万的七国联军，虽然表面上看浩浩荡荡，但实际上也是各怀心思。特别是新降的秦军,与其他各诸侯国军之间一直纠纷不断。

实际上,这种纠纷已经由来已久了。

早在秦王朝时代,西北边境的屯兵戍守、粮草转运,关中地区的大兴土木,征发的都是原六国的人去服徭役。不论是来关中做苦役的徭夫,还是经过关中到边境服役的戍卒运夫,常常受到秦国官吏士卒的区别对待、侮辱欺负,但也只能是忍气吞声。

如今天地翻转,秦军成了战败的降者,于是六国士兵报复秦军士卒的事情接连发生。时而,诸侯军的官兵像对待奴隶和俘虏那样驱使秦军官兵,时而,没有理由地随意折磨侮辱秦军官兵,这引起了秦军将士的极大不满。

汉元年(前206年)十月,即刘邦进入咸阳受降秦王子婴之时,项羽统领七个诸侯国的六七十万人马渡过黄河,抵达河南县一带。

此时,项羽打败章邯统领七国联军已经过去了三个多月,由于秦军与其他诸侯国军之间的矛盾不断升级,甚至已经到了剑拔弩张的地步,因此七国联军一直在河内三川一带徘徊停留,走走停停,无法快速前进。

汉元年(前206年)十一月,当联军终于接近关中,抵达新安县(今河南渑池)时,秦军士兵私下里纷纷抱怨说:"章邯等将领欺骗我们投降诸侯军。如今,如果能够入关破秦,当然没事;如果不能,诸侯军俘虏我们东去,秦势必把我们的父母妻儿诛杀。"秦军军心开始出现了动摇,不安的情绪开始蔓延。

秦军的动向,被诸侯军的将领们听到,很快就被上报给了项羽。项羽意识到问题的严重性,考虑到事关重大,不适合召集众将商议,因此项羽只找来巨鹿之战时作为先锋渡河抢占先机的两位猛将——英布和蒲将军商量此事。

三人商议的结果是:秦军官兵还很多,他们心里不服,到了关中不听从命令,事情必然岌岌可危,不如杀掉他们,只留下章邯、

/ 第四章 / 鸿门宴会,得民心者占先机 /

长史司马欣、都尉董翳一起入关。

于是，在项羽的授意下，由英布和蒲将军率领本部人马秘密行动，在一个月黑风高的夜晚，当投降的秦军都陷入熟睡时，突然袭击了秦军大营，使得许多投降的秦军官兵，还在睡梦中就做了刀下之鬼。

二十万秦军降卒被击杀之后，又就地被坑埋[①]于新安县城之南的荒野之中。

当范增等谋臣得知此事时，为时已晚，不禁扼腕叹息。

在处置降服秦军的问题上，项羽谋于猛将而不议于谋臣，将政治问题用军事手段来处理，从而，在秦国人民心中埋下了仇恨项羽的种子。

二十万秦军降将，背后牵连着的是数以百万计的秦民。

可以说，新安坑杀降卒，使项羽失去了整个秦国，断绝了项羽入关以后在关中立足的可能。甚至，在以后的楚汉战争中，秦国军民死心塌地追随刘邦与项羽血战，秦人秦军成为刘邦的主力，根源就在这里。

也可以说，新安坑杀秦军降卒，是项羽一生中的最大失误，是项羽由盛而衰的转折点。

当然，这是后话了。

3. 约法三章

就在项羽率联军在河内三川郡一带停留徘徊之时，刘邦领军，继在秦二世三年（前207年）八月攻破武关后，九月攻克峣关和蓝田，

[①] 项羽坑杀二十万降卒之事，由司马迁写入《史记》，然而后世历代的史学家们，对此多有质疑。《史记·项羽本纪第七》中记载：于是楚军夜击坑秦卒二十余万人新安城南。在《史记·高祖本纪第八》中记载，刘邦历数项羽十大罪状，其中第六条为"诈坑秦子弟新安二十万，王其将"。

十月进入咸阳,实现了先入关中灭秦的战略目标。

再次踏上咸阳的街头,刘邦真是思绪良多。

曾几何时,刘邦只是富丽繁华的咸阳的一个看客和徭役。遥想始皇帝出行时的盛况和自己当时的心态,刘邦更是感慨万千。

那一刻,刘邦就想停下来,好好享受一番了。

跟随刘邦而来的将士们更是兴奋得难以自抑,一下子涌进了秦宫和仓库,掠夺珠宝财物,闯进街头巷尾,寻找妇人女子。

见此情景,张良意识到了问题的严重性,立即找到樊哙商议此事。

樊哙是最早与刘邦一起亡命芒砀山又一起在沛县起兵的老将,此时与刘邦又多了一层姻亲关系,关键是,樊哙是心直口快的性格。因此有些话,张良可能碍于情面不好说出口,正好可以由樊哙来说。

张良和樊哙两人达成一致后,立即来到秦宫面见刘邦。

樊哙首先劝说刘邦要注意天下还没有平定,别忘了秦的前车之鉴。然而,刘邦根本听不进去。张良再晓之以理,言明利害。

在两人的轮番劝阻之下,终于说服刘邦,使得刘邦认识到了问题的严重性,打消了入驻秦宫的想法。

于是,刘邦下令查封所有的府库财物,全军还回灞上。

当所有人都把目光盯着珠宝美女的时候,有一个人却领兵进入了秦丞相府和御史府,这个人就是时任刘邦郡丞的萧何。

萧何负责文牍后勤工作,又是一位颇具经邦治国远见的人。

萧何进入秦丞相府和御史府,不为珠宝财物,当然也不是为了女人,他只将目光盯在了秦的法令文书、档案图录等文牍上,并将这些带回军中。

萧何此举,等于早早地就将秦王朝据以统治天下的基本信息和数据,掌握在了自己的手中。

刘邦到达灞上之后,立即着手制定针对秦国的统治方案。这时候,萧何带回来的文牍就起到了很大的作用。在萧何的主持下,刘邦宣布暂时废止秦王朝苛刻的法律，改以简洁的约法三章来约束军民，维持战后秩序。

约法三章，即：杀人者死，伤人者受刑，盗窃者罚金。

刘邦亲自召集关中咸阳当地的宗族名士，向他们讲明白，自己与各诸侯国有约定，先入关中者王之。今之入关，旨在废除暴秦的一切苛刻法律，是为父老兄弟们除害，绝不会对大家报复侵害。之所以还军灞上，又约法三章，就是为了还咸阳及周边一个良好稳定的环境。

刘邦还派人与秦朝时任命的官吏一同前往关中及蜀汉地区各郡县，布告安民。这样，使得广大秦民，都明确了生活还像过去一样，一切维持原状不变。

此时，秦民都如惊弓之鸟，唯恐结怨甚深的六国人入关以后挟仇报复。当得到了刘邦的一系列安抚政策宽待之后，人人喜乐，举国欢庆。

人们奔走相告，纷纷自觉牵着牛羊，提着酒食，来到灞上，慰问刘邦军。

刘邦谦让不接受，对前来的百姓们说："仓粟多，非乏，不欲费人。"[1]秦人越发地喜悦，唯恐刘邦不当秦王。

应该说，由于刘邦首先进入关中，并在咸阳受降了秦王子婴，依据"怀王之约"，刘邦就是未来秦王的人选，因此，在刘邦的心中，秦国就是自己未来的国土，秦人就是自己未来的子民，秦国的宫室珍宝就是自己未来的财富。

此时，六国都已经复国，各国王政都已经建立，只有秦王的王位空缺，按照"怀王之约"先入关中者王之，那么秦王就是刘邦无疑了。因此，刘邦安定关中，就是希望诸侯军到来之后，正式确定自己的

---

[1] 此处出自《史记·高祖本纪第八》，原文记载：沛公又让不受，曰："仓粟多，非乏，不欲费人。"人又益喜，唯恐沛公不为秦王。

秦王名分。

然而，刘邦内心也充满了不安和担心。

因为"怀王之约"订立时，项羽就要求进攻关中，表明了项羽也有灭秦称王的意图，只是因为楚怀王的制约，才促成了刘邦如约先入关中。如今项羽不仅坐拥巨鹿大战全歼王离军、安阳盟约招降章邯军的盖世之功，而且诸侯国各路将领人人对项羽折服听从。那么项羽能如约允许刘邦独王关中，而自己再回到楚怀王的朝廷当将军吗？

也许，刘邦自己都觉得这事有些不可能，因此，刘邦听从一名姓解的小生[①]的建议，派兵守住函谷关，不让项羽军入关。

刘邦此举，无非是想造成已经统治关中的既成事实，占据有利地形，迫使项羽及各诸侯国在关外进行交涉。

汉元年（前206年）十二月，即刘邦还军灞上的一个多月之后，项羽也在河内完成了整编。然后，项羽就率领四十万各诸侯国联军，挟坑埋二十万秦军之杀气，向咸阳进发。

四十万联军由新安经渑池、陕县，一路抵达函谷关下。此时，函谷关守将奉刘邦之令，紧闭关门，拒绝项羽入关。

项羽闻报，得知此时刘邦军已经占领了关中，接受了秦王子婴的投降。不仅正在收编秦军扩大兵力，而且还安抚秦民收买人心；不仅关闭了函谷关，而且将所有进入关中的大门都关闭了。

于是，项羽大怒，下令攻击函谷关[②]。

四十万大军压境，函谷关守将自知无力守卫，被迫开关接纳联军进入。

第四章 / 鸿门宴会，得民心者占先机 /

103

---

① 《史记·项羽本纪第七》记载，建议刘邦闭关拒项羽的人为"鲰生"。《史记·留侯世家第二十五》《索隐》："按《楚汉春秋》，鲰生，本姓解。"

② 《史记·项羽本纪第七》，原文记载：函谷关有兵守关，不得入。又闻沛公已破咸阳，项羽大怒，使当阳君等击关。项羽遂入，至于戏西。

项羽率领的联军入关以后，在渭水南岸沿着函谷关通往咸阳的直道西进，到达戏水西岸的鸿门一带停驻下来。在北临渭水、南靠骊山之地安营扎寨。剑锋直指灞河方向。

而灞河之上，刘邦的十万大军，正北倚渭水、东临灞河安营，扼守在由鸿门通往咸阳的直道上。

鸿门与灞上之间，相距只有数十里。正值晴朗的冬日，在两军大营中，彼此能看到对方阵中飘扬的旌旗。

两军对峙之势已成，剑拔弩张，似乎，都想展示出足够的实力，形成压倒对方之势。

有一天，有一位秘密使者，由位于灞上的刘邦军中辗转而出，来到了鸿门上的项羽军中。此人见到项羽之后，自报家门是受刘邦的部下司马曹无伤的派遣，前来通报刘邦军情况的。

秘密使者将刘邦闭关自守、计划关中称王的实情，以及刘邦已经尽取秦王室的宫室珍宝，与秦民制定了约法三章等种种举措，一五一十地进行了汇报，当然，其中也不乏转达的是曹无伤的个人猜测。

项羽本来在函谷关被拒就一肚子火气，强行入关后，对刘邦已经开始有了敌意，再得到曹无伤带来的消息，更是火上浇油一般，让项羽的火爆脾气一下子爆发了。

项羽下令：明早埋锅造饭，犒劳士卒，然后大军出动，一举消灭刘邦军。

4. 鸿门之宴

项羽下令要向刘邦军进攻，而促使项羽下令进攻刘邦的，还有一个人的劝谏，这个人就是范增。

范增是项羽军中的副将，此时已是七十多岁的高龄老人。他先前曾经辅佐项梁，项梁战死后，又辅佐项羽。因为年纪大，被项羽视为长辈，尊为亚父。

范增以敏锐的眼光，早早地就对刘邦的能力志向有所警惕，因此令细作打入刘邦军中探听情况。

范增劝项羽要趁机除掉刘邦这个对手，说："在关东的时候，此人贪财好色，然而，入关以后，他竟然对珍宝财物无所取，对美女妇人无所幸，他这是在忍小求大，志在天下啊！此人的风水气势，具有天子气象，将来肯定是你夺取天下的最大竞争对手。对于此人，必须马上攻击消灭，绝不可失掉时机。"

此时的刘邦，在兵力上是无法和强大的项羽相抗衡的。因为刘邦目前只有十万人马，号称二十万，而项羽却有四十万精兵，号称为百万。这样的差距，刘邦是不可能战胜项羽的。

危急时刻，项羽的伯父项伯间接"救"了刘邦。

项伯是项梁的族兄，也就是项羽的伯父。项梁与项羽在会稽起兵时，项伯在下相项氏老家聚集项氏族人，响应项梁。当项梁渡江北上，回到家乡下相招兵买马，项伯就与项梁会合，然后一直在项梁军中协助，官任楚国的国相令尹。项梁战死后，项伯就成为了项氏一族的长者，也是项羽最为尊重和信赖的至亲。

当年项伯也和项梁一样是个不安分的人，好结交游侠豪杰，当然也常有犯法和不轨行为。项梁杀人，向南来到了会稽郡。而项伯杀人后，向北去往东海郡的下邳躲藏。

此时，刘邦的谋士张良因为在博浪沙刺杀秦始皇失败后，也在下邳藏身。项伯犯法逃亡没有选择向南，而向北奔下邳，就是为投奔张良而来。在张良的帮助下，项伯得以逃脱法网。此后二人遂成生死之交。

项伯和张良是有着过命交情的好兄弟，项伯又最重义气。此时，项伯见项羽要进攻刘邦军了，便只带贴身侍从，连夜潜入刘邦大营中找到张良,让他赶紧离开,以免被杀。

张良也是位重义气之人,听了项伯话,他岂能独自逃命而去呢!张良说不能丢下刘邦,也没有对项伯隐瞒要将消息透露给刘邦的意图。

张良对项伯实话实说:"我是韩国臣下,受韩王之命辅助沛公入关,本应当在使命完成之后回报韩王。眼下沛公危急,我岂能不辞而别,自己保命而去呢?如果我那样做了,为臣是不义,为友是失信。项伯兄的厚意,我心领了。至于下一步应该怎么办,只有等向沛公说明白之后再做决定了。"

项伯同意了。

于是,张良立即去见刘邦,将实情如实相告。刘邦一听,当然大惊失色。惊慌之下,刘邦赶紧向张良要计策。

其实,张良在来见刘邦的路上,早就想好了对策。

见刘邦求问,张良就反问刘邦:"请沛公衡量一下,沛公的人马能抵挡得住项羽大军的进攻吗?"

此前,刘邦似乎没想到项羽会二话不说,就如此直接地采取全面火并的办法,因此,刘邦沉默良久,认真思考后回答道:"当然不能。同样是精兵强将,以一对四,没有胜算。那么,怎么办呢?"

张良说:"请沛公允许我去面见项伯,向他说明沛公没有和项羽争夺王位的野心。让项伯去劝说项羽,或许这事儿还有转圜的余地。"

刘邦一听,问:"你怎么与项伯有交情?"

张良简短截说:"秦灭六国时,项伯与我交好,他杀了人,我救了他。现在我处于危险之中,他就来告诉我躲避危险。"

刘邦问:"你与项伯,谁大谁小?"张良答:"他比我大。"

刘邦说:"烦请老弟代我约见项伯兄,我将执弟从之礼相见。"

此时,刘邦四十九岁,张良四十七岁,项伯大约在五十岁左右。

三人年轻时都曾有游侠的经历，对于民间社会的规矩、江湖上的礼节、豪侠间的心情等，都有很高的契合度。因此，刘邦对于说服项伯有了信心。

当张良回到自己的营帐去请项伯时，刘邦立即令人赶紧准备酒菜。

有张良的邀请，项伯如约来面见刘邦。

项伯进到营帐中，刘邦就执弟从之礼将项伯引入上座，并亲自为项伯斟酒。两人交换了名帖，不仅结成了兄弟，而且还约定成了儿女亲家。

席间，刘邦诚恳地对项伯说："我虽然先入了关，但对珍宝财物丝毫不敢有所接近，全部封存府库，对吏民也全部登记造册，以等待项将军的到来。之所以遣将守关，是为了防备其他的盗贼出入和意外事件的发生。我日夜盼望项将军的到来，哪里敢反叛！请伯兄代我向项将军禀告我是不敢忘恩负义的。"

项伯被说服了，说："明天早晨沛公一定要亲自来向项王道歉啊！"

刘邦回答："是的。"

酒足饭饱，项伯连夜返回了鸿门军营，并立即面见项羽，将刘邦的话原原本本地转告给了项羽。

接着，项伯又说："因为沛公先行进入关中，为我们扫除了入关的障碍，我们这才能顺利地通过函谷关，沛公是有功劳的人，我们不应该猜疑他，更不应该去攻打他。明早他会亲自来道歉请罪，不如趁此机会真诚相待。"

项羽听了项伯的话，便决定不再进攻刘邦。

其实，项羽之所以很痛快地就答应不再进攻刘邦，除了伯父项伯的劝说之外，最主要的原因是刘邦军的人马都是楚国人，对于项氏来说，楚民都是自己的父老兄弟，如果不用武力就能解决问题，项羽还是不愿意与父老兄弟刀兵相见的。这与坑杀二十万秦军降将是有本质上的区别的。

第二天早晨，刘邦来到了项羽的军营，随同前来的只有樊哙、张良、夏侯婴、纪信、靳强五名亲信将领和一百名精锐亲兵。

到了鸿门项羽的大营辕门外，守卫传令说，只准许刘邦和张良入内，其他随从不得入内，车马不得驱使。于是，樊哙等人及一百多精兵都留在了辕门外，刘邦与张良徒步进入项羽的军营。

项羽在大帐迎接刘邦，刘邦见面就向迎接他的项羽赔礼道歉，说："我和将军并力攻秦，将军在河北作战，我在河南作战，我自己也没想到会先入关攻破秦地，又在这里见到将军。现在一定是有小人之言，才使将军与我有了隔阂。"

项羽说："这是你沛公的左司马曹无伤说的，否则，我何至如此呢？"

初步的谈判讲和之后，项羽就请刘邦进入营帐内赴宴。

帐内戒备森严，主要人员分宾主就座。项羽和项伯在主席，面朝东坐，亚父范增在次席，面朝南坐。刘邦被引入次次席，面朝北坐，张良就座末席，面朝西陪坐。张良的席位，面向项羽和项伯，背对着帐门。

项羽的亚父范增，一直主张杀掉刘邦，以绝后患。因此，在酒宴上，范增一再示意项羽发令，但项羽却一直犹豫不决，默然不应。

无奈，范增起身出去找来项庄，对项庄说："君王为人不狠，你进去上前祝酒，祝酒之后，请求舞剑为酒宴助兴，趁机在座位上袭击并杀掉沛公，否则，将来你们这些人都将被他俘虏。"

于是，项庄就进入营帐内祝酒。祝酒之后，项庄提出："君王和沛公饮酒，军中没有什么可供娱乐的，请允许我舞剑助乐。"

项羽同意之后，项庄就开始舞剑，并慢慢地向刘邦所坐之位舞动。

这时，项伯看出了一点苗头，也拔剑起舞迎合项庄。当项庄的剑舞向刘邦时，项伯常常用身体掩蔽住刘邦，使得项庄的剑一直刺不到刘邦身上。

项庄的用意，刘邦也是心知肚明的，但他始终谈笑风生，沉着冷静地应对着，没有表现出丝毫的惊慌。

在项庄与项伯舞剑之时，坐在门口的张良走了出来，到了辕门外，对樊哙说："现在项庄正在舞剑，用意时时在沛公身上。情况极为危急。"

樊哙说："让我进去，与沛公共生死。"

张良就带着樊哙，手持剑和盾牌进入军门。遇有守门的卫士想阻拦，樊哙二话不说，直接将卫士撞倒在地。

樊哙进入军帐后，站在张良的座位边上，圆睁怒目，直接与项羽对视。

项羽厉声责问："来者何人？"

张良赶紧回答："这是沛公的车卫，骖乘樊哙。"

项羽说："壮士！赏赐他一杯酒。"手下人端上一杯酒，樊哙跪拜谢恩，然后起身站立着将酒一饮而尽。

项羽说："壮士！再赏赐他一只猪腿。"手下人又端下一只生猪腿。樊哙也不多言，只将盾牌放在地上，又接过猪腿放在盾牌上，再拔剑当刀切肉来吃。

项羽说："壮士！还能再喝酒吗？"樊哙回答："死都不怕，一杯酒哪里值得推辞。"

手下人再端酒上来，樊哙照样一饮而尽。然后，樊哙似乎酒醉，借酒意理直气壮地对项羽说："秦王有虎狼之心，杀人唯恐杀不尽，用刑唯恐刑不重，天下人都反叛他。楚怀王和将领们约定先入关中者王之，如今沛公先攻入了秦地进入咸阳，却丝毫利益不敢拿，封闭宫室，还军灞上，只待大王到来。沛公劳苦功高，不仅没有得到赏赐，还要被杀害，这是已经灭亡了的秦王的做法，我个人私见，大王你这样的做法是不可取的。"

樊哙一番话说得项羽无言以对，只说："壮士！请坐。"樊哙就在张良身边坐下来。

过了一会儿，刘邦与项羽说要去如厕，樊哙也乘机跟了出来。樊哙对刘邦说："此地不宜久留，沛公赶紧离开。"刘邦说："现在就走，没有辞行，恐怕不太好吧？"樊哙说："如今人家为刀俎，我们为鱼肉，还辞别什么啊！"

樊哙让刘邦放弃车骑，独自一人骑马先行脱身而去。刘邦来到辕门外，留下一百名亲兵，只与夏侯婴等从骊山下抄小路，急行二十里，回到灞上。

刘邦出去许久没有回来，项羽就派都尉陈平出去喊人，张良也借机出来[1]。

樊哙就将刘邦临走时留下的一双白璧和一双玉斗交给张良，让张良转交给项羽和范增。张良得知刘邦已经离开，便计算着时间，估计刘邦大约已经回到军中时，才重新入席，说道："沛公不胜酒力，不能亲自前来辞行，谨使良奉上白璧一双，拜献大王；玉斗一双，拜送大将军。"

项羽问："沛公在哪里？"张良答："此时应该已经回到军中了。"

项羽接过白璧，放在座位上，而范增接过玉斗，却摔在地上，拔剑一击而碎，痛心地说："将来夺取天下的，一定是沛公。"

刘邦回到了大营后，立刻杀了吃里扒外的曹无伤。

---

[1] 《史记·项羽本纪第七》中记载："樊哙从良坐。坐须臾，沛公起如厕，因招樊哙出。"对于张良出来的时间，《史记》中没有明确记载，本书以为刘邦和张良同时离席的可能性不大。另外，关于刘邦送给项羽礼物一事，在来到鸿门之前，刘邦一定会和张良商量，两人关于礼物的一番对话，也应该是在此前。

5. 焚烧秦宫

鸿门宴上，刘邦离席去如厕，许久未归，项羽就派时任都尉的陈平去找刘邦。于是，陈平这位在汉朝历史上有名的人物开始走入了人们的视线。

陈平，阳武县人。幼时家贫，但他喜欢读书，专攻黄帝、老子的学术。陈平长得高大英俊，但却不好生产劳动。陈家有三十亩田地，都是哥哥陈伯在耕种，却任凭陈平出外求学。嫂子埋怨说："有这样的小叔，还不如没有。"哥哥陈伯听了媳妇的话，气得休了她。

等陈平到了成家的年龄时，又高不成低不就地成了老大难。因为有钱人家不肯把女儿嫁给他，娶穷人家姑娘他又认为丢面子。恰巧有一个叫张负的富户，他有一个孙女，嫁了五次，死了五个丈夫，此后就再也没人敢娶了。陈平却想娶。正好张负也相中了陈平。自从娶了张氏为妻，陈平的资费日益宽裕，交际也更加广泛了。

陈平也是一个好管闲事的人。有一次乡里举行社祭，由陈平主持分配祭肉，肉分得很公平，乡里父老就夸赞说："好啊，陈平这小子分得好啊！"陈平长叹一声说："嗟乎，如果让我陈平主宰天下，也会像分祭肉一样！"[①]

当陈胜起兵之后，派周市平定了魏国地区，立魏咎为魏王。陈平和一些年轻人来到临济投奔魏王魏咎，被魏王任命为太仆。然而，陈平向魏王提出的一些建议，魏王根本不听。再加上有人背后在魏王面前说陈平坏话。于是，陈平就逃离了临济，离开了魏王。

当项羽领兵打到黄河边上时，陈平就来投奔了项羽，然后跟随项羽一起入关破秦，被项羽任命为都尉。

鸿门宴上，陈平被项羽派出来寻找刘邦。陈平出来没有看到刘邦，

[①] 《汉书·张陈王周传第十》中记载：里中社，平为宰，分肉甚均。里父老曰："善，陈孺子之为宰！"平曰："嗟乎，使平得宰天下，亦如此肉矣！"

只看到与张良耳语几句就离开的樊哙。以陈平的明察，再回想刚刚在宴席上刘邦的处境，陈平当然明白此时刘邦的去向了。陈平也不急着追究，只与张良默契地交谈着。时间在流逝，当张良准备重新入席时，陈平也才跟着回来。

陈平的配合，聪明如张良，早就记在了心里，这为将来陈平投奔刘邦并被重用，埋下了伏笔。

其实，刘邦之所以顺利离开，最主要的是因为在鸿门开宴之前，项羽与刘邦已经讲和。讲和的条件相当苛刻：刘邦将咸阳及关中移交项羽，投降刘邦的秦王子婴、秦朝的官吏和军队，也全部交由项羽处置。而刘邦只是率领本部人马，暂驻灞上，与其他各诸侯国军一样，统一听从项羽的指挥。

项羽虽然开出的条件非常苛刻，但是刘邦作了最大限度的隐忍和屈服，使得项羽和平解决了刘邦的问题，掌握了所有军队的指挥权。这样，项羽也就没有了非杀刘邦不可的理由。尽管范增预见到了刘邦将是项羽最强的对手，欲杀之以绝后患，但作为楚国贵族，自信如项羽，怎么会把一位小小的沛公当对手呢？

鸿门宴之后，又过了几天，项羽就带兵由鸿门进入了秦都咸阳。

项羽进入咸阳以后，第一件事就是杀死了已经投降刘邦的秦王子婴，诛灭了嬴姓宗族，断绝了秦王室的血脉。然后，就和当年秦军占领诸侯国时一样，掠夺了秦朝宫室的财宝和妇女，焚毁了咸阳宫城殿堂，包括未完工的阿房宫和始皇陵等庞大建筑，也彻底加以破坏。

焚烧秦宫殿的大火一直烧了三个月。

入咸阳以来，项羽的种种做法，都是极具破坏性的，无意在关中滞留的意向已经非常明确。

项羽率军搜罗了秦朝的财宝和妇女，想引军向东归去。这时一位叫韩生的谋士来劝说项羽要定都关中，理由是：关中阻山带河，四面关塞,地理位置极具战略性,并且土地肥沃,人口众多,定都在此,霸业可成。

项羽看着已经快要化为灰烬的秦宫,功成名就,荣归故里,告祭先祖的心思更加急切了,于是,项羽对韩生说道:"富贵了不回故乡,如同衣绣夜行,有谁能知道!"①

韩生见项羽心意已定,不可更改,更没有一丝商量的余地,于是,只得退了出来。之后,韩生不禁感慨万千,忍不住摇头叹息道:"人人都说楚国人暴躁,宛如猴儿戴帽,人模人样持不得久,果不其然。"

也许这只是韩生谏言没有被采纳的一句遗憾之语,没想到祸从口出。韩生的话被人传到了项羽的耳中,项羽大怒,立即下令将韩生活活煮死。

项羽施行对秦都的破坏,报了秦灭楚国的大仇之后,接下来就该着手处理战后问题了。而战后首要的问题,就是对秦国的处置。

"怀王之约",是楚怀王即位以后制定的天下公约和战略规划,在群雄并起时,怀王之约用秦国王位虚位以待,作了正面而富有诱惑性的引导,不分贵贱,不论国别,首先攻入关中灭亡秦国者为秦王。

应该说,怀王之约最初对于项羽也是有着诱惑力的,然而由于楚怀王的干预,事先就断绝了项羽称王的路,因此,项羽对楚怀王是不满的,甚至也可以说是怀恨在心的。

对于项羽来说,承认怀王之约,就等于是承认七国复国、王政复兴的天下秩序,也就是承认了由楚怀王熊心、赵王赵歇、齐王田市、魏王魏豹、韩王韩成、燕王韩广和新的秦王刘邦等,坐享其成地就瓜分了天下,而浴血奋战的项羽自己和各诸侯国将领,仍然回到各自的王廷之下去做将军,讨封求赏,任人驱使宰割。这当然是如今的项羽不能容忍的事情。

---

① 《史记·项羽本纪第七》记载:项王见秦宫皆已烧残破,又心怀思欲东归,曰:"富贵不归故乡,如衣绣夜行,谁知之者!"

项羽知道楚怀王从来不信任自己，而自己也从来没有把楚怀王放在眼里。两人一直是处于互相警惕戒备之中。

当然，无论如何，表面文章项羽还是要做足的。

当鸿门和解搞定了刘邦，入军咸阳，洗劫了秦宫等一系列操作之后，项羽就派人向楚怀王报告灭秦大功告成，请求分割关中，封给秦国的三位降将，而对刘邦等各诸侯国将领，请求怀王另作封赏，等等。从项羽的请示内容来看，表面上是请求废除怀王之约，实质上是试探楚怀王对自己的态度。

当初楚怀王拒绝项羽入关的请求，是出于主动的防范；承认项羽杀宋义的事实任命项羽为上将军，是出于无可奈何。因此项羽私下约许章邯为雍王，楚怀王便用沉默进行了消极的抵抗。

然而，这次项羽正式请求废除怀王之约，楚怀王却非常坚决而明确地表达了自己的意见：按照先入关中者王秦的约定执行。

6. 废约分封

项羽派人向楚怀王请示报告，得到楚怀王的回答是："按照约定办。"①

此时的项羽功高不仅震主，而且早已经震动天下，因此项羽就决定由自己主宰，按照论功行赏的原则，重新分割天下，建立新的统治秩序。

项羽想称王，就得先封诸侯将相为王。

于是，项羽召集各路诸侯将相议事，并对他们说："天下最初发难的时候，暂时拥立诸侯王后裔为王，以便讨伐秦朝，然而，亲自身穿铠甲，手执兵器，率先起义，三年来风餐露宿，消灭暴秦，

---

① 《史记·项羽本纪第七》记载：项王使人致命怀王。怀王曰："如约。"乃尊怀王为义帝。

平定天下的，都是各位将相和我项籍的力量。楚怀王为我项氏所立，没有功劳勋阀，岂能专断主持天下公约！今尊怀王为义帝，瓜分他的土地，封大家为王。"

将领们都拍手称好。于是，项羽就分割天下，封各路将领们为王。

汉元年（前206年）正月，项羽首先尊楚怀王熊心为义帝，其实是将楚怀王架空，然后又将义帝迁徙到南楚地区的郴县（今湖南郴州），使之远离新的统治秩序的核心。

与此同时，项羽将已经复国的楚、秦、赵、魏、韩、燕、齐七国的领土，以秦王朝的郡为单位，重新分割成十九王国，封十九王。

项羽将楚国分割为西楚、九江、衡山、临江四国。

项羽自立为西楚霸王，以彭城（今江苏徐州）为都城，领有原属于楚国和魏国的九个郡。

封常常勇冠三军的当阳君英布为九江王，以六县（今安徽六安）为都城，领楚国南部的九江郡。封鄱君吴芮为衡山王，以邾县（今湖北黄冈北）为都城，领楚国南部的衡山郡地区。吴芮的部下梅涓，被封赏十万户侯。封楚怀王的柱国共敖为临江王，以江陵（今湖北荆州）为都城，领楚国南部的南郡等地。

项羽和范增总是疑心刘邦将来会占有天下，不想让刘邦在关中称王，但既然已经谈判出了和解的条件，又害怕违背原约，诸侯会反叛。范增就建议说："巴、蜀道路险恶，秦王朝时的罪犯都被发配迁徙到蜀地居住。不如就封其为汉王，再把关中分为三部分，封给秦降将为王，以阻挡汉王，防止其将来向东方出兵。"

于是，项羽就派人扬言说："巴、蜀也是关中地区。"[1]

---

[1] 《史记·项羽本纪第七》记载：项王、范增疑沛公之有天下，业已讲解，又恶负约，恐诸侯叛之，乃阴谋曰："巴、蜀道险，秦之迁人皆居蜀。"乃曰："巴、蜀亦关中地也。"故立沛公为汉王，王巴、蜀、汉中。都南郑。而三分关中，王秦降将以距塞汉王。

项羽封刘邦为汉王,称王于巴、蜀、汉中,建都南郑。封章邯为雍王,称王于咸阳以西,建都废丘。封司马欣为塞王,称王于咸阳以东到黄河一带,建都栎阳。董翳为翟王,称王于上郡,建都高奴。

项羽将魏国分割为西魏和殷两国。

由于项羽想拥有魏地的东郡和砀郡,于是就改封魏豹为西魏王,让他迁到河东(秦河东郡),连同原赵国的太原郡和上党郡都归魏豹统领,都平阳(今山西临汾西南)。同时,将原赵国的将领司马卬封为殷王,以朝歌(今河南淇县)为都城,领有黄河北部的河内郡。

项羽将韩国分割为韩和河南两国。

封韩成为韩王,继续建都于阳翟(今河南禹县),名义上领有颍川郡,但不让韩成留在韩国执政,而是带着他东归到了彭城,后来,项羽又杀了韩成。将原韩国的大部分地区分封给了原赵将申阳,封申阳为河南王,建立了河南国,建都洛阳,领三川郡。

项羽将赵国分割为代和常山两国。

封赵王赵歇为代王,以代县(今河北蔚县北)为都城,统治赵国的北部地区。

张耳以跟从入关之功被封为常山王,将赵国的旧都信都改名为襄国(今河北邢台),作为常山国的都城,统治赵国的东部地区。又将陈余所在的南皮(今河北南皮县北)附近三个县封给了陈余。

秦亡后,燕国被项羽一分为二,即将燕国分割为燕和辽东两国。

原燕王韩广被项羽改封为辽东王,以无终(今天津蓟州)为都城,统治原燕国的东部地区。燕国的将军臧荼因跟随项羽入关有功,被项羽封为燕王,都蓟(今北京市西南),统治原燕国的西部地区。

项羽将齐国分割为胶东、齐、济北三国。

徙封原齐王田市为胶东王,以即墨(今山东平度东南)为都城,统治原齐国的东部地区。齐将田都因主动救赵,被项羽封为齐王,以临淄(今山东淄博东北)为都城,统治原齐国的中部地区。齐将田安也因随从项羽救赵有功，被项羽封为济北王，以博阳（今山东泰安东南）为都城，统治原齐国的北部地区。

田荣因为没有出兵援助在东阿救过自己一次的项梁，又没有出兵援助赵国和西攻秦地，项羽对他很不满，因此没有封他为诸侯王。

可以看出，项羽分封诸王建立列国，基本原则是论功行赏。项羽自己的军功最高，分得的天下最大，其余受封为王又分得好土好地的，都是跟随项羽在反秦战争中立有特殊军功的将领们。

同时也可以看出，项羽分封诸王和建立列国，也是对楚怀王被拥立以来，六国复国、王政复兴的修正。项羽杀了秦王子婴，对其他六国旧王，或迁徙或贬抑。将楚怀王迁徙到南楚郴县，使他只是空有了义帝之名而没有任何王权。将赵王赵歇迁徙到赵国北部，贬抑为代王。将齐王田市迁徙到齐国东部，贬抑为胶东王。将燕王韩广迁徙到辽东，贬抑为辽东王。魏王魏豹一直亲自领军跟随项羽作战，虽然保留了魏王之号，但也被迁徙到了河东郡。韩王韩成也保留了王号，却不让他就国，而是强行被项羽带到了彭城，后来又加以杀害。

项羽规定，受封的诸国，可自己制定历法制度、任命官员、拥有军队、治土治民，是完全独立的王国，但是，诸王是受西楚霸王所封授，对西楚有朝觐听命、领军随同出征作战等义务。

项羽分封结束以后，跟从在项羽麾下的将领们，带着受封为王的喜悦，志得意满地罢兵散归，各自回到封国就国。然而，战事还远没有结束，项羽分封的格局，也在不断地进行着调整。

项羽分封，表面上看为论功行赏，但实际上却是对原诸侯势力进行重新组合，对服从自己的予以分封行赏，并没有照顾原诸侯在本国的实力与影响。因此从一开始就埋下了混乱的根源。

大汉王朝
诞生记

第五章
三秦平定，统一天下有基地

1. 屈就汉王

鸿门宴之后，项羽便领兵西进，项羽入咸阳，烧阿房宫、杀秦王子婴。项羽又分封各路将军为王。刘邦被封为了汉王，领地是巴、蜀和汉中四十一县，以南郑（今陕西南郑）为国都。

项羽虽然在鸿门宴上没有杀刘邦，但始终对刘邦不放心。因此，在封刘邦为汉王的同时，又封了秦朝的降将章邯、司马欣、董翳为雍王、塞王、翟王，领关中地，合称"三秦"。

项羽这样分封的用意很明显，就是以"三秦"扼制刘邦，将刘邦控制在巴蜀的蛮荒之地，远离政治中心，让他无所作为，不能对自己形成威胁。

在灞上等待结果的刘邦闻听项羽这样的安排，当即大怒，不想去就国，而是打算马上出兵去攻打项羽。这时周勃、灌婴、樊哙等人都来劝说。[①]

正当刘邦情绪激动之际，却见萧何慢条斯理地问："沛公为什么不愿意就国去当汉王？"

刘邦仍然气愤难平地说："你这是明知故问，这哪里是封我为王，明明就是将我发配到了蛮荒之地嘛！"

萧何也不生气，微微一笑，继续说道："沛公怎么知道巴、蜀、汉中是蛮荒之地呢？"

刘邦说："难道不是吗？坊间都在传说巴、蜀地区道路艰险，秦朝迁移之民都定居在蜀，还说蜀都、汉中都属关中管辖。如果好，项籍会封给我吗？"

萧何说："虽然讨厌在汉中称王，但是这不比送死好吗？"

刘邦说："送死是从何说起的呢？"

---

① 关于刘邦受封之后，屈就汉王的过程，本书以《汉书·萧何曹参传第九》《史记·高祖本纪第八》中的记载而成。

萧何说："如今士兵不如人家多，百战百败，不是去送死又是什么？"

说至此，萧何见刘邦陷入深思没有反驳，于是，接着说道："汉水上应天汉。汉中，据有形胜，进可攻退可守，秦以之有天下。屈居于一人之下，而能在万乘大国之上施展才能的人，就是商汤和周武王。如今，如能在汉中称王，休养百姓招揽贤人，收用巴、蜀之财力，回军收复三秦地区，便可夺取天下。"

在萧何谏言时，刘邦的神情由愤怒慢慢地平复下来，等到听完萧何的分析，刘邦已经由怒转喜了，并情不自禁地高声赞了一句："高见。"

实际上，萧何的一番劝谏，并不是凭空想像，而是有依据的。本书在前面已经提到，当刘邦率军进入咸阳时，其他人都争先奔向了储藏金帛财物的仓库去分东西，唯独萧何先去把秦王朝丞相和御史大夫保管的法律诏令，以及各种图书文献收藏起来。这样，当项羽与诸侯军队屠杀焚烧咸阳之后，能详细地了解全国各处的险关要塞，户口多少，兵力强弱，以及百姓疾苦的，就只有萧何所追随的刘邦了。

就这样，经过萧何等人的劝阻，刘邦决定隐忍入蜀，并采纳萧何的建议，屈就汉王封号，招贤纳士以图天下，同时确定了收用巴（郡治江州，今重庆市北嘉陵江北岸）、蜀（郡治成都，今四川成都），还定三秦，向东以争天下等方略。

虽然刘邦决定屈就汉王，去汉中韬晦，然而项羽的亚父范增却不想放虎入林，因此又想出了新的主意。

范增对项羽说："霸王封沛公为汉王，他一定十分不满，他的将领又都是关东之人，人人都认为大王背约分封。此人如今不除，必留后患。"

项羽有些不以为然地说："分封的诏书已出，天下大局已定，何必还要生出那么多事呢？况且，也没有杀他的理由啊！"

范增如此这般地说出了他的计策，项羽同意了。

这一天，各路诸侯都来拜见项羽。礼毕，大家落座以后，项羽面向刘邦问道："封你为汉王，统领汉中，你意下如何？"

刘邦灵机一动，回答道："我的俸禄是霸王给的，一切全听霸王的。我就像是霸王的一匹马，霸王用鞭子抽我，我就往前走，拉住缰绳，我就停下脚步。"

项羽闻听刘邦此言，哈哈大笑，诛杀刘邦的心早已经没了踪影。

当天刘邦回到汉军营，张良急忙来拜见，并告诉刘邦今天在项羽面前的机智回答，使自己转危为安的事。刘邦闻听张良之言，不由得惊出一身冷汗。于是，急切地问计于张良。

张良说："我马上去找项伯①和陈平商议，汉王做好准备，等到霸王下令，立即起身。"

张良先找到陈平，叙说了如果汉王顺利去汉中就职，日后绝不会忘记今天的相助之情。陈平思忖良久，低声对张良说了他的巧计。张良大喜，立即催请陈平用计。

陈平首先用计让范增离开项羽。陈平向项羽谏言说，义帝一直未动身迁都郴州，天无二日，国无二君，最好是派亚父带领二位骁将前去催促。

项羽听了陈平的话，正合心意，于是立即下旨：令范增带着桓楚、鲸布赶赴彭城。一是为催促义帝动身，二是将彭城修饰整理一下，以备他前去故地重游。

范增不能违抗霸王之令，只好辞别项羽奔赴彭城。临行前范增千叮咛万嘱咐三件重要大事：一是千万不要轻易离开咸阳；二是重

---

① 《汉书·张陈王周传第十》中记载："汉元年，沛公为汉王，王巴、蜀，赐良金百镒，珠二斗，良俱以献项伯。汉王亦因令良厚遗项伯，使请汉中地。项王许之。"

用韩信；三是不应该让刘邦去汉中，暂时留在咸阳。

范增刚离开，陈平上表项羽，声称各路诸侯云集咸阳，每日费用极大，关中百姓恐怕是难以支撑，最好是尽快遣散，各自回到封地去。

霸王项羽见到陈平的上表，觉得很有道理，就立即令新封的各路诸侯王，五日之内都必须回到封国就职，但刘邦和韩王韩成需暂时留在咸阳，另作安排。

张良心想：汉王危险了。如果范增从彭城回来，必定会想方设法加害汉王。于是，张良立即去见刘邦，献计说："明天我陪同汉王去见霸王，汉王就说请求回沛县迎接家人。接下来的事情由我来处理。"对张良的办事能力，刘邦一点儿都不担心，因此，也不多问。

一夜无话。第二天，刘邦和张良就来求见霸王项羽。

刘邦说："母亲早已去世，家中只留老父一人，恳请霸王允许我回去迎接老父和家人前来团聚。"说到悲切处，刘邦竟然真的哭泣起来。

项羽用怀疑的目光审视着刘邦说："汉王要去沛县接老小妻儿，这本是孝子之意，但恐怕不是那么简单吧？"

见此，张良启奏道："无须汉王亲自回沛县接老小家人，只需汉王去汉中为王，然后霸王派人去沛县，将汉王家人接到霸王身边来，那么，汉王与霸王绝对会兄弟同心。"

陈平也不失时机地说："分封沛公为汉王，已经布告天下，而今又不让汉王就国，恐怕会失信于天下。把汉王家小接来当人质，而让汉王去汉中就国，一可取信天下，二可制约汉王，可谓两全其美。"

项羽觉得有理，便对刘邦说："你先去汉中为王，待我迁都彭城后就派人去接你家人老小来彭城赡养。"刘邦立即表态感恩。

汉元年（前206年）四月，诸侯在项羽旌麾之下罢兵散归，各自回到封国。刘邦也忍忿前往汉中的南郑就国，并就任汉王，让萧何当丞相。

刘邦即将启程前往汉中封国，突然接到西楚霸王项羽的指令：只准三万士兵随从前往。刘邦无奈，只得在灞上的十万人之中挑选了三万精兵，其余交给了项羽。好在长期以来一直跟随刘邦的人不多，大多数是原来陈胜、项梁手下的散兵。

关中父老感念刘邦的"约法三章"带来的好处，听说刘邦要去汉中，有几万人扶老携幼地前来送行。

张良送到褒中时，因为张良需要就任韩国的丞相，刘邦就让张良返回韩国。张良便劝说汉王大军过后，一定要烧掉栈道，向天下表白无返回之心，以稳定项王的心思。于是，张良与刘邦等人洒泪而别。

刘邦率领三万人马，经安平、扶风、凤翔、宝鸡、散关，到凤阳，从杜县往南开始进入蚀地的山谷中。此时，前方根本没有道路可行。有些地段，甚至需要用木板架在悬崖上铺成道路才可以艰难前行。

然而，当汉军队伍通过以后，刘邦就按照张良提醒，令断后的人马将在陡壁上架起的栈道全部烧掉。这样做，一方面是为了防备诸侯或其他强盗的偷袭，另一方面也是向西楚霸王项羽表明，刘邦并没有东进之意，以此来麻痹项羽。

由于刘邦的人马基本上都是关东人，哪里见过这样的高山深谷，这样的险峻道路，加之思念家乡，有许多部将和士兵，在中途就逃跑回去了。

到达南郑之后，士兵们更是每日唱着歌，思念着故乡，时刻梦想着东归回乡。

2. 月追韩信

当刘邦启程前往汉中时，一个人加入了刘邦的队伍，并在萧何的引荐之下，一步步地走到了刘邦面前，这个人就是——韩信①。

韩信，淮阴人，他父母早亡，家贫又不会经商谋生，经常要依靠别人救济或要饭吃来糊口度日。他曾经多次到南昌亭长家里要饭吃。一吃就是几个月，到最后，亭长的妻子实在是忍受不下去了，就提前开饭，等韩信来时，一点儿饭都没有剩下。韩信一看就明白了，以后就再也没有登门。

有一天，韩信去河边钓鱼来充饥，恰好有几位老妇人也在河边洗衣服。其中一位老妇看见韩信是真饿了，就将自己带的饭食给韩信吃。老妇人们一连十几天在河边漂洗，这位老妇人就一连十几天给韩信吃食。

韩信高兴地对老妇人说："我将来一定要重重报答您。"

没想到老妇人听后生气地说："你身为大丈夫，都不能自己养活自己，还谈什么报答，我是可怜你才给你饭吃的，可不敢想你还有能力报答我。"

在河边遇到好心的老妇人，韩信得到了十多天的吃食，然而在街上遇到年轻人就没那么幸运了。

淮阴街上有一位年轻的屠户，看到韩信虽然长得人高马大，又喜欢带刀佩剑，却一副唯唯诺诺、胆小怕事的样子，就当众侮辱韩信说："你如果不怕死就用剑来刺我，怕死就从我的胯下爬过去。"

韩信与年轻屠户对视了好久，好久，终于，令所有人都没想到的是，韩信真的屈身从年轻屠户的胯下爬了过去，然后，在一群人错愕的目光注视下扬长而去。当年轻屠户以胜利者的姿态，哈哈狂笑之时，韩信早已经走得无影无踪了。

从此淮阴人都知道了韩信是一个胆小怕事的人，从此淮阴人再也没有在街上看到过韩信。韩信去了哪里，没有人关心，只是韩信

---

① 关于萧何月下追韩信与汉王拜将等文字，均出自《史记·淮阴侯列传第三十二》之记载。

胯下受辱的一幕，经常会被人拿来当茶余饭后闲聊的谈资。

那么，韩信去了哪里呢？

当项梁渡淮北上的时候，韩信带着剑投奔了项梁，成了项梁手下一名默默无闻的士卒。项梁战败以后，韩信又归属了项羽。项羽任命韩信为郎中。

韩信曾经向项羽献策，然而，一件也没有被采用。韩信就认为项羽不是成大事的人。

有一天，项羽手下大将钟离眛，闻听霸王已经决定让汉王去关中就职，急忙劝谏说："亚父临走时曾经告诫大王不可放汉王去关中，如今大王怎么忘了呢？"

项羽没有采纳钟离眛的提醒。无奈之下，钟离眛就与要好的韩信说了此事。韩信感叹地说："让汉王去汉中，又不准带家小，这正中了汉王下怀。日后汉王一定会借口思念父母而率军东进。到那时，我们都要成为汉王的俘虏了。可惜亚父的金玉良言了。"

在这一刻，韩信决心弃楚归汉。于是在汉王挑选入蜀三万人马时，韩信似逃跑一样地离开楚军，加入了汉军的队伍，并当上了一个管理粮仓的小官。当然，直到此时，韩信仍然还是籍籍无名。

俗话说：兵马未动，粮草先行。韩信当的这个管理粮仓的小官，也是责任重大。在汉军向巴蜀行进的过程中，粮草就出现了问题，包括韩信在内的十四人负有不可推卸的责任，依法当处斩刑。同伙的十三人已经被处斩，刀也已经架到韩信的脖子上了。死到临头了，韩信没有一丝惧怕，却仰起头与负责行刑的滕公夏侯婴对视说："汉王不是要统一天下吗？为什么还要杀壮士呢？"

滕公夏侯婴一听感到很惊奇，又见韩信相貌非凡，知道此人非比寻常，就把韩信放了。然后，滕公夏侯婴和韩信还进行了一番深谈。通过交谈，滕公夏侯婴是越来越欣赏韩信了。

滕公夏侯婴将此事禀告给了刘邦，并对韩信的能力赞赏有加。

第五章 / 三秦平定，统一天下有基地 /

刘邦听了滕公之言就任命韩信为治粟都尉，仍然管理粮草等事宜。这时的韩信受职务的局限，仍然还是没有机会展示出自己的与众不同之处。然而，毕竟还是有进展的，因为这时的韩信已经走入了丞相萧何的视线。韩信曾多次主动找到丞相萧何，向丞相萧何自荐，并针对某些事情谈论自己的观点和看法，为此，萧何很赏识韩信，并已经将韩信纳入了待到达南郑后，重点向汉王刘邦推荐的人才。

汉军在去往汉中南郑的途中，将领中就有数十人半途逃亡。

汉军到达南郑以后，汉军人马刚刚安营扎寨，还没有稳定下来。这时，韩信觉得萧何等人一定已经多次向汉王推荐过他了，但他仍然没有受到刘邦重用。韩信觉得刘邦也不是可以任用贤能之人的人，于是，韩信又对刘邦感到失望了。

一天晚上，趁汉军露营之机，韩信借着月色从汉军中逃走了。

萧何得知韩信逃走的消息后，来不及报告给汉王，就亲自连夜去追赶韩信。这边，韩信与萧何一个逃一个追，两人先后连夜离开了汉军大营，那边，就有值守的军士赶紧将此事报告给了刘邦，说："丞相逃走了。"

闻听，刘邦既生气又痛心，如同失去了左右手一样。这样，间隔了将近两天时间，丞相萧何才回来拜见刘邦。刘邦见到萧何时，既生气又高兴，对着萧何骂道："萧何，所有人逃走了都无所谓，可是你为什么要离开本王逃走？"

萧何急忙躬身施礼，解释道："汉王息怒，我不敢逃走，也不会逃走，我是去追逃走的人的。"

刘邦追问："你去追的是谁？"

丞相萧何回答："韩信。"

刘邦闻听又骂道："最近几天，将领中陆陆续续地逃走了数十人，一个都没见你去追，却唯独去追韩信，你骗三岁孩子呢？"

萧何沉稳地回答："之所以那些逃跑的将领我没去追，是因为那些将领很容易就能得到，然而韩信不同，他是独一无二的人才。如果汉王您只想长期称王于汉中，那么就可以不用韩信，如果决心争夺天下，除了韩信就没有可与汉王您共计大事的人了。因此，这就看汉王您怎样决定了。"

刘邦说："本王当然想向东扩展，怎么会甘心久居这蛮荒之地呢！"

丞相萧何说："如果汉王您决心向东扩展，能起用韩信，他就会留下来。如果不能起用他，他终归还是要逃走的。"

刘邦说："看在你的面子上，那就起用他，任命他为将领。"

丞相萧何说："不行，汉王您只任命他为将领，他是不会留下来的。"

刘邦说："那就任命他为大将军。"

丞相萧何说："太好了。"

刘邦说："那你叫他进来，本王立即就任命他为大将军。"

丞相萧何说："这样也不行。韩信一直觉得汉王您对他轻慢无礼，没有给他足够的重视，现在这样随意地将他叫进来任命为大将军，会让他觉得汉王您好像是在哄骗小孩子似的。这也是他逃走的原因。如果汉王您决定拜他为大将军，就要选择一个良辰吉日，沐浴斋戒，设置高坛、广场，举行拜大将军的仪式，这样才可以。"

刘邦同意了丞相萧何的意见。然后，丞相萧何大张旗鼓亲自主持布置高坛等一应准备工作。诸位将领见此情景都很高兴，每个人都以为自己要做大将军了。待到正式举行任命大将军的仪式时，原来是韩信，汉军全军都感到惊讶。

汉元年（前206年）五月，刘邦正式拜韩信为大将军。

韩信的授职仪式结束以后，刘邦对大将军韩信说："萧丞相曾多次赞赏将军，现在将军将用什么计策来教导本王呢？"

韩信谦让了一番后对刘邦说道："项王封有功的部将，却偏偏让您来到了南郑，这分明是流放您。部队中的军官、士兵大都是崤山以东的人，他们日夜踮起脚跟东望，盼着回归故乡。如果趁着这种心气极高的时候利用他们，可以建大功。如果等到天下平定以后，人们都安居乐业了，就再也用不上他们了。不如立即决策，率兵东进，与诸侯争权夺天下。"

刘邦说："现在要向东扩展，乃至于争霸天下，最大的对手是项王。"

韩信说："汉王您自己估量一下，在勇敢善战、兵力精强方面与项王相比如何？"刘邦沉默许久之后，表情凝重地答："本王不如项王。"

韩信又说："汉王您知道自己比项王最大的优势是什么吗？"

在刘邦探询目光的注视下，韩信将长期以来对天下大势的研判，特别是对项羽与刘邦这两位最有实力问鼎天下之人近期以来的表现分析得头头是道。

韩信告诉汉王刘邦说："项王违背了义帝的约定而把自己亲信的人封为王，原来的诸侯王们都愤愤不平。项王军队所到之地都遭到了蹂躏和破坏，天下人都怨恨项王。因此，项王虽为霸王，实际上已失去了民心，他的强大很容易就会被削弱。与此相反，汉王如果任用天下勇敢善战的人，那么敌人谁能不被诛灭？如果把天下的城邑封给有功之臣，那么有什么人会不服？如果率领正义之师，顺从思乡东归将士的心愿向东进军，那么有什么人不会被打败呢？"

于是，刘邦信心大增。接下来的几个月，刘邦在韩信的辅佐下，积极为回师关中做准备。

3. 山东复乱

汉元年[①]（前206年）四月，项羽分封结束，也出关衣锦还乡回到封国彭城。与此同时，项羽派人去监督催促义帝迁徙，还找了一个借口："古代帝王拥有千里见方的土地，必须住在上游。"

这样一来，成为了义帝的楚怀王熊心不得不再一次迁都。然而实际上，说是迁都，其实就是发配到一隅。义帝的群臣见义帝已经失去了权势，王国已经没有了政权可言，便纷纷背叛了义帝，重新择良主而去了。

楚怀王熊心毕竟曾经引领了"怀王之约"的制定，影响力不容小觑，项羽害怕楚怀王的余威会成为隐患，因此没有放过已成为了孤家寡人的义帝，而是暗中指使衡山王吴芮和临江王共敖，将义帝击杀[②]在江中。

项羽新分封的诸侯们，看到项王把义帝驱逐到江南，也照样学样回去逐驱他们的君主，占据了好地方而自立为王。这就埋下了复乱的隐患。

项羽封韩成为韩王，继续建都于阳翟（今河南禹县），领有颍川郡，然而由于张良去送刘邦，项羽听到消息后，以为张良跟从汉王去了，于是项羽就以韩王成灭秦无功为借口，不让韩王成就国，而是将韩王成带到了彭城，废为侯爵，等到了彭城时项羽又把韩王成给杀了。

[①] 汉初承袭秦制，以十月为岁首，九月为岁尾。比如：汉元年，即，前206年十月起，十一月、十二月、一月、二月、三月、四月、五月、六月、七月、八月，至前205年九月止。汉二年，即，前205年十月起……至前204年九月止。

[②] 据《史记·项羽本纪第七》记载：乃使使徙义帝长沙郴县。趣义帝行，其群臣稍稍背叛之，乃阴令衡山、临江王击杀之江中。另据《史记·汉高祖本纪第八》记载：乃使使徙义帝长沙郴县，趣义帝行，群臣稍倍叛之，乃阴令衡山王、临江王击之，杀义帝江南。又据《史记·黥布列传第三十一》记载：项氏立怀王为义帝，徙都长沙，乃阴令九江王布等行击之。其八月，布使将击义帝，追杀之郴县。

汉元年（前206年）八月，项羽又另立郑昌为韩王，以抵御汉军。

郑昌是秦时吴县（会稽郡治所，今江苏苏州）县令，与项羽关系很好。当项羽起兵时，郑昌就一直跟随在项羽左右。

秦朝灭亡之后，燕国被项羽一分为二，即分割燕国为燕和辽东两国。原燕王韩广被项羽改封为辽东王。燕国的将军臧荼因跟随项羽入关有功，被项羽封为燕王。被封为燕王的臧荼到了封国，就按照项羽分封的结果驱逐韩广去辽东，韩广当然不会甘心接受，臧荼就干脆杀了韩广，兼并了韩广的封地，将整个燕地收入囊中。

早在陈胜起兵派军去各地攻城掠地时，原齐王田氏宗族的田儋与从弟田荣、田横击杀当地县令，田儋自立为齐王，占领整个齐地。当秦将章邯在临济围攻魏王魏咎时，田儋率兵救魏，被章邯突袭，田儋战死。而田儋死后，齐人就立了另一支齐王后人齐王建之弟田假为齐王。田儋之弟田荣收拾残兵又打回齐国，赶走田假，又立田儋的儿子田市为齐王，田荣任丞相。

项羽因此在分割齐国时最为复杂。因为田荣没有出兵援助在东阿救过自己一次的项梁，又没有出兵援助赵国和西攻秦地，项羽对他很不满，因此没有封他为诸侯王。

项羽将原齐国分割成胶东、齐、济北三国。

将原齐王田市封为胶东王，迁徙到即墨；原齐王建之孙田安，因随从项羽救赵有功，被项羽封为济北王，以博阳为都城；齐将田都因主动救赵，被项羽封为齐王，以临淄为都城，统治原齐国的中部地区。

齐国贵族后裔田荣，时任齐王田市的丞相，项羽分封时，田荣不仅自己没有得到封赏，而且侄子田市的齐王还被改为了胶东王。为此，田荣非常愤怒。

汉元年（前206年）五月，不满项羽分封的齐相田荣，起兵攻打临淄王田都，田都不敌，逃往楚国避难。

田市本来已经被项羽封为胶东王，田荣赶走田都后，又立侄子田市为齐王，不让他去胶东就国。然而由于田市畏惧项羽，执意前往胶东就国。田荣便对这个不争气的侄子十分愤怒，派人追杀田市，并在胶东王的都城即墨，将田市杀掉。然后，田荣一不做，二不休，向西进兵，击杀了济北王田安。

由此一来，田荣兼并了三齐[①]，三齐复为齐国。

田荣击并三齐后，自立为齐王。

田荣又授予彭越将军印，令其击楚。而项羽则派萧公角攻打彭越，被彭越打得大败。

项羽分封，将赵国分割为代和常山两国。

除了封赵王赵歇为代王之外，因张耳也有跟从各路诸侯入关之功，并且项羽素闻张耳之才名，又念其扶赵抗秦之功，因此项羽分赵地北部给张耳，并封张耳为常山王，将赵国的旧都信都改名为襄国（今河北邢台），作为常山国的都城。从此，常山国立国。

项羽分封，只将陈余所在的南皮（今河北南皮县北）附近三个县封给了陈余。

陈余对人说道："张耳和我的功劳相等。今张耳为王，我却称侯，项羽对我不公平。"

难怪陈余会如此说。因为想当初张耳与陈余两人，一人为相，一人为将，共同辅佐赵王，而如今，原为赵国大将军的陈余自认为与张耳的功劳相等，但是张耳被封为王自立一国，而自己仅仅是食三县的列侯，对此，陈余十分不满。另外，陈余对项羽逐放赵王歇为代王也是十分不满。

---

① 据《史记·项羽本纪第七》记载：田荣闻项羽徙齐王市胶东，而立齐将田都为齐王，乃大怒，不肯遣齐王之胶东，因以齐反，迎击田都。田都走楚。齐王市畏项王，乃亡之胶东就国。田荣怒，追击杀之即墨。荣因自立为齐王，而西杀击济北王田安，并王三齐。

汉元年（前206年）八月，此时的陈余听闻齐王田荣已经叛楚，陈余于是就秘密派门下客张同、夏说游说齐王田荣道："项王执掌天下不公，赵国大将军陈余请求齐王援助一些兵马，以进攻常山，恢复赵王的地位，那么，整个南皮都可以作为齐国的屏障，成为齐王的同盟军。"

田荣正想树立党羽以反叛楚国，便借机答应陈余，并派遣将领引兵出征去支援陈余。陈余将借来的齐兵，再加上自己的南皮三县之兵，合并在一起进攻常山王张耳。

常山被攻破，张耳不敌败走。

汉二年（前205年）十月，常山王张耳投靠了刘邦。刘邦念及当年从张耳游的岁月，待之甚厚。

汉二年（前205年）十一月，打败张耳之后，陈余重新迎立代王赵歇为赵王。赵王歇为了感激陈余，立陈余为代王。陈余以赵王赵歇势力弱小为由，不去代国就任代王，而是派夏说作为相国，去驻守代地，陈余自己则留在赵王歇身边辅佐赵王。

在田荣与陈余先后反楚攻常山时，刘邦乘机挥军东出，拜韩信为大将军，明修栈道，暗度陈仓（今陕西省宝鸡市东），重返关中，很快击败章邯，迫降司马欣、董翳，并用计欺骗项羽，使其相信自己取得关中后已心满意足，再也不会东进了。

于是项羽放心地去攻打田荣，对西边没有加强防范，最终则陷入齐地泥潭无法抽身。这样一来，就给了刘邦绝佳的机会。

4. 暗度陈仓

项羽主持分封各路诸侯，刘邦被分到巴蜀、汉中之地，却把投降的三位秦将——章邯、司马欣、董翳封在关中三秦之地为王，项羽此举就是为了用三王来提防刘邦，监视刘邦，防止刘邦东出。

项羽分封秦地的三王，三人原来都是秦国的旧将，曾几何时，他们率领秦国子弟兵，历经无数次的生死之战，士卒死伤和逃亡的人不计其数，但是最后他们却欺骗了部下和士卒，投降了项羽所率领的诸侯联军。

然而等到了新安，有二十余万投降的秦军士卒被项羽所坑杀，却唯独章邯、司马欣、董翳三人不仅没死，还被封王，因此秦国的父老对他们恨之入骨。虽然他们是秦朝旧将，项羽又强封他们三人为王，但是秦地的百姓却并不拥护他们。

反而是刘邦，虽然不是秦人，但当刘邦入武关时，不仅秋毫无犯，而且还废除了秦国的苛刻刑法，最主要的是刘邦和秦地的百姓约法三章，因此秦地的百姓没有一个人不希望刘邦在秦地当王的。另外，关中百姓大多数人也都知道，按照诸侯们的约定，汉王应该在关中为王。

凡此种种，让刘邦还未动一兵一卒，就赢得了先机。用大将军韩信的话来说：汉王举兵东进，三秦之地只要发一道檄文就可安定。

自从被汉王设高坛以正式的仪式拜为大将军，韩信除了经常回答汉王提出的各种问题之外，就是开始着手准备东征事宜。韩信很清楚：东征首先要解决的就是士兵战斗力的问题。

此前韩信虽然任职的是管理粮草的小官，但毕竟一直在军中，对汉军队伍不严整，士卒不齐备，将佐不知阵法，不明进退等情况是心知肚明的。这样的队伍，打起仗来，是绝无胜算的。

韩信也深知：自己未立寸功就被封为大将军，而汉军中最早与汉王并肩作战出生入死的兄弟们，比如曹参和樊哙等人却位于他之下，也许，他们都看在汉王的面子上没有找他麻烦，但是如果自己不拿出一点举措来，不但辜负汉王厚恩，自己也会被樊哙、周勃等鄙夷，甚至是带兵打仗也没人听他号令。

韩信想得没错。自刘邦拜韩信为大将军后，樊哙、周勃等诸将无论如何是不服的。凭什么？这一路走来，谁见过他韩信有什么过人之技、过人之策了？凭萧何几句话就拜为大将军，因此樊哙、周勃等人气得暴跳如雷。

接下来，韩信就以大将军的职权，开始按照他的方法训练全体兵将。同时，韩信又制定军规，各营悬挂，严令违犯者斩。当然，有的士兵不以为然，故意不服从指挥，以身试法，韩信便立即下令将其斩首示众，全军肃然。从此，汉军队伍面貌焕然一新。

韩信训练士卒二十余日后，决定举行一个阅兵式，上表请刘邦校场阅兵。刘邦亲临校场观看完阅兵之后，不禁大吃一惊，没想到在这短短的时间之内，汉军队伍就发生了如此大的变化，看来韩信是用对了。因此刘邦心中大喜，立即封樊哙为先锋，曹参为军正，殷盖为监军，其他将领也不同程度地进行了提拔和重用。同时，刘邦还对樊哙等各位将领进行特别提醒："你们大家都要统一听从大将军韩信的号令，不得有误。"

除了训练队伍，韩信还撰写檄文，为汉军出汉中入关中提前做好了舆论上的准备。总之，在韩信的策划之下，刘邦及汉军已经做好了一切准备，真可谓万事俱备，只欠东风。

东风很快就来了。

汉元年（前206年）八月，齐地的田荣叛楚。于是，在韩信的策划下，早已做好准备的刘邦，趁项羽进攻田荣之机，率军出汉都南郑（今陕西汉中市东），袭占关中（指函谷关以西地区）。

刘邦亲率汉军出征，并以韩信为大将军，曹参、樊哙为先锋。大将军韩信为这次出征策划的第一步是利用秦岭栈道[①]已被汉军烧

[①] 栈道：又名"阁道""复道""栈阁"。古代，在今川、陕、甘、滇诸省境内，在峭岩陡壁上凿孔架桥连阁而成的一种道路称为栈道，是当时西南地区的重要交通要道。

毁，采取明修栈道[①]，暗度陈仓之计。

汉元年年初时，因为项羽背弃了楚怀王定下的"先入关中者王之"的约定，当时刘邦和手下将领们都非常失望，但是由于实力不济，所以只好暂且隐忍，前往巴蜀、汉中。为了迷惑、安定项羽的戒备之心，张良建议刘邦："王何不烧绝所过栈道，示天下无还心，以固项王意。"

刘邦听从张良的建议，汉军进入汉中以后，就烧毁了所过的栈道。

由于栈道被烧毁，不仅让项羽安心，而且也松懈麻痹了项羽用来监视刘邦的三秦王。特别是离汉中最近的雍王章邯，以为有秦岭阻隔，在栈道已经烧毁的情况下，即使是汉军出汉中，没有个三年五载的栈道也修不好，所以就以为高枕无忧，放松了警惕。

按韩信的计策，刘邦派了最信任的大将——樊哙、周勃带领一万人马，大张旗鼓地去修五百里栈道，并在汉军中公开宣告军令：以一月内为限修好。

很快就有密探将这一情况报告给了雍王章邯。闻报雍王章邯哈哈大笑道："汉王以为他的人马拥有三头六臂吗？"

要知道，章邯是参与过阿房宫和秦皇陵的修建的。章邯很清楚，要修五百里栈道，是一项浩大的工程，别说是一个月，即使三年也不可能完成。即便是原有的栈道烧毁得不是那么彻底，补修搭建也是需要一些时日的。

然而，章邯毕竟是曾身经多次大战的将军，闻报汉军的举动，他明白汉军出汉中进攻关中的目标已经明确，到达只是时间的问题，于是，章邯严令陈仓的守将，加强对栈道出口斜谷的防御兵力，时

---

① 《史记·高祖本纪第八》：八月，汉王用韩信之计，从故道还，袭雍王章邯。邯迎击汉陈仓，雍兵败，还走。在《二十四史》中没有关于明修栈道的记载。关于明修栈道的最早记载，见于元·无名氏的《暗度陈仓》第二折："着樊哙明修栈道，俺可暗度陈仓古道。这楚兵不知是智，必然派兵在栈道把守。俺往陈仓古道抄截，杀他个措手不及也。"

第五章 /三秦平定，统一天下有基地/

刻关注着汉军的动向。

章邯自以为对汉军的动向已经了如指掌,并做好了万全的应对准备,殊不知,正是在这一点上,他被迷惑和麻痹了。

刘邦派出樊哙、周勃率军万余人大张声势地抢修栈道,成功地吸引了雍王章邯的注意力,刘邦及大将军韩信则亲率二万精锐之师,西出勉县转折北上,再顺着故道入秦川,然后翻越秦岭,在陈仓古渡口渡渭河,从背后倒袭了雍王章邯的属地陈仓。

5. 还定三秦

有了韩信的相助,刘邦很早就定下了挥师东征的计策。临出发前,刘邦和大将军韩信两人又针对具体细节反复地进行磋商。因为当西入南郑之时,所经过的栈道已经全部烧毁,无法通行了。因此,这时韩信就又给刘邦出了一个主意,建议以栈道作为遮掩,用一个声东击西之计——明修栈道,暗度陈仓。

因为雍王章邯距离汉中最近,所以刘邦出汉中后,就首先将攻击的目标选定在了雍王章邯身上。

汉元年(公元前206年)八月,刘邦依计而行。安排丞相萧何驻守南郑,负责汉军的后勤保障粮草供给,安排樊哙、周勃率万余军士去修从汉中到关中的栈道,而刘邦自己则与大将军韩信率汉军主力绕道北上,悄悄由故道向陈仓进发。

刘邦的行军路线是从汉中出发,走故道县(今陕西凤县),然后到达陈仓(今陕西宝鸡)。

雍王章邯领有咸阳以西的关中地区以及陇西、北地等地,在三秦中,不仅领土最大兵力也最强,而且汉中出入关中的五条要道,有四条在雍王管辖之内。

雍王章邯受命扼守关中,控制刘邦出汉中的第一门户,可谓责任重大。

汉中入关，走栈道最近，雍王章邯的眼睛便老盯着汉中栈道。当章邯听探报说汉兵在修栈道，不禁哈哈大笑说："栈道烧时容易修时难，就是修到猴年马月也难成啊！"于是章邯的心安定了下来。

雍王章邯又听说刘邦拜韩信为大将军，他立即令人查问此人是何来路。因为虽然韩信也在项王手下为官，但是官小得默默无闻，章邯甚至从来就没听说过此人。有人就将韩信的底细汇报给了章邯，雍王章邯更是觉得荒谬之极。

雍王章邯想：一个受过胯下之辱的匹夫，岂能担此大任？这不是似军情如儿戏么？如此看来，刘邦也不是个能成大事之人。

于是，雍王章邯更加放心。当然，他也没有过于放松警惕，诸道都布有兵力，而自己则拥重兵驻于首都废丘（今陕西兴平）。

雍王章邯万万没想到汉王刘邦的精锐部队，会摸着无人知晓的小道翻山越岭偷袭了陈仓。

汉元年（前206年）八月中旬，汉军如神兵天降，竟然越过秦岭，曹参率先锋军先拿下了故道城，汉王大军随后赶到，轻而易举地拿下了陈仓①。

陈仓告急。雍王章邯得报，如梦初醒，惊出一身冷汗，赶紧领兵从废丘(雍都，今陕西兴平东南)仓促率军驰援陈仓。

当雍王章邯赶到时，汉军已经攻占了陈仓。汉军据陈仓迎击雍王章邯军。这样，雍王章邯军其实是军势反转，由守势变为了攻势。

雍军与汉军两军相遇，没战多久，雍王章邯便大败而逃。

实际上，这个结果也是可想而知的。

此时，汉军士卒都是思乡心切，打胜仗就可以东归回乡，这种精神动力有时候比任何物质奖励都更容易让人勇气陡增。

---

① 《史记·淮阴侯列传第三十二》：八月，汉王举兵东出陈仓，定三秦。

而反观雍王章邯所率领的人马，他们大多数都是原来的秦兵。他们认为章邯是一个不管将士死活的自私鬼，二十万手下将士，项羽说坑杀就坑杀了，他不仅独活还受封为王，这样的将军，谁会愿意替他卖命？如果不是怕有军法治罪，连累到一家老小，恐怕他们早就逃散了。

因此雍军士兵不仅恨雍王章邯，而且在某种意义上来说，对刘邦甚至可以说是拥护的。所以两军一交锋，雍军一战即溃，死的死，逃的逃，转瞬间损失半数军力。这样一来，很快雍王章邯军就兵败撤退了。

雍王章邯率军撤到陈仓附近的渭河上，见汉军追兵还远，雍王章邯又收拾残兵败将仍然顽强地阻击汉军，一时间，也令汉军进攻的态势受阻。

当刘邦用韩信的计谋结果受阻陈仓之时，跟随刘邦从汉中起兵的须昌侯赵衍来见汉王。

本来雍军堵塞在渭河之上，汉军一时无法通过，刘邦在东出受阻的情况下，已经心生放弃东出引军返回汉中的想法。这时，赵衍谏言说："建议汉王大军改变线路，绕过渭河，改从其他的道路进攻。"

刘邦听从了赵衍的建议，于是令汉军绕道通过，又在背后袭击章邯军，攻击愈加勇猛。

而此时，樊哙、周勃也率万余修栈道大军与汉王军会合一处。樊哙在前，左边灌婴，右边周勃，杀得章邯军七零八落，章邯军大败，只好又继续逃跑。

随后，章邯安排自己的弟弟章平驻守好畤（今陕西乾县东），自己则逃回废丘，与好畤形成互为犄角之势。

与此同时，霸王项羽也发兵北攻齐地的田荣。趁项羽北攻之时，汉军乘胜分路追击雍王章邯军。

大将军韩信以樊哙为先锋，进攻章平驻守的好畤。尽管章平闭城坚守，但惯于攻城掠地的樊哙最懂如何啃硬骨头，他提刀执盾，身先士卒，带领敢死队，架云梯登城，挡着箭雨飞石，冒死向上冲，最后终于攻破了好畤城，迫使章平落荒而逃。

汉军一部分在曹参的率领下，追击雍王章邯军。在壤东(今陕西武功东南)又一次击溃雍军。战败后，雍王章邯率残部继续逃往废丘。

之后刘邦命令樊哙、周勃和灌婴等将，分头进攻下郿、槐里、柳中等地。接着又命令曹参、周勃、樊哙攻下咸阳，守将赵贲战败出逃。

于是各地汉军开始向废丘集结，围攻章邯这最后一块硬骨头。

虽然在汉军的猛烈攻击下，章邯的雍军兵败如山倒，然而退至废丘固守的，当属雍军精锐中的精锐了。

此时的塞王司马欣、翟王董翳也派兵来援。废丘似乎仍然坚如磐石。

刘邦与大将军韩信等商议决定，只留下樊哙继续围攻废丘，而抽出其他部众分头进攻三秦各地。

其中灌婴去进攻塞王的都城栎阳，塞王司马欣自知不敌，最快投降。汉军一部又进攻上郡，翟王董翳无力对抗，也只好束手就擒。

汉元年(前206年)八月下旬，塞王司马欣、翟王董翳先后被迫向刘邦投降。

三秦初定，只剩废丘。然而废丘围困了数月，一直久攻不克。

之后的几个月，刘邦遣将连续作战，分兵略地，迅速占领关中大部。周勃率军攻克了漆县、频阳等地。靳歙、郦商率军攻占了陇西、北地、上郡等地。这样，三秦除章邯困守的废丘之外全部归汉。

6. 人才归汉

汉元年（前206年）四月，沛公刘邦做了汉王。刘邦到封国，张良送到褒中。刘邦让张良返回韩国，张良便劝说刘邦烧毁栈道，向天下证明无返回之心，以稳定项王的心。于是，刘邦与张良话别。两个人，一个人出发去汉中封国，一个人返回韩国。

然而当张良回到韩国，却听说项王因为他跟从了汉王的缘故，并没有让韩王韩成回到封国，而是让韩成同项王一起东归去了彭城。

张良立刻暗呼一声：不好。韩王恐怕是凶多吉少了。于是，张良即刻动身向彭城赶去，希望还能来得及阻止项王，从而救下韩王。

张良紧赶慢赶，还没等他赶到彭城，就闻听韩王韩成刚到彭城时就已经被项王下令杀害了。

而与此同时，刘邦也已经率汉军出汉中，并平定了三秦，重新进驻咸阳。

既然韩王成已经被项羽所杀，张良便没有了牵挂，因此，重新投奔刘邦成了张良唯一的选择。

张良间行归汉之后，在巡行招抚韩地之时，派人给项羽送去了一封书信，信中说："汉王失言出汉中，只是想得到关中，如果实现了当初的怀王之约便停止进军，不敢再向东进。"

同时，在这封信中，张良还就齐王田荣谋反之事，提醒项羽说："齐王和赵王想共同谋楚。"

张良的这封信，使项羽信以为真，觉得刘邦真是得到关中，便不会再向东进军。反而是齐、赵两国对楚国的威胁，需要即刻去解决。因此，项羽放弃了向西进攻汉军，而是集中兵力向北击齐。

张良凭借一己之力，巧用智慧，就将危险化于无形。此前刘邦多次处于险境，都得益于张良脱困。刘邦能得到这样的人才鼎力相助，也是最后取得天下的原因之一。

得知刘邦已经到了咸阳，为了防止出现意外情况，张良抄小路，从蓝田经新丰，再返回到咸阳。

当刘邦得知张良回归，十分高兴，赶紧差遣汉将灌婴、曹参等出去迎接。

张良回到刘邦身边之后，立即被刘邦封为成信侯。而得到张良的辅佐，刘邦真可谓是如虎添翼。

因为张良多病，不曾独自带兵作战，常常是作为出谋划策的臣子跟随在刘邦的身边。

后来当刘邦成为汉高祖，并对有功之人进行分封时，张良未曾立有战功，而刘邦却说："运筹定计在营帐中，决战决胜在千里之外，这是子房的功劳。你自己选择齐地三万户作为封邑。"①

张良说："当初我起兵下邳，同皇上在留县会合，这是上天把我交给皇上。皇上采纳我的计谋，有时侥幸料中。我希望封赏留县就够了，不敢承受三万户。"

于是，刘邦封张良为留侯，与萧何等人同等待遇。

当然，这是后话了。

汉元年（前206年）九月，当刘邦攻略夺取关中时，害怕项羽会以家人老小来胁迫刘邦，因此，刘邦一面攻城略地，一面命令薛欧、王吸率一部分人马出武关，借助王陵驻扎在南阳的兵力，去沛县迎接刘太公和吕氏。

王陵，沛县人。王陵的家是沛县的富裕之家，他本人为人也是仗义疏财，出言耿直，因此，在沛县地界上颇有名望，是公认的领袖级人物。沛县及周边的乡侠、里侠都纷纷归附到王陵的门下，这里面也包括初来乍到沛县的乡侠刘邦。当时，刘邦视王陵如兄长。

待到刘邦在沛县起兵，并成为沛公打进咸阳之时，王陵也在南

第五章 ／三秦平定，统一天下有基地／

---

① 此语出自《汉书·张陈王周传第十》，原文为，高帝曰："运筹策帷幄中，决胜千里外，子房功也。自择齐三万户。"

阳聚集了好几千人马，但那时的王陵不肯追随沛公刘邦，大概是觉得自己是兄长，而沛公是小弟，放不下架子或者是心有不服吧！如今，当刘邦成了汉王，并回军攻打项羽之时，王陵才决定领兵归汉王。

刘邦令领兵出武关，想去沛县老家接家人老小。楚军得知这消息后，出兵在阳夏阻挡，薛欧和王吸所部汉军一时间不能前进。

楚军又得知驻扎在南阳的王陵部有协助汉军的动向，项羽闻报气得大怒，便派人劫持了王陵的母亲，并安置在军营中当人质。

王陵得知母亲被掳，派人去项军中交涉解救。项羽知道王陵肯定会派人来，所以布置手下，当王陵派来的使者到来时，就安排王陵的母亲朝东坐在贵宾的位子上。项羽的意图很明显，就是想借此招致王陵归楚。而当王陵的使者临别时，王陵的母亲送出来，贴近使者小声地说："请你替老身转告吾儿王陵，要小心伺候汉王。汉王是个仁慈宽厚的人，吾儿千万不要因为老身的缘故而三心二意，到最后会落得个不仁不义、不得善终的下场。老身现在就以一死来给你送行吧！"

王陵的母亲话音还没落，就突然地拔出使者的剑，毫不犹豫地举剑自刎而死。待使者反应过来想阻止时，已经来不及了。使者本想抢走王陵母亲的遗体，无奈在楚军监督之下，使者害怕王陵母亲一死，待报告给项王，估计他也不能全身而走了。因此，使者趁事发突然，楚军还没反应过来之时，快马加鞭地赶紧逃走，回去向王陵汇报王陵母亲之事。

果然，项羽闻报非常震怒，竟然残忍地令人将王陵母亲的遗体投进大锅里烹煮掉。①

当然，王陵得知母亲的死讯后悲痛地大哭。从此，王陵恨透了

---

① 此语出自《汉书·张陈王周传第十》，原文为，陵母既私送使者，泣曰："愿为老妾语陵，善事汉王。汉王长者，母以老妾故持二心。妾以死送使者。"遂伏剑而死。项王怒，烹陵母。陵卒从汉王定天下。

项羽，一心一意地追随刘邦，直到平定天下。

这样，由于王陵母亲的义举，项羽不仅没有能拉拢王陵，反而成了王陵的杀母仇人，使王陵死心塌地地跟随刘邦。

于是，项羽只得任命原吴县县令郑昌为韩王，抵抗薛欧和王吸所率领的汉军。

针对项羽楚军的这一动向，汉二年（前205年）十月，刘邦又任命了一个人为韩国的太尉，令其进攻韩地。这个人就是后来的韩王信。

韩王信，实际上也名为韩信，为了与大将军韩信相区别，就将其名字改为爵位加名。韩王信是韩襄王的庶孙，虽然是庶出，但毕竟是韩国皇族后裔。秦末大乱，群雄并起时，韩王信就与张良一同效力于韩王成门下，希望借助陈胜吴广起义，恢复韩国基业。

韩王信身高八尺有余，身材孔武有力，令人畏服。韩王信很清楚自己作为庶孙是没有希望继承王权的，因此他凭借自己的天赋甘心作一名冲锋陷阵的将军，一直听命于韩王成。

当刘邦奉怀王之约带领数千人马向西进攻秦国时，韩王信也和张良一样，虽然不是刘邦手下的文武官员，却来辅佐刘邦西进。刘邦的兵力不足以完成长途奔袭，因为有了韩王信和张良的辅佐，不仅沿途快速降低了韩国故地百姓的疑心，并且还受到了韩国百姓的帮扶和资助。这也是刘邦为什么能一路平安地攻到武关，迫降秦国，最后进入秦国都城咸阳的原因。

留守韩国的韩王成没有接受项羽的命令跟随项羽入关，因此项羽分封诸侯的时候，虽然分封了韩王成为王，但是在项羽东归时，却将韩王成裹挟到了彭城。不久，先是将韩王成降为穰侯，而后随便找了一个罪名将韩王成杀掉了。

项羽杀害韩王成的举动让诸侯们寒了心，更令韩国人十分愤恨，特别是韩王信和张良。

张良出身于韩国贵族，他起兵的初衷就是为韩国复仇，并择机复国，然而即将大功告成之时，却被项羽一举扑灭了。

作为武将的韩王信虽然激愤，但却没有直接向刘邦借兵去复国，而是极力劝说汉王刘邦要趁项羽连续击杀韩王成和楚怀王之机，借诸侯已有背叛之心之时，向东进攻，与项羽争夺天下。

在还定三秦后，刘邦采纳了韩王信的建议，并派韩王信率军出征韩国故地，承诺事成之后，封韩王信为韩王。

于是韩王信干劲十足，一举攻下项羽新任命的韩王郑昌辖下的十余座城池，并生擒了郑昌。

汉二年（前205年）十一月，刘邦兑现承诺，分封韩王信为韩王。

韩王信被立为韩王，是刘邦为项羽树敌，同时也向其他与项羽有矛盾的诸侯表明了一个态度，只要归汉，汉王刘邦是绝对不会吝啬爵位和土地的。

大汉王朝
诞生记

第六章
两大阵营，众诸侯摇摆不定

1. 项羽平齐

项羽分封，因怨恨田荣没有出兵攻秦，就封齐将田都为齐王。田荣就恼怒了。起兵自立为齐王，并杀死了田都，反叛项羽的西楚，并把将军印授给了彭越，督促彭越攻下济阴，在梁地起兵反楚。

彭越，昌邑县人，当初刘邦为沛公时，从砀县北进，攻打昌邑，彭越派兵援助进攻。然而，沛公刘邦这次并没有攻下昌邑，本想约彭越一同率兵西去，彭越没有随从，而是继续率部驻扎在巨野泽中，收编魏国的散兵游勇。

当项羽进入关中，封各路将领为王之后回到楚国时，彭越已有兵众万余人，一直没有归附任何人。到了汉元年（前206年）秋天，田荣背叛项羽，彭越才接受田荣授给的将军印，并打败了项羽派来的萧公角等人。

赵将陈余也怨恨项羽不封自己为王，派夏说游说田荣，借兵攻打张耳。齐国田荣便借兵给了陈余。陈余出兵攻打常山王张耳，张耳逃走归汉。于是，陈余从代地接回了赵王歇，又立为赵王。赵王就封陈余为代王。

汉二年（前205年）一月，西楚霸王项羽闻知：刘邦已经兼并了他精心布置的"三秦"防线，并且准备东进，同时，陈余为相国的赵国、田荣为齐王的齐国、梁地的彭越都已经反叛。为此，项羽非常愤怒，也相应地采取了一系列举措。

项羽以从前的吴县县令郑昌为韩王，来阻挡汉军，同时，命令萧公角等人攻击彭越。

也就在这时，张良给项羽写了一封信，信中说明汉王没有打算取得关中，只是觉得没有如约称王关中，有失职守，因此只要实现了原来的约定就停止进军，不敢继续东进。同时，张良又把齐国和

第六章 / 两大阵营，众诸侯摇摆不定 /

梁国反叛的文告送给项羽说："齐国想和赵国并力灭掉楚国。"①

这样一来，张良就将项羽的注意力成功地由汉转向了齐。

项羽因此无意西进，又因齐国与楚最近，威胁也最大，所以项羽就率楚军主力北上攻打齐国。

与此同时，项羽派使者向九江王英布征调兵力，并约其一同前往攻齐②。

当阳君英布原来是项羽手下大将，随同项羽四处征战，多次充当先锋军，出奇制胜，屡立战功。因此，在项羽分封时，英布被封为九江王，以六县（今安徽六安）为都城，领楚国南部的九江郡。

但是如今的九江王英布，或许是他真的老了，或许是他只想灭残暴的秦而不想与其他国家为敌，亦或许是他封王之后便想享受生活了。总之，英布称病没有与项羽同行，仅仅是派手下将领率领一千人马前去敷衍。

项羽对此深为不满，又几次遣使责问英布，英布一直称病不从，项羽从此就开始怨恨英布了。

汉二年（前205年）冬，项羽率军北上到达城阳（今山东莒县）。齐王田荣得知项羽击齐，率军迎击，在城阳两军相遇展开会战。

会战的结果是齐王田荣被项羽打败。田荣逃到了平原。平原的百姓杀死了田荣，举城投降了项羽。

随后，项羽又重新立田假为齐王。

田假，本来是齐王后人齐王建之弟，当年，齐王田儋战死，田假被齐人立为齐王，而田儋之弟田荣收拾残兵又打回齐国，赶走了田假。

---

① 《史记·项羽本纪第七》：汉使张良徇韩，乃遗项王书曰："汉王失职，欲得关中，如约即止，不敢东。"又以齐、梁反，书遗项王曰："齐欲与赵并灭楚。"

② 《史记·黥布列传第三十一》：汉二年，齐王田荣畔楚，项王往击齐，征兵九江，九江王布称病不往，遣将将数千人行。

然而收复齐国之后，项羽却采取了错误的政策。面对主动杀了田荣归附楚国的齐国平民百姓，项羽不仅不给予招抚，反而因为怨恨田荣的反叛，就迁怒于齐人。

项羽令楚军北进，烧毁齐国房屋，夷平齐国城郭，大肆屠杀田荣降卒，掳掠老弱妇女。接下来，楚军在齐地攻城略地，直至北海，到处烧杀掠夺，所过之处残灭。项羽楚军如此行径，直接激怒了所有的齐人。齐人便纷纷复叛，联合起来反抗项羽，致使项羽奔走于齐国各地，但是已经远远不能扑灭齐地的战火了。

这时田荣的弟弟田横驱逐走了项羽所立的齐王田假，另立田荣的儿子田广为齐王，田横自领齐相，并收集齐国逃散的士卒，很快就得到几万人。

田横在城阳（今山东莒县）反抗项羽，阻止了项羽在齐地四处掳掠的行径。项羽率军连续几次攻打田横据守的城阳，一时间也没能攻下城阳。

可以说，项羽是一招失误，引发广泛的民愤，招致自己陷入顾此失彼的泥潭而无法抽身。

趁此时机，刘邦所部向东进军。

随之魏王魏豹降汉，殷王司马卬也降汉，等到汉二年（前205年）春天时，刘邦已经统领归附的五路诸侯的军队，共五六十万人伐楚。

在齐地的西楚霸王项羽听到这个消息后，大怒，立即令诸将继续攻打齐国，自己则亲率三万精兵回军南下，由鲁越过胡陵，围追堵截刘邦统领的诸侯军。

2. 汉军东出

刘邦在基本平定三秦后，坐拥咸阳，开始着手准备东出与项羽争天下。

此时，西楚霸王项羽正在攻打齐国。虽然得知汉军东出，但是项羽认为既然已经与齐军交战，就想在打垮齐军之后再去迎击汉军。这样，就使得刘邦得以利用这一机会，夺取了五个诸侯王的兵力。

汉将灌婴去进攻塞王司马欣的都城栎阳，塞王司马欣自知不敌，最快投降。汉军又进攻上郡，翟王董翳无力对抗，也只好束手就擒。这样，汉元年（前206年）八月下旬，塞王司马欣、翟王董翳先后被迫向刘邦投降。

当初项羽分割韩国为韩和河南两国。封韩成为韩王，继续建都于阳翟（今河南禹县），名义上领有颍川郡，但不让韩成留在韩国执政，而是带着韩成东归到了彭城后杀了韩成。然后又封曾在秦王朝时当过吴县县令的郑昌为韩王。而将原韩国的大部分地区分封给了原赵将申阳，并封申阳为河南王，建立了河南国，建都洛阳，领三川郡。

汉二年（前205年）十月，刘邦率军东出掠取城邑，当汉军攻击原韩国的领地时，原本不愿意投降的韩王郑昌，被刘邦派韩信打败了，不得不投降汉军。

于是，刘邦设置了陇西、北地、上郡、渭南、河上、中地各郡，并在关外设置了河南郡。

刘邦还如约改立韩信为韩王。与此同时，刘邦还公告天下，凡将领中以一万人或一郡投降的，封给一万户。

刘邦还令汉军整修河上郡内的长城。各处原来的秦朝皇家的苑囿园池，都让百姓开垦耕种。

汉二年（前205年）一月（正月），汉将周勃[①]率领汉军俘获了雍王章邯的弟弟章平，并大赦有罪的人。

---

① 《汉书·张陈王周第十》记载："周勃，沛人（也）……高祖为沛公初起，勃以中涓从攻胡陵，下方与……项羽至，以沛公为汉王。汉王赐勃爵为威武侯。从入汉中，拜为将军。还定三秦，赐食邑怀德。攻槐里、好畤，最。北击赵贲、内史保于咸阳，最。北救漆。击章平、姚卬军。"

与此同时，刘邦出函谷关到达陕县（今河南陕县），抚慰关外的父老。当刘邦回到咸阳后，闻报常山王张耳来见。念及年轻时从张耳游的过往，汉王立即给了张耳优厚的待遇。

汉二年（前205年）二月，刘邦下令废掉秦社稷，改立汉社稷。

汉二年（前205年）三月，刘邦率军从临晋关渡过黄河。这时，为救临济百姓而自杀身亡的魏王咎的堂弟魏豹率兵跟从。当年魏豹逃亡到楚国，楚怀王拨给魏豹好几千人马，让他再去攻取魏地。魏豹在攻取二十多座城池之后，被楚怀王立为魏王。然后，魏王豹率领他的精锐部队跟随项羽入关中。而当项羽分封时，因为项羽自己想占有梁地，就把魏王豹移封在河东，以平阳为王都，称为西魏王。这样，就引发了魏王豹对西楚霸王项羽的不满。于是，魏王豹举国归附从临晋关渡黄河的刘邦，并跟随汉军去攻楚。

当初项羽将魏国分为西魏和殷两国，被封为殷王的是原赵国的将领司马卬，以朝歌（今河南淇县）为都城，领有黄河北部的河内郡。

汉军东出，将士们东归心切，战斗力超强，因此，汉军势如破竹，很快夺取了河内地区①，俘虏了殷王司马卬，于是，刘邦又设置了河内郡。

汉二年（前205年）四月，刘邦又向南渡过平阴津（今河南孟津县东北），到达了洛阳。刘邦看到洛阳，左借成皋之险，右据污池之固；前有崧山，后有大河；东有绵延的嵩山，西连无尽的漳、津。真可谓：地形险要，景色优美，山川秀丽。因此，刘邦心中喜不自胜。

张良本为韩国的贵族，又担任过韩王成的相国。张良在韩地振臂一呼，三川郡的百姓都纷纷拥护刘邦，这样，迫使项羽分封的河南王申阳也投降了。

至此，原项羽分封的塞王司马欣、翟王董翳、河南王申阳、西

---

① 河内地区，是指今河南黄河以北地区，即，秦河内郡一带。

魏王魏豹、殷王司马卬五个诸侯王都投降归附了刘邦。

当刘邦率领汉军进军途经新城（今河南省商丘市南）时，有新城的乡老董公等十几个人，挡在了刘邦的马前。

其中，董公的年龄最长，代表众乡老要直接与刘邦对话。刘邦立即下马倾听。

董公对刘邦说："汉王想不想知道义帝的下落？"

刘邦一听董公提到义帝，感觉事有蹊跷，赶紧追问："董公有什么话，请快快讲来！"

董公就向刘邦诉说了，他们在江中发现了义帝的尸首，并打捞上来，送到郴州之事。刘邦闻听义帝已经被害的消息后，当场失声大哭。

当刘邦止住悲声之后，董公又向刘邦建议说："兵出无名，事故不成；明其为贼，敌乃可服。汉王如今师出无名，只不过是为了争夺地盘，即便是一仗打败了项王，天下之人也不会心服口服。项王不讲道义，弑杀义帝，已经成为天下人的敌人。仁不凭勇，义不恃力，老夫建议汉王应该率领三军，为义帝发丧，并传檄天下诸侯，联合起兵讨伐项王。"

刘邦闻听董公之言，认为很有道理，表面上还处于为义帝之死的悲伤之中，但心里十分高兴，安抚重赏了董公等人，并让董公等人协助汉军处理为义帝发丧之事。

于是，刘邦为义帝发丧，令三军缟素，举哀哭吊三天。

然后，刘邦接受董公等人的建议，派人向各诸侯王发布项羽大逆不道的罪状，并以项羽杀害义帝之事为借口，号召各诸侯王率兵与自己一起讨伐项羽，为义帝报仇。

刘邦发檄文布告诸侯说："天下共同拥立义帝，对他北面称臣。现在，项王把义帝放逐、击杀于江南，大逆不道。本王亲自为义帝发丧，诸侯都要穿白色丧服。调拨全部关内的兵力，征集三河的士卒，沿着长江、汉水南下，愿意跟随各诸侯王讨伐楚国杀害义帝的人。"①

刘邦派人四处传送檄文，天下诸侯闻风而至。可以说，董公等人的一席话，让刘邦在不到一个月的时间里，就网罗了兵将多达数十万。

于是，刘邦有些飘飘然了，马上召集张良、韩信、郦食其等人，商议攻打项羽，向西楚霸王的都城彭城进攻之事。

然而，韩信却给刘邦泼了一盆冷水。

韩信谏言：行军打仗必须明察天时地利，与其盲目行动，不如休兵养士。况且此时项羽兵势正盛，而本部虽然网罗了五十六万之众，但缺乏必要的训练，还不能对抗强敌。待到明年，必定破楚。

而刘邦认为：项羽忙着与齐争战，燕、赵又从中作梗，天下诸侯分散了项羽的力量，汉军正好借此之机，一举攻下彭城，消灭项羽。

刘邦见韩信不肯出战，便夺了韩信的兵权，只让韩信去守三秦之地。而韩信见苦劝无果，也就将帅印交出，自带人马守三秦去了。

张良、郦食其等人也是没能打消刘邦继续东进的想法，只得追随左右，见机行事了。

3. 彭城之战

汉二年（前205年）四月，刘邦趁项羽滞留在齐国，无力抽身的机会，率领汉军渡过临晋关，到达河内。然后，再集结原项羽分封的塞王司马欣、翟王董翳、河南王申阳、西魏王魏豹、殷王司马卬五个诸侯国联军，一共有五十六万人②，兵分两路攻楚。

---

① 《史记·高祖本纪第八》记载："天下共立义帝，北面事之。今项羽放杀义帝于江南，大逆无道。寡人亲为发丧，诸侯皆缟素。悉发关内兵……愿从诸侯王击楚之杀义帝者。"

② 《史记·项羽本纪第七》中记载：春，汉王部五诸侯兵，凡五十六万人，东伐楚。

一路向北，由大将曹参、灌婴统率一部分人马。此路人马进攻定陶（今山东定陶西北），曹参和灌婴击败了西楚在定陶的守将龙且和项它，夺取了定陶。

一路向南，由刘邦亲自统率，张良、夏侯婴、樊哙等汉军将领跟随，再加上归附刘邦的五诸侯所率的人马，浩浩荡荡到达了外黄县。很快，刘邦所率人马，就击败了西楚外黄县的守将程处和王武，夺取了外黄县（今河南省民权县西北）。

这时，在外黄，彭越率三万人马归附了刘邦。

刘邦对彭越说："彭将军你收复了魏地十余座城池，现在急需立魏国后裔为王，因为西魏王豹是魏咎的堂弟，真正是魏国的后裔，所以，由彭将军你来担任魏国的相国，全权指挥你的人马，去攻打梁地。"①

另外，刘邦又派大将樊哙北上攻打邹县、鲁县、薛县、瑕丘等地，用以阻止西楚霸王项羽从齐国南下返回。

然后，刘邦又亲率主力继续向东攻打下邑。占领下邑之后，刘邦派部将吕泽驻守在下邑，而刘邦自己则亲率汉军主力继续向彭城进发。

下邑在萧县西面不远处，而萧县又在彭城西面不远处。项羽如果南下救援彭城必经萧县。这样，如果西楚霸王项羽回师增援彭城，那么，吕泽就可以与刘邦东西两面夹击项羽了。

离开下邑之后，刘邦所率南路军，就与曹参和灌婴所率领的北路军会合一处，然后合兵进攻砀县、萧县，逐一攻克之后，最后向彭城展开进攻。

---

① 《史记·魏豹彭越列传第三十》中记载：汉王二年春，与魏王豹及诸侯东击楚，彭越将其兵三万余人归汉于外黄。汉王曰："彭将军收魏地得十余城，欲急立魏后。今西魏王豹亦魏王咎从弟也，真魏后。"乃拜彭越为魏相国，擅将其兵，略定梁地。

没有西楚霸王项羽坐镇西楚国都彭城，不仅守卫的兵士很少，而且几乎是无险可守，因此，西楚国都彭城不堪刘邦所率大军的全力攻击，被刘邦所率大军不费吹灰之力一举攻占。

然而，东进以来的节节胜利，再加上西楚国都彭城的轻易获得，使得刘邦失去了理智，率军进入彭城的那一刻，刘邦自以为攻占了西楚国都，就是消灭了西楚，甚至还暗笑韩信、张良等人见识短浅、胆小怕事呢。

思想上放松后，就从行动上表现出来。当刘邦进入彭城后，就收宝物，取美女，天天与诸侯们喝酒庆祝，夜夜拥娇娃享受人间温柔之情。各路将士也是上行下效，日日逍遥快活。

在齐地的西楚霸王项羽，闻听刘邦不仅东出，而且竟然还攻占了他的都城。于是，西楚霸王项羽在暴跳如雷之后，留下龙且和钟离眜率兵继续攻齐，而项羽急忙亲率轻骑兵三万人回袭彭城。

西楚霸王项羽率西楚军先到鲁地，击败了驻守在鲁县的樊哙。然后出胡陵，绕到萧县，再直抵彭城以西。随后，项羽立即乘刘邦陶醉于胜利、戒备松懈之际，于清晨时，向彭城发动了突然袭击。

刘邦和各路诸侯，根本就没想到项羽的人马会这么快杀回来。夜夜笙歌的汉军及各诸侯军的将士们，此时正处于深度的睡眠之中，根本没有一丝防备，突然到来的西楚军一顿砍杀，汉军及各诸侯军的将士们，有的还在睡梦中，就被砍杀致死。

驻守在下邑的汉将吕泽，本来是用作夹击西楚军所设，然而，因为事发突然，吕泽还没来得及作出反应，刘邦已经兵败，不得不撤出彭城。

项羽率领三万西楚军在彭城大败汉军。

刘邦及汉军往泗水方向溃逃①。西楚军紧追不舍，一路追杀汉军，汉军死伤逃散达十余万人。

一直追击至灵璧（今安徽灵璧县）东睢水，汉军相互拥挤、践踏，加上楚军的追杀，使汉军有十余万人都被挤入了睢水，一时间，使得睢水都被挤塞得不能流动了。

是时，突然有大风从西北刮起，飞沙走石之际，刘邦才得以趁乱杀出一条血路，带领数十骑将士逃走。②

楚军没有搜寻到刘邦的踪迹，西楚霸王项羽想起亚父范增的劝谏，意识到刘邦不除，终究是一大隐患。因此，项羽立即派丁公和雍齿率领三千骑兵星夜追赶。

与此同时，项羽的一支人马在沛县附近搜索刘邦，虽然没有捉到刘邦，却意外地遇到了逃亡中的汉王家眷，于是，就将刘太公和吕雉掳来放在楚军中充当人质。

4. 联盟瓦解

汉二年（前205年）五月，刘邦在彭城被赶回救援的项羽打败，使得汉军被歼数十万人。刘邦在睢水突出重围之后，向西与驻守在下邑的吕泽会合，渐渐收集被打散的士卒，然后，率残部驻扎在砀

---

① 《史记·项羽本纪第七》中记载：汉皆已入彭城，收其货宝美人，日置酒高会。项王乃西从萧，晨击汉军而东，至彭城，日中，大破汉军。汉军皆走，相随入榖、泗水，杀汉卒十余万人。

② 《资治通鉴》在综合了《史记》等书的记载之后，描述道：晨，击汉军而东至彭城；日中，大破汉军。汉军皆走，相随入谷、泗水，死者十余万人。汉卒皆走南山，楚又追击至灵璧东睢水上；汉军却，为楚所挤，卒十余万人皆入睢水，水为之不流。围汉王三匝。会大风从西北起，折木、发屋，扬沙石，窈冥昼晦，逢迎楚军，大乱坏散，而汉王乃得与数十骑遁去。

县进行整顿。①

这时，原来归附刘邦攻楚的诸侯们，见刘邦兵败，便又转投了项羽。

首先反叛的是塞王司马欣和翟王董翳。

此前，在田荣与陈余先后反楚攻常山时，刘邦乘机挥军东出，拜韩信为大将军，明修栈道，暗度陈仓（今陕西省宝鸡市东），重返关中，很快击败了雍王章邯，迫降了塞王司马欣和翟王董翳。

可以说，项羽分封的塞王司马欣和翟王董翳，他们因为刘邦攻入关中而不得不降。现在见汉王兵败，塞王司马欣和翟王董翳便首先反汉归楚，又重新加入楚国为大将。②

其次反叛的是魏王魏豹。

魏王魏豹在举国归附刘邦之后，跟随刘邦到了彭城攻击西楚军。汉军及联盟的各诸侯军在彭城大败，又在睢水被歼灭十余万人，之后，向西退回到荥阳。

汉二年（前205年）六月，魏王豹以回魏国探视母亲的病情为由，向刘邦提出请求。③虽然所有人都明白，魏王豹此去十有八九是一去不复返了，但是魏王豹离开的理由是刘邦无法拒绝的。

果然，魏王豹回到魏国以后，就封锁了黄河渡口和临晋关的交通，反叛了刘邦，与楚订约讲和。

当刘邦得知魏王豹反叛的消息时，正是担忧东边的西楚国的威胁之际，因此，汉王无暇讨伐魏王豹，就对郦食其说："你去婉言

---

① 《史记·高祖本纪第八》中记载：吕后兄周吕侯为汉将兵，居下邑。汉王从之，稍收士卒，军砀。

② 《史记·高祖本纪第八》中记载：诸侯见楚强汉败，还皆去汉复为楚。塞王欣亡入楚。

③ 《史记·淮阴侯列传第三十二》之记载：六月，魏王豹谒归视亲疾，至国，即绝河关反汉，与楚约和。汉王使郦生说豹，不下。其八月，以信为左丞相，击魏。另据《史记·高祖本纪第八》中记载：三年，魏王豹谒归视亲疾，至即绝河津，反为楚。本书选用了前者所记载的时间。

劝说魏王豹，如果能说服他重新归顺本王，就封你为万户侯。"

于是，郦食其就奉刘邦之命去魏国劝说魏王豹。

然而，魏王豹听了郦食其的劝说，断然谢绝归顺汉王刘邦，并说道："人活在世界上的时间，就像一匹白色的马驹从一条墙缝上飞驰而过那样短暂。汉王待人傲慢，好侮辱人，谩骂诸侯群臣像斥骂奴隶一样，根本就没有上下的礼节。我可不想再见到他了！"[①]

当刘邦回师北上平定了三秦，又向东进军之后，殷王司马卬背叛楚国。西楚霸王项羽就封陈平为武信君，并令陈平率领魏王咎逗留在楚地的门客去平定殷国。于是陈平领兵前去攻殷，殷王司马卬又降楚。陈平凯旋后，项羽派项悍封陈平为都尉，并赏给陈平黄金二十斤。

然而没过多久，刘邦又攻打殷王，平定了殷地，俘虏了殷王司马卬。霸王项羽得知后大怒，要诛杀那些平定殷国的将吏。

陈平害怕被杀，就把项羽封赏给他的黄金和都尉印信打包封好，派人送还给项羽，自己则单身只带一把宝剑从小路逃掉了。

当陈平渡黄河的时候，撑船的船夫见他仪表堂堂，单身独行，便怀疑他是个逃亡的将领，并断定他的身上一定藏有金银财宝，因此，船夫就起了杀人夺财之意。陈平一看船夫的眼神，就知道大事不好。于是，陈平就在船夫的面前，有意地脱掉衣服，光着膀子帮助船夫撑船。船夫一见陈平身上别无他物，才没有下手杀他。

于是，陈平便来到修武，投降了汉军。然后，通过魏无知的关系求见刘邦。刘邦就召陈平进去。当时和陈平一同觐见的有十人，都受到了汉王赏赐给的饮食。刘邦说："吃了饭，你们到客舍去歇歇吧！"

---

① 《史记·魏豹彭越列传第三十》中记载，豹谢曰："人生一世间，如白驹过隙耳。今汉王慢而侮人，骂詈诸侯群臣如骂奴耳，非有上下礼节也，吾不忍复见也。"

其他人都谢恩而去，只有陈平没走。见刘邦用不解的眼神看向了他，陈平才说道："我是有要事而来，要讲的事不可以过了今天。"

于是，刘邦就同陈平交谈。因为对陈平所说之事很感兴趣，就问："你在楚国担任什么官职？"陈平老老实实地回答说："任都尉。"

刘邦听后，当即就任命陈平为都尉，让他做贴身侍卫，并掌管监督诸将之权。这一下子，仿佛一石激起千层浪，将领们一听就喧闹起哄，纷纷对刘邦说："大王当天得到楚军的一个逃兵，还不知道本领高低，就同他共乘一车，并让他来监督我们这些老将，为什么？"

刘邦听后笑而不答，只是更加宠幸陈平了。从此，陈平跟在刘邦左右。彭城之战失败后，汉王领兵撤退，陈平协助汉王一路上收集败散的士兵退到荥阳。到荥阳之后，陈平被任命为亚将，隶属于韩王信，率军驻扎在广武。

其实，当刘邦出函谷关，并准备东进彭城之时，不仅沿途收复了几位诸侯王，同时，刘邦还派使者去联合齐、赵共同攻打楚军。

此前，在灭秦后，项羽分封诸侯，的确一时间成为了大家名义上都臣服的西楚霸王，可谓风光无限，但是，即便项羽分封诸侯的策略多么完美，也无法避免一个问题，那就是分封做不到绝对的公平，而且项羽还加入了制衡的因素，就更令有些人不服气了。除了齐国的田荣跳出来挑战项羽的权威，赵国的陈余也十分不满。

当陈余听闻齐王田荣已经叛楚之时，就秘密派门下客张同、夏说游说齐王田荣。田荣正想树立党羽以反叛楚国，于是，答应了陈余的请求，遣将派兵给陈余。这样，除了借来的齐兵，陈余又加上自己的南皮三县之兵，一起进攻常山王张耳。

常山被攻破，张耳不敌败走，投靠了刘邦。刘邦念及当年从张耳游的岁月，待之甚厚。

陈余发现刘邦不仅没有杀掉张耳，而且还委以重任，因此，陈余就率领赵国的兵将退出了攻打楚国的队伍，转过来反与汉为敌了。

西楚霸王项羽虽然取得彭城之战的胜利，但是项羽留在齐地作战的人马却战事不利。就在项羽率军击败诸侯联军时，齐国的田横立田荣之子田广为齐王，自认相国，将失去的齐地尽皆收复。

齐国的田横在复国后却并没有进攻西楚，而是在楚汉之间处于中立状态。这样的状态一直持续到郦食其去游说齐国。

至此，可以说，以汉为首的反楚联盟，实际上已经瓦解了。

在各诸侯国的一片反叛声中，有一个人是个例外，他就是——彭越。

刘邦兵败，解围后向西撤退。彭越以前攻下的十余座城池也都失陷了。在其他诸侯王纷纷复叛的情况下，只有彭越独自带领他的军队向北继续驻守在黄河沿岸。彭越常常作为刘邦的游击部队，进击楚军，在梁地切断楚军的粮食补给线。

5. 下邑画谋

当张良被封为成信侯之后，正好刘邦准备东进击楚，张良就跟随刘邦一起东进，并一路上为刘邦出谋划策。

汉二年（前205年）春天，刘邦亲率五路诸侯联军共计五十六万，攻占西楚国都城——彭城。项羽得到消息之后亲率三万骑兵来救彭城，一战就夺回了彭城，并一路追击刘邦与各诸侯联军，斩杀共计超过二十多万人。刘邦死里逃生，逃往下邑(今安徽砀山县)。

此时的刘邦，虽然惊魂未定，但更严重的是心灰意冷，因为眼看着五十六万大军，在顷刻间就被项羽打得土崩瓦解。因此，张良见到刘邦一连几天垂头丧气，完全没有了昔日汉王的风采。张良深知刘邦之所以丧失信心，就在于经历了彭城之败以后，刘邦感觉凭借自己的实力,根本不能战胜项羽。所以,在深思熟虑之后,张良准备找准机会向刘邦谏言。

没想到,还没等张良开口,刘邦却先说话了。

这一天,当汉军回军行至下邑(今安徽砀山县)时,因为兵败,一路上一直心情很差的刘邦,下马靠着马鞍,问计于张良道:"子房,你看看,如果我愿意拿出函谷关以东的地方作为封赏的条件,那么,你认为谁是可以与我共建功业的人呢?"

张良吃了一惊,没想到刘邦竟然这么快就振作起来,并且还跟他想到一起去了。

于是,张良立即谏言道:"从目前来看,有三个人可以合作。"

刘邦一听,神情立即振作起来,说:"子房,快说说看。"

张良继续说道:"其一,是九江王英布,他是楚国的猛将,因为近来和项王产生了嫌隙,可以合作。其二,是彭越,他曾和齐王田荣在梁地反楚,在紧急关头可以合作。其三,是汉王的大将军韩信,他是汉王将领中唯一可以托付大事且可以独当一面的人。假如想捐出函谷关以东的地方,就送给这三个人。他们三个人如果接受这个条件,全力与汉王合作,那么,就可以打败楚国。"[①]

应该说,经过彭城之败,本以为已经快要击败项羽的刘邦,被残酷的现实狠狠地击中了、震醒了。他明白,下一步,如何在大败中站稳脚跟,不被项羽一波击败,已经成为了他首先要面对的难题。

彭城之战失败之后,刘邦为摆脱被动局面,积极采纳张良"联络英布,重用韩信、彭越"的方针。

针对张良等谋臣们的预判,刘邦意识到荥阳会成为他和项羽下

---

① 《汉书·张陈王周传第十》记载:良曰:"九江王布,楚枭将,与项王有隙;彭越与齐王(田荣)反梁地:此两人可急使。而汉王之将独韩信可属大事,当一面。即欲捐之,捐之此三人,楚可破也。"

又记载:汉王乃遣随何说九江王布,而使人连彭越。及魏王豹反,使韩信特将北击之。

一个对峙的关键地点，为此，刘邦在逃往荥阳的途中，做出了相应的布置和安排，一定程度上，延缓了楚军追击的速度，为与项羽在荥阳展开的激战赢得了宝贵的准备时间。

汉军主力败逃，但是不代表所有部队都撤了，刘邦在彭城附近还是保留了一支部队，也就是缯贺所率领的汉军。[①]这支兵力规模不大，主要是起袭扰作用，让霸王项羽心有顾忌，不能放手一搏地率全军出击追杀刘邦。

与此同时，刘邦又让人去说服英布，让英布反叛霸王项羽。[②]

汉军退出梁地，来到虞县（今河南商丘虞城县东北三里）。一天，刘邦语调沉重地对左右的人说："你们这些人，实在不配参与筹划天下大事。"

这时，其中的一位谋士随何上前问道："不明白陛下说的是什么意思呢？"

刘邦见有人答话，便进一步叹息道："谁能为本王去出使淮南，让九江王英布发兵背叛楚国，只要把项王牵制在齐地几个月，那么，本王夺取天下就万无一失了。"

随何便自荐说："我可以前往充当使者。"[③]

于是，刘邦便派给随何二十多人跟随何一起出使淮南。

随何等人到了淮南，一连三天，都是由英布的太宰出面接待，而英布本人一直未露面。见此，随何就对太宰说："大王之所以不见我，必定是认为楚国强大、汉军弱小的缘故，而我也正是为此事

[①] 《史记·高祖功臣侯者年表》记载：汉王败走，贺方将军击楚，追骑以故不得进，汉王顾谓贺："子留彭城，用执圭东击羽，急绝其近壁。"

[②] 《史记·高祖本纪第八》记载：随何往说九江王布，布果背楚。楚使龙且往击之。

[③] 《史记·黥布列传第三十一》记载：汉三年，汉王击楚，大战彭城，不利，出梁地，至虞，谓左右曰："如彼等者，无足与计天下事。"谒者随何进曰："不审陛下所谓。"汉王曰："孰能为我使淮南，令之发兵倍楚，留项王于齐数月，我之取天下可以百全。"随何曰："臣请使之。"

而来的。请转告大王，一定要听我面陈想法。如果认为我说得对，那就正是大王想听的；如果认为我说得不对，那就将我和我带来的二十多人都在闹市中杀掉，以表明大王背汉亲楚的心迹。"

太宰把随何的这番话转达给了英布，英布这才接见了随何。

随何面对着英布说道："汉王之所以派我给大王您敬送书信，是因为对大王您与楚国那样亲近感到很诧异。"

英布淡淡地回答："这有什么可诧异的呢？因为我本来就臣属于楚国。"

随何反问："大王您与项王同样是诸侯，却臣属于楚，一定是以为楚国强大，可以作为靠山的吧？然而，当项王伐齐，亲自背负修筑营垒的器具，为士卒做出了表率，按理，大王您应该动员淮南所有兵力，并亲自率领，去充当楚军的先锋，然而大王您却只派了手下将领率四千人去支援，那么，请问作为臣属于人的人，大王您应该这样吗？"

英布本想反驳，但只是张张嘴，由于没有找到合适的话来说，因此只好保持着沉默。而随何见英布哑口无言，便又接着说道："还有，在汉王与楚军大战于彭城之时，当时项王还没有从齐地返回，按理，大王您应该亲率淮南兵众，倾巢而出，渡过淮河，日夜奔赴彭城参战，然而，大王您却仍然坐拥万人之众，未派一兵一卒地袖手旁观，难道您应该这样吗？"

随何的这番话，又说得英布脸上一阵红一阵白。

随何看了一眼英布，又继续说道："恕我直言，大王您只是口头上臣属于楚，却还想以楚为靠山，这样做是不足取的。大王您之所以如此，无非是觉得楚强汉弱罢了。然而，楚军虽强，但项王违背盟约、杀害义帝之举，被天下人认为是所行不义。项王虽然凭借着强大的军事力量，暂时取得了胜利，但是，汉王如果召集各诸侯军队，带兵西还，把守住成皋、荥阳，再从蜀汉运送军粮，深挖壕沟，坚筑营垒，登城驻守，而楚军如果西进，不仅中间隔着八九百里的梁地，而且还需从千里之外运送粮草。楚军攻，汉军则坚守；楚军退，汉军则追击。这样的形势，大王您是行家，您觉得楚可以依靠吗？"

英布边听边沉思，此时他脸上的表情也开始松动了，并点头示意随何继续。于是，随何继续接着说："退一步说，假如楚胜汉败，那么，各路诸侯由于害怕被逐个消灭，也会相互援救，因为楚国的强大，足以成为了众矢之的。因此，显而易见，楚不如汉。现在，大王您不亲近万无一失的汉，却自托于危亡在即的楚，对于大王您如此做法，我感到不解。"

当随何说至此，英布第一次打断了他的话，反问道："依你之见，本王应该何去何从？"

随何立即答道："当然了，我并不认为大王您以淮南的兵力足以灭亡楚国，只要大王您发兵叛楚，项王必被牵制而留在齐地，而只要牵制项王几个月，汉王夺取天下则万无一失了。到时候论功行赏，淮南是大王您的本土，汉王必定会将淮南分封给大王您。需要说明的是，此番我来敬献此计，乃是受汉王所派。希望大王您能仔细考虑。"

英布见随何把话都说到这个份上了，便说道："那就按你说的办。"

然而，英布虽然口头答应了叛楚归汉，但也只是在秘密进行中，不敢把此事泄露出去。正好此时，楚国的使者也在淮南，督促淮南王英布发兵。汉使随何便推波助澜地推了英布一把。

这一天，汉使随何闯入楚使所在的驿馆，直接对楚使说："九江王已经归汉，楚国怎么能得到他的援军呢？"

英布闻报赶到驿馆时，正好听到随何的这一句话，不禁惊慌失措。楚使见状，已经明白了一切，便起身想离开。随何趁机对英布说："事已至此，应该杀掉楚使，不要放他回去，同时，迅速投奔汉王，实现联合。"

此时的英布明白，再也无法秘密进行了，就说："按你说的办，就此起兵，进攻楚国。"

于是，英布令人杀死楚使，起兵攻楚。

6. 京索之战

刘邦在彭城兵败，一边撤退一边还在彭城和荥阳之间建立了两道临时防线，迟缓楚军的追击速度，给自己在荥阳收拢部队争取时间。

第一道临时防线是下邑（今安徽砀山县）。

当刘邦战败后撤回到下邑，立即就派人去沛县寻找家室。不巧的是，或许是刘太公与吕雉意识到在沛县很危险，想去彭城与刘邦会合，总之，汉王派去的人，没有接到汉王家属，而已经离开沛县的汉王家属却遭遇了楚军。

然而，刘邦派去接家属的人马也不是全无收获，他们在途中遇到了汉王的儿子刘盈（后来的孝惠帝）及女儿（后来的鲁元公主）。见到儿女，刘邦才得知父亲刘太公和妻吕雉被楚军所俘获，并被拿住做了人质。

刘邦知道下邑不是长期驻守之地，于是在下邑守军的阻击之下，刘邦继续向西仓皇撤退。途中，楚军追之甚急，刘邦的儿女多次遇险，几乎为楚军所获，幸亏滕公夏侯婴多次搭救，儿女才得以保全。

夏侯婴，初为沛县厩司御，交好亭长。担任滕令奉车，俗称滕公。跟随刘邦起兵反秦，屡建战功，后赐爵昭平侯。

汉二年（前205年）六月，东进后遭遇了彭城之败的刘邦，引军返回到了关中。刘邦到达栎阳（今陕西省西安市阎良区武屯镇），立刘盈为王太子，令其守栎阳。而在关中的诸侯之子，都成为了王太子的宿卫。

刘邦让诸侯的儿子留在了栎阳，这多少也是把他们当作人质的

第六章 /两大阵营，众诸侯摇摆不定/

意思。

第二道临时防线是废丘（今陕西兴平）。

早在汉王率军出兵彭城之前的几个月里，刘邦已经遣将连续作战，分兵略地，迅速占领了关中大部分地区。

周勃率军攻克了漆县、频阳等地。

靳歙、郦商率军攻占了陇西、北地、上郡等地。

此时，三秦除了雍王章邯困守的废丘之外，已经全部归汉。这样，三秦初定，只剩废丘。然而，此前汉军已经将废丘围困了数月，一直久攻不克。

刘邦回到关中之后，就集中优势兵力，再次围攻废丘。雍王章邯仍然拼死抵抗。刘邦派大将樊哙领兵掘开渭水河堤灌城，汉军乘水攻城，废丘城才终于攻破。雍王章邯见大势已去，在抵抗了十个月之后，兵败自杀身亡。

汉军水攻废丘，雍王章邯自杀，至此三秦全部都归汉所有。汉把废丘改名为槐里。刘邦命令祠官祭祀天、地、四方、上帝、山川，以后按时致祭。同时，征发关内士卒登城守卫边塞。①

这样，刘邦在收复关中后，率领汉军士卒回到了荥阳。

刘邦回到荥阳，又派曹参、灌婴、靳歙等人先后平定了雍丘王武的叛乱。程处在燕县的反叛，楚柱天侯在衍氏的反叛，羽婴在昆阳的反叛，也都被汉将曹参平定。汉将樊哙又重新夺取了鲁地与梁地。

此时，韩信②也把溃散的士兵集中起来，与刘邦在荥阳会师。其

---

① 《汉书·高帝纪》记载：六月，汉王还栎阳。壬午，立太子，赦罪人。令诸侯子在关中者皆集栎阳为卫。引水灌废丘，废丘降，章邯自杀。雍地定，八十余县，置河上、渭南、中地、陇西、上郡。令祠官祀天地、四方、上帝、山川，以时祭之。兴关中卒乘边塞。关中大饥，米斛万钱，人相食。令民就食蜀、汉。

② 《史记·淮阴侯列传第三十二》记载：信复收兵与汉王会荥阳，复击破楚京、索之间，以故楚兵卒不能西。

据《史记·项羽本纪》记载：楚起于彭城，常乘胜逐北，与汉战荥阳南京、索间，汉败楚，楚以故不能过荥阳而西。

他防线的汉军，也在这个时期，纷纷率部抵达荥阳。

特别值得一提的是，萧何①从关中带来了补充兵源，这些兵源包括关中老弱以及没有载入徭役簿籍的人。

总的来说，刘邦在乱局中及时调整布局，为自己在荥阳站稳脚跟打下了基础，也为汉军在荥阳争取了一个月的休整时间。

后来的事实证明：这对京索之战汉军取胜，起到了至关重要的作用。

汉军一方是打算在荥阳和楚军决战的。因为刘邦明白：在荥阳，如果再败，那么，项羽是绝对不会给他东山再起的机会了。

荥阳（今河南荥阳）的地理位置很特殊，西边靠近山区，东边则是平原。这样的地形很适合骑兵作战。彭城之战，刘邦见识了项羽所率楚军骑兵的厉害，因此，刘邦也意欲组建一支可以与楚军相抗的骑兵部队。

后来的事实也证明：新组建的这支骑兵部队才是京索之战中汉军取胜的关键。

刘邦以秦人为主要力量组建了一支骑兵部队，称为"郎中骑兵"，由灌婴为统帅。

虽然汉军之前也有骑兵，但是骑兵的作用还仅限于充当代步或运输工具，并没有一支战斗力强悍的精锐骑兵部队，所以，刘邦令灌婴在汉军的骑兵中选拔个人战力强的士兵，组成一支精锐的骑兵部队。在选拔时，军中将士都主推秦人。一方面，关中秦人与项羽有着坑杀了二十万秦军降卒的深仇大恨，另一方面，刘邦在关中拥有了广泛的百姓支持。

---

① 《汉书·高帝纪》记载：五月，汉王屯荥阳，萧何发关中老弱未傅者悉诣军。韩信亦收兵与汉王会，兵复大振。

又据《史记·项羽本纪》记载：至荥阳，诸败军皆会，萧何亦发关中老弱未傅悉诣荥阳，复大振。

第六章 / 两大阵营，众诸侯摇摆不定 /

汉军组建的这支郎中骑兵虽然将士们个人战力很强，但是毕竟是临时拼凑组成的，还是需要训练的。因此，京索之战前，汉军对楚军追击的迟滞措施是太有用了，使得这支郎中骑兵获得了一个短暂但宝贵的备战时期。

与此同时，霸王项羽原本想全军追击刘邦，一举歼灭刘邦这个最强大的对手。

然而，霸王项羽此时却感到捉襟见肘，无法对刘邦使出全力攻击。因为，一是楚军主力还深陷齐国；二是原本自己的先锋官英布又发兵背叛，成为了敌人；三是彭城到荥阳沿路，还多次遇到了留守的汉军不断地阻击。

霸王项羽亲自进攻下邑，在夺取下邑后，又继续向西进攻，一直进攻到荥阳。

首先到达荥阳附近的，当然是楚军的先锋骑兵部队。

刘邦闻报楚军到来，立即拜灌婴为中大夫，令李必、骆甲为左右校尉，统率郎中骑兵，出兵前去迎战楚军。①

灌婴领军在"京县"（今河南郑州荥阳豫龙镇京襄城村附近）与"索亭"（今河南荥阳索河街道）之间与楚军周旋。

京县和索亭两地在荥阳的东南，是一片适合骑兵作战的区域。灌婴统领郎中骑兵，大多是土生土长的本地秦人，熟悉环境，同时，此前在训练时，灌婴统领郎中骑兵，曾反复在此间进行演练，充分利用两地间的地形地势，进行了排兵布阵，可以说是以逸待劳地专等楚军骑兵进入阵中。

反观项羽楚军骑兵，却是远道而来，人马疲惫，水土生疏。另外，

---

① 《史记·樊郦滕灌列传第三十五》记载：楚骑来众，汉王乃择军中可为骑将者，皆推故秦骑士重泉人李必、骆甲习骑兵，今为校尉，可为骑将。汉王欲拜之，必、甲曰："臣故秦民，恐军不信臣，臣原得大王左右善骑者傅之。"灌婴虽少，然数力战，乃拜灌婴为中大夫，令李必、骆甲为左右校尉，将郎中骑兵击楚骑于荥阳东，大破之。

楚军将士根本没有想到短短的月余，汉军就会有一支强悍骑兵部队对他们产生威胁。彭城之战以来的节节胜利，所向无敌，也让楚军滋生了傲慢轻敌的情绪。

因此，在京索之间，楚汉两军一交手，项羽楚军就大败，被击得溃不成军，退到了荥阳以东。

可以说，京索之战只是楚汉两军的一次小规模军事冲突。

对于楚来讲，可以说是项羽楚军先锋部队的一次试探性进攻。此前，项羽没有想到会被打败，但既然输了此战，项羽就决定还是以处理内部问题为主，特别是刚刚挑衅项羽权威的英布，必须先去解决掉。

然而，对于汉来讲却意义重大。京索之战后，楚军无力突破汉军防线进攻关中。使得汉军不仅稳住了阵脚，而且有了一个相对充足的时间来稳固后方。

楚汉双方从此开始在荥阳和成皋一带拉锯，战争进入相持阶段。

大汉王朝
诞生记

第七章
楚汉相持，成败只在一念间

1. 安邑平魏

总的来说，彭城之战后，刘邦临时布置，有效迟滞了楚军的追击，在荥阳，他组建了精锐的骑兵部队，击退了来犯的楚军先锋部队，打消了项羽继续追击的意图，为汉军赢得了宝贵的喘息时间。

而在楚汉京索之战后，刘邦终于回到了关中，并且彻底击败了雍王章邯。因此，刘邦不仅取得了对楚的初战胜利，而且关中的根据地也更加稳固了。关中发生的饥荒，也得到了解决。

此后，刘邦便更改战略，抽调韩信去攻灭魏、赵等国。

在刘邦应对霸王项羽的追击时，魏王豹请假去探视父母的疾病，然而到了魏地就断绝了黄河渡口，叛汉归楚。

因对楚战事正紧，刘邦就先派郦食其去魏都安邑游说魏王豹，然而，却没有劝说成功。

汉二年（前205年）八月，魏王豹据河东（今山西夏县西北禹王城），反汉归楚，威胁汉军侧翼。

河东郡的郡治在安邑，魏王豹将魏都设在了安邑。

当对楚之战稍缓之后，刘邦就立即任命韩信为左丞相，令韩信领一队人马去进攻魏国，制服魏王豹。

韩信出兵之前，向郦食其了解魏国的情况，问道："魏国能不用周叔为大将吗？"

郦食其回答道："现在魏国的领军大将是柏植。"

韩信一听乐了，说道："他不过是个小孩子。"于是，韩信就胸有成竹地领军去攻打魏国。①

魏王豹在蒲坂布置了重兵把守，并封锁了临晋关。于是，韩信

---

① 《汉书·韩彭英卢吴传第四》记载：汉王使郦生往说魏王豹，豹不听，乃以信为左丞相击魏。信问郦生："魏得毋用周叔为大将乎？"曰："柏直也。"信曰："竖子耳！"遂进兵击魏。

也采取了应对策略。

这次在安邑，韩信又采用了与对三秦作战"明修栈道，暗度陈仓"的诡诈手段，所幸的是，韩信再一次成功地获得了全战役的彻底胜利。

具体方法是：韩信用一部兵力，故意摆开船只，做出要渡临晋关的样子，而主力却暗中从夏阳用木制的罂缶浮水渡过黄河，偷袭魏都安邑。

果然，韩信所布的疑兵，成功地将魏王豹引诱和迷惑，造成了魏王豹的错觉，使得轻举妄动的魏豹把主力调集到蒲坂以西地区，从而巧妙地掩护了汉军渡河的真实意图，使得韩信所率的数万大军顺利渡河。

汉二年（前205年）九月，韩信率汉军渡河后急进，突袭安邑要地。

魏王豹闻报汉军已经渡过黄河，奇袭了安邑，不禁大吃一惊，只得仓促率军迎击，然后，不出意外地遭到大败。

韩信率汉军一战全歼魏军，生擒魏王豹，灭亡了魏国，从而平定了魏地。

可以说，安邑之战①，突出地展示了韩信军事指挥上的卓越才能。

安邑之战，汉魏两军使用的兵力都不大，算是一个规模比较小的战役，但是，对于当时的战局来说，却有着极大的影响。因为，汉军凭借着占领魏属的河东、太原等郡，就可以经略赵、代，进攻燕、齐，从而，形成从北面包围楚国的优越战略态势。

刘邦将魏地设置为三个郡，名为河东郡、太原郡、上党郡。

对于被俘虏的魏王豹，爱惜人才的刘邦，没有过多地责罚，仍然令其为将，帮助驻守荥阳。

安邑之战后，韩信又派人去请示刘邦，提出："希望再增兵

---

① 《史记·淮阴侯列传第三十二》记载：其八月，以信为左丞相，击魏。魏王盛兵蒲坂，塞临晋，信乃益为疑兵，陈船欲渡临晋，而伏兵从夏阳以木罂缶渡军，袭安邑。

三万人,请求迅速北进,征服燕、赵两国,向东攻击齐国,向南断绝楚国的粮道,最后向西与大王会师于荥阳。"①

刘邦同意了韩信的请求,又给韩信增加三万精兵。同时,刘邦又派遣张耳与韩信一起领兵东进,令张耳和韩信一起向北攻打赵国和代国,开辟北方战场,以消灭楚的羽翼,实现对楚的战略包围。

此前,打败张耳之后,陈余重新迎立代王赵歇为赵王。赵王歇为了感激陈余相携,于是,立陈余为代王。陈余以赵王赵歇势力弱小为由,不去代国就任代王,而是派夏说作为相国,去驻守代地,陈余自己则留在赵王歇身边辅佐赵王。

汉二年(前205年)闰九月,韩信和张耳率领汉军,首先打败了代国的军队,在阏与生擒了代的相国夏说,代国随之灭亡。

然而,在韩信和张耳攻取了魏国和代国之后,刘邦就派人调回了由韩信指挥的三万人的精锐部队,开回到荥阳抗拒楚军。

虽然被抽调走了汉军精锐,韩信和张耳并没有停下北进东征的脚步,仍然率领原有的数万汉军,想要继续东进拿下井陉关,攻打赵国。

于是,在井陉关,一场斗智斗勇的战役上演了。

2. 井陉之战

汉三年(前204年)十月,韩信、张耳率领汉军越过太行山,向东进军,想要拿下此时已经成为楚国羽翼的赵国的重要防御关口——井陉关②。

---

① 《汉书·韩彭英卢吴传第四》记载:信使人请汉王:"愿益兵三万人,臣请以北举燕、赵,东击齐,南绝楚之粮道,西与大王会于荥阳。"汉王与兵三万人,遣张耳与俱,进击赵、代。

② 关于井陉关之战的文字选自《汉书·韩彭英卢吴传第四》中的记载。

赵王歇与成安君陈余，闻报汉军将要来袭击赵国，就集结号称二十万的重兵扼守在井陉口（今河北井陉东南）。

这时，广武君李左车向成安君陈余献计说："我听说汉将韩信渡过西河，俘虏了魏王，之后又捉住了代相夏说，刚刚血战阏与，如今又以张耳为辅助，计议要攻打赵国，汉军这是乘胜而来，进攻的锋芒锐不可当，然而，汉军这也是远离国土的战斗。我听说过一句俗话，从千里之外运送军粮，士兵就会面有饥色；临时打柴割草来做饭，军队就经常不能吃饱。如今井陉关口的道路狭窄，不能通过两辆并行的战车，骑兵也不能排成行列行进，大部队行军时，前后队列可达数百里，这种形势下，军粮一定是在部队的后面。希望您能暂且借我精兵三万，从小路去拦汉军的辎重粮草，而您要深挖战壕，高筑营垒，拒不迎战。这样，汉军向前进不能交战，向后退不能回去。我再率奇袭部队截断汉军的后路，使他们在野外抢掠不到任何粮食，那么，不出十天，汉军两位首领的首级就能送到您的面前了。希望您能认真考虑我的计策，我保证您一定不会被汉军所俘虏。"

虽然广武君李左车慷慨激昂地说了半天，但是成安君陈余是个典型的儒者，他经常挂在口头上的话就是——正义的军队不使用诈谋诡计。此时，听了广武君李左车的计策，成安君陈余反驳道："我也听说兵法上讲'兵力超过敌人十倍，就可以包围他们，超过一倍就可以交战'。如今韩信率领的汉军号称几万，其实肯定没有那么多，况且他们是千里跋涉来袭击我们，等展开遭遇战时，他们已经精疲力尽了。现在对这样的敌人，我们还退避不敢出击，那么将来遇到更强大的敌人，我们怎么来抗拒呢？诸侯会因此认为我们胆怯和软弱，而轻易地来攻打我们。"

因此，赵军主帅成安君陈余没有采纳广武君李左车的计策。

善于用计谋的韩信，早已经派出密探打入赵国内部打探消息。

陈余没有采纳广武君之计的消息，很快被密探获知，并很快传回给韩信。韩信闻报大喜，并长长地松了一口气。

于是，韩信大胆地率军直下井陉关，在离井陉口不到三十里的地方停下来宿营。半夜时分，韩信传令出发，并挑选了二千名轻装骑兵，每人都拿着一面红旗，从小路上山，隐蔽在山上观察赵军的动向。

韩信给二千轻骑兵的将士们部署的作战任务是："赵军看到我军败退逃走，一定会倾巢出动追击我军，那么，这时你们就要火速出击，冲进赵军营垒，拔掉赵军旗帜，插上我们汉军的旗帜。"

看到二千轻骑兵已经领命出发，并消失在夜色里之后，韩信又让副将传令下去，让全军就地先吃些干粮。然后，韩信又对将领们说："今天攻破赵国之后举行会餐！"

将领们闻听韩信此言，都不相信今天就能攻破赵国，更谈不上会餐了。然而将领们又不敢表现出不相信的样子，只得假装答应："是的，遵命！"

韩信又对执事官说："赵军已经先占据了有利地形，扎下营寨，并且他们在没有看到我军大将的旗号和战鼓时，一定不会出兵攻击我军的前锋部队，因为赵军怕我军主力会在还没到达关隘的险要地方时就退回去。"

于是，韩信一反常规，让执事官调遣一万人马为前锋，先行出发，出了井陉口，背靠河水摆开阵势。

赵军果然没有出击进攻汉军这一万人马。同时，赵军看到汉军背水设阵的这种阵势，纷纷大声嘲笑着汉将不懂用兵，于是放松了对汉军进攻的警惕性。

天亮后，韩信令人竖起大将的旗帜，擂响战鼓，然后领军大张旗鼓地走出井陉口。赵军见汉军主将已到，果然打开营垒，出兵攻击汉军。

于是，双方展开了激战。激战了半天之后，韩信和张耳所率的汉军渐呈"劣势"。这时，只见韩信和张耳两人打马收剑，互相对视一眼，不为外人觉察地暗暗点点头，然后两人率先急速逃入在水边列阵的军中。其他将士们也都纷纷抛旗弃鼓，丢盔卸甲，紧跟着也跑入列在水边的军阵中。然而，随即将士们回头又与赵军进行缠斗。

赵军见状，以为汉军不敌而退，于是，倾巢出动争抢汉军丢弃的旗帜战鼓，并且追杀韩信和张耳。

此时，韩信和张耳已经进入河边的军阵。因为背水而战，全体将士们退无可退，因此都在拼死而战，摆出一副不可能被打败的样子。

这时，韩信战前埋伏在山上的二千骑兵，看准时机，等到赵军倾巢而出争夺战利品的时候，飞速地冲进赵军营垒，将赵军的旗帜全部拔掉，并且每个人将手中的红旗都插上，这样，两千面汉军红旗就在赵军的营垒上空飘扬了。

在汉军背水一战的顽强抵抗之下，赵军也是损失惨重。赵军眼看着既不能战胜汉军，也不能捉住韩信和张耳，就想撤回到营垒。然而这时，赵军将士们才发现营垒中已经都是汉军的旗帜了。这一发现，令赵军将士们立即惊慌失措，以为赵王已经被汉军打败投降了，因此，赵军的阵势一下子大乱，士卒们纷纷逃跑。赵军将领虽然斩杀了许多逃兵，但也无法阻止军中的内乱了。

韩信和张耳见此，指挥汉军前后夹击，大败赵军，俘虏了大批人马，并且乘胜追击赵军残部，在泜水河边斩杀了成安君陈余。

汉三年（前204年）十月，在派韩信与张耳进攻赵国的同时，刘邦也亲自率军，北渡黄河，攻克河内，从南面进攻赵国。

随后，刘邦令汉将靳歙从河内出兵，攻击由赵将贲郝所驻守的朝歌（今淇县）。靳歙领兵攻破城池进入朝歌，然后又跟随刘邦进击安阳（今安阳南）以东。接着，刘邦领军对邯郸发起了进攻，大破赵军，攻下了邯郸城（今属河北）。

邯郸失陷，使得在井陉关与汉军对峙的赵军主力更加陷入进退两难的境地。

当张耳与韩信在井陉大败赵军之后，赵将戚将军逃跑到了邬县（今山西省介休县），被汉将曹参斩杀。赵王歇逃到襄国，张耳与韩信追击，刘邦也从邯郸北上攻打襄国。这样，汉军南北夹击，攻破襄国，杀掉了赵王歇。

楚霸王项羽遣骑兵渡河争夺赵地，也被汉军击退。

与此同时，汉将靳歙又在平阳打败了赵军，攻取了下邺。刘邦又另派其他将领进攻赵军，俘虏了两司马，俘获了赵军将士二千四百余人。

这样，原赵国的城邑都已经平定了。

韩信与张耳在井陉口一战，大败20万赵军，斩杀了赵军主帅成安君陈余。可以说，井陉之战的结局，对楚汉战争的整个进程具有重大的意义。汉军的胜利，使得汉在战略全局上逐渐获得优势。一方面，消灭了北方战场上强劲的敌手，为下一步兵不血刃地平定燕地制造了声势和前提，并为东进击齐铺平了道路，从而造成了孤立项羽的有利态势。这虽然是一次战役规模的较量，但却有着战略性质的地位。

3. 灭赵降燕

当追歼赵军的战斗结束之后，汉军将领们纷纷来向韩信祝贺，并问出了心中的疑问："兵法上说布置阵地要右背山陵，左对川泽，井陉一战时将军却反而命令我们要背水列阵，还说打败赵军后会餐，当时我们都不信服，然而竟然胜利了。这是什么战术呢？"①

韩信回答："兵法上不是说'陷入死地而后苦战得生，处在绝境而后死战得存'吗？况且我所率领的并不是我训练出来的完全听我指挥的将士。因此，在这种形势下，必须把士兵置于死地，让他们人人自动为生存而奋勇作战不可。如果把军队部署在容易逃命的开阔地，就都会不战而逃跑，还怎么能用他们来克敌制胜呢！"

闻听韩信此言，将领们都心服口服了，并佩服地说："将军这样高的谋略不是我们所能赶得上的。"

在井陉口之战后，韩信就传令军中，不得斩杀广武君李左车，谁能活捉广武君，赏千金。传令下去没多久，就有人将捆绑着的广武君送到了韩信的面前。

韩信立即快步上前，解开捆绑广武君的绳索，并将广武君请到面向东的位置就坐，而韩信自己则面向西与广武君对坐。韩信此举，行的是尊师之礼。

韩信之所以以尊师之礼厚待广武君李左车，是因为韩信清楚，如果陈余听从了广武君的计策，那就肯定不会有汉军轻易地在井陉关的大获全胜了。

韩信求问广武君李左车道："我想向北进攻燕国，向东讨伐齐国，您看怎么才能获得成功呢？"

广武君李左车见此谦让说："亡国的臣子不配谋划国家的存亡，打了败仗的将领何谈勇敢。像我这样一名兵败国亡的俘虏，哪里有资格商量大事呢？"

韩信说："据我所知，百里奚在虞国而虞国灭亡，到了秦国而秦国称霸，这并不是他在虞国愚蠢而到了秦国就聪明了，而是在于

---

① 《史记·淮阴侯列传第三十二》记载：诸将效首虏，毕贺，因问信曰："兵法右倍山陵，前左水泽，今者将军令臣等反背水陈，曰破赵会食，臣等不服。然竟以胜，此何术也？"

国君用不用他,采纳不采纳他的建议。假如当初成安君听了您的计策,那我韩信早就被您俘虏了。因此说,我完全听从您的计策,希望您不要推辞,也不要有顾虑,但说无妨。"

广武君李左车说:"如今将军俘虏了魏王,活捉了夏说,又在一个半天的时间里就打垮了二十万赵军,斩杀了成安君。可以说,将军已经名扬天下,威震诸侯,就连敌国的农夫都放弃了耕种,专门竖起耳朵等待将军您即将领兵前去进攻的消息。然而,您的人马已经很疲惫,实际上已经难以继续作战。如今将军率领这样的疲惫之师前去进攻,必定会困顿在燕国坚固的城池下面,那么,攻城就会陷入持久战。同时,如果燕国攻不破,齐国必然拒守边境,使自己强大起来。我见识浅陋,但个人认为,将军攻燕伐齐是一种失策。"

韩信听后心中大喜,追问道:"那应该怎么办呢?"

广武君李左车说:"现在最好的办法,不如按兵不动,但要摆出向北进攻燕国的样子。然后,派一名使者,拿着一封书信,到燕国去受降。这样,燕国一定不敢不服。降服了燕国,将军再率大军向东逼近齐国。齐国虽然也有谋士,但此时也一定不知所措了。那么,将军争夺天下的事就可以成功了。"

韩信说:"太好了。感谢您的赐教。"

于是,韩信灭赵后,又采纳了赵国降将广武君李左车的建议,陈兵燕境,然后派使者出使燕国,乘势不战而迫降了燕王臧荼,平定了燕国。

从此,燕王臧荼迫于汉军兵威,加入汉方对楚作战。

在受降了燕国之后,韩信立即派人报告给了刘邦,并因此请求立张耳为赵王,以镇抚赵国。

汉三年(前204年)十二月,刘邦立张耳为赵王,拜韩信为相国。留下韩信与张耳在赵国继续作战,而刘邦返回了荥阳。

楚国多次派遣奇兵,渡河突然袭击张耳为赵王的赵国。赵王张

第七章 / 楚汉相持,成败只在一念间 /

183

耳与相国韩信往来救援，就在军队的行进中，将赵国的城邑稳稳地掌握在自己手中。同时，张耳与韩信还多次派兵去支援刘邦。

刘邦在正面对楚作战的同时，遣谋士随何游说九江王英布叛楚归汉，以达到分散并牵制楚军的目的，减轻正面战场的压力。

英布，据有九江（郡治寿春，今安徽寿县）、庐江（郡治舒县，今安徽庐江西南）二郡，具有相当实力。

韩信等在北方战线取得节节胜利，与此同时，刘邦派遣的使者随何已经劝降了九江王英布。

英布叛楚，西楚霸王项羽闻报当然暴跳如雷，立即派楚将龙且和项声率精兵进攻淮南，攻打英布。

又过了几个月之后，楚将龙且和项声在淮南击败了英布。于是，英布便率残军抄小路，躲过楚军的追杀，同随何一起投奔刘邦。

刘邦正坐在床榻上洗脚之时，闻报英布来见，刘邦不等脚洗完，就急忙召见英布。

对于刘邦来说，此举是爱才心切，但对于英布来说，却感觉到刘邦这是对他的侮辱，因此，英布见刘邦如此形状，非常愤怒，后悔不应该来投奔汉王，甚至都起了自杀之念。

英布强忍着各种不适的情绪，完成了同刘邦的第一次会面。然而，当英布从汉王那里出来，走进专门为他安排的住处时，映入眼帘的一切，让英布一下子释怀了。因为，英布在自己的住处所看到的一切，包括帷帐、衣物用具、饮食和随从官员等，都和他在汉王那里看到的一模一样。于是，英布大喜过望。

刘邦召见英布，派英布重返九江，收聚数千人归汉。

刘邦也离开荥阳，从成皋南下，到宛县（今河南南阳）、叶县一带迎接英布，给英布增兵，然后一起回到成皋。

张良给刘邦推荐了三个可用之人，韩信在北方，英布在淮南，一北一南两条战线上，极大地牵制了霸王项羽的兵力，有效地缓解了楚军对汉正面的压力。而与此同时，彭越在敌后的挠楚，也起到了不可估量的作用。

早在汉二年（前205年）四月，汉军于彭城战败后向西溃退，彭越把他攻占的城池又都丢掉，独自带领他的军队向北驻守在黄河沿岸。与此同时，刘邦数次派遣使者召彭越联合攻楚。彭越却回答说："魏地刚刚平定，还担心楚军来犯，军队还不能离开。"

汉三年（前204年），彭越经常往来出没，替汉王游动出兵，攻击楚军，在梁地断绝楚军的后援粮草。

4. 画箸阻封

汉三年（前204年）冬，楚军兵围刘邦于荥阳，双方久战不决。

楚军竭力截断汉军的粮食补给和军援通道。汉军粮草匮乏，渐渐难撑危机。刘邦大为焦急，询问群臣有何良策？

谋士郦食其献计道："昔日商汤讨伐夏桀，封其后代子孙于杞地；周武王讨伐商纣，封其后代子孙于宋地。如今秦王朝失德弃义，侵略攻伐消灭诸侯六国的江山社稷，却使他们的后代子孙没有立锥之地。大王如果能重新封立六国的后代，那么原六国君臣和老百姓必定都会感戴大王的恩德道义，甘愿做大王的臣民。恩德道义推行起来，大王就可主宰并称霸天下，楚王也就必然会整饬衣冠恭恭敬敬地前来朝拜。"

刘邦闻听郦食其此言，拍手称赞说："好。赶快刻制印玺，郦先生你就负责巡行各地给他们授印玺吧！"[①]

[①] 据《汉书·张陈王周传第十》记载：郦生曰："昔汤伐桀，封其后杞；武王伐纣，封其后宋。今秦无德，伐灭六国，无立锥之地。陛下诚复立六国后，此皆争戴陛下德义，愿为臣妾。德义已行，南面称伯，楚必敛衽而朝。"汉王曰："善。趣刻印，先生因行佩之。"

郦食其还没有启程,在关键的时刻,恰好张良外出归来拜见刘邦。

刘邦正在吃饭,就一边吃饭,一边说道:"有一个客卿为我出了一个削弱楚国力量的主意。子房,你看怎么样?"

张良听罢,大吃一惊,急忙问:"这是谁给大王出的计策?照此做法,大王的大事就要坏了。"

刘邦顿时惊慌失色地反问道:"为什么?"

张良沉痛地摇着头,伸手拿起酒桌上的一双筷子,连比带画地讲起来。

张良说:"臣请借用大王您面前的筷子讲一下当前的形势。以前商汤、周武王讨伐夏桀、殷纣之后而给其后代子孙封地,那是基于完全可以控制并可以致其于死地,然而如今大王能控制项籍并于随时致项籍死地吗?这是不可封六国后代的第一个原因。昔日周武王攻入殷,在闾(巷门)表彰商容,在箕子门前释放箕子,修缮比干的墓地,这是意在奖掖鞭策本朝的臣民。如今大王所需的是旌忠尊贤的时候吗?这是不可封的第二个原因。周武王曾经发放巨桥粮仓的粮食,散发鹿台府库的金钱,拿来赏赐给贫苦人民。如今汉军的军需无着,哪里还有能力救济饥贫呢?这是不可封的第三个原因。周武王翦灭殷商之后,把战车改成人乘车,将兵器倒置以向天下表示不再使用了,如今大王鏖战正急,怎么能效法呢?这是不可封的第四个原因。周武王马放南山阳坡,把军事运输的牛放在桃林的树阴下,这是因为天下已转入和平年代,不需要战马和运输军粮了。如今激战不休,怎能偃武修文呢?这是不可封的第五个原因。天下的游士离开他们的父母妻儿,离开祖宗墓地,离开乡亲故旧,来追随大王,不过是日夜盼望着得到一点封地。如今如果把土地都分封给六国的后人,而没有封有功之人,那么天下的游士谋臣就会各自回去侍奉他们的君主,回到各自的故乡去与他们的亲人团聚,大王又依靠何人来争夺天下呢?这是不可封的第六个原因。如果楚军强大，六国软弱必然屈服于楚，又怎么能向大王称臣呢？如今只有使楚国无从加强力量，才是唯一出路，这是不可封的第七个原因。如果真采用这位客卿的计策，大王的事业就完了。"

张良的分析真是字字珠玑，精妙至极，并且切中要害。

听着张良的话语，看着拿在张良手里的筷子，刘邦饭也不吃了，吐出口中的食物，大骂郦食其："臭儒生，差一点坏了老子的大事！"

张良借箸谏阻分封，使刘邦茅塞顿开，恍然大悟，立即下令销毁已经刻制完成的六国印玺，从而避免了一次重大战略错误，为此后汉王朝的统一减少了不少麻烦和阻力。

5. 荥阳相持

刘邦据守荥阳，开始修筑了一条甬道，与黄河相连，由敖仓运输粮食来荥阳。

于是，刘邦在荥阳与楚霸王项羽对峙，双方进入相持状态。

在楚汉双方对峙的一年多时间里，楚霸王项羽率军多次进攻并夺取了甬道，使得汉军粮食短缺，恐慌起来。于是，刘邦向楚霸王项羽要求讲和，划分荥阳以西归汉。

楚霸王项羽已经准备接受刘邦的议和条件了，这时身为历阳侯的亚父范增却提出了反对意见说："现在我们楚军优势在握，汉军容易对付，如果放虎归山，将来必成后患。"[①]

于是，楚霸王项羽率军加紧围攻荥阳城。

刘邦认为范增是个很大的障碍，就与陈平商量计策。陈平谏言说："楚军中存在有可能分裂混乱的因素，而项王身边忠直敢言的臣子如范增、钟离眛、龙且、周殷等，不过寥寥数人。如果大王您

---

① 据《史记·项羽本纪第七》记载：历阳侯范增曰："汉易与耳，今释弗取，后必悔之。"

能舍出几万斤黄金,用反间计去离间项王君臣,使他们心存怀疑,而项王为人信谗言,好疑忌,楚国内部一定会自相残杀。然后汉军趁机发兵进攻,就一定能够击破楚军。"①

刘邦赞同陈平的建议,拨给陈平四万斤黄金让他随意使用,并且不再过问黄金的进出。陈平就用这些黄金在楚军中进行离间活动。

陈平在楚军众将官中扬言说,钟离昧作为项王的将军,有很大的功劳,然而却一直得不到裂土封王,还不如与汉王联合,灭掉项氏,瓜分楚国的土地,各自为王呢!

传言很快就被汇报给了楚霸王项羽。楚霸王项羽本就好疑忌,又有原来为自己的心腹大将英布背叛的心理阴影,因此,楚霸王项羽果然对钟离昧等人产生了怀疑。将信将疑之时,楚霸王项羽就想到派使者去刘邦那儿求证。

然而这一切都在陈平的预料之中,因此,早就与刘邦商量好了应对之策。

楚霸王项羽派来的使者一到,刘邦就令人准备了丰盛酒菜,端给了使者。寒暄之时,当使者表明自己是项王的使者后,端酒菜的人仿佛刚刚才清楚此事,并假装惊讶地说:"噢,噢,我以为是亚父的使者,原来是项王的使者啊!"说完,竟然把刚端进来的饭菜,又端了出去。过了很长时间,端菜那个人又端着一盘菜进来了。楚使一看,别说酒了,水都没有了,饭菜也比上次粗劣了许多。

楚使回去以后一五一十地将在汉这一幕汇报给了楚霸王项羽。于是,楚霸王项羽对亚父范增开始产生怀疑了。

亚父范增本来极力主张快些攻下荥阳城,然而由于楚霸王项羽

---

① 据《汉书·张陈王周传第十》记载:陈平曰:"顾楚有可乱者,彼项王骨鲠之臣亚父、钟离昧、龙且、周殷之属,不过数人耳。大王能出捐数万斤金,行反间,间其君臣,以疑其心,项王为人意忌信谗,必内相诛。汉因举兵而攻之,破楚必矣。"

已经不信任亚父，根本不听亚父的意见。亚父范增在劝说了几次之后，才明白原来项王是在怀疑自己，就生气地说："天下大事已经定局了，大王自己干吧！我老了，请求告老还乡。"

楚霸王项羽不仅没有挽留，而且还顺势削了范增的兵权，于是，亚父范增便怀着一颗沧桑破碎的心，离开楚霸王项羽返乡。然而范增还没等回到彭城，在中途就因背部毒疮迸发而病死。

陈平运用离间计，成功地离间了项羽与范增的君臣关系。

为了打破荥阳对峙的僵局，刘邦派靳歙与灌婴攻打楚军的粮道。靳歙切断了楚军从荥阳至襄邑的粮道，而灌婴切断了楚军阳武至襄邑的粮道。然后，刘邦又命令靳歙与灌婴离开荥阳，越过梁地，与彭越联合，攻打楚国后方的鲁县（今山东曲阜）。鲁县与齐国交界，又与彭越毗邻，是楚国的北部门户，战略意义重大。由于调走了灌婴与靳歙两支汉军精锐，刘邦与楚霸王项羽在荥阳的对峙也更加艰难了。

这时，汉军将领纪信劝汉王说："形势已经很危急了，请让我假装成大王替您去蒙骗楚军，大王可以趁机逃出城去。"

一个月黑风高的夜晚，利用夜幕的掩护，汉王派出两千名身穿铠甲的妇女出荥阳城东门。汉将纪信乘坐汉王的车驾，左边车衡上竖立着汉王的大旗。围困荥阳城的楚军不知虚实，以为是刘邦及女眷出城，因此，楚军集中兵力攻击东门。[①]楚军将车驾牢牢地包围，只听车边的卫士高声呼喊："城中粮食吃光了，汉王投降。"闻听，楚军中发出了胜利的欢呼声。

与此同时，刘邦在陈平等几十名骑兵的守护下，趁机冲出西门，连夜逃走，奔向成皋。

[①] 据《史记·项羽本纪第七》记载：汉将纪信说汉王曰："事已急矣，请为王诳楚为王，王可以间出。"于是汉王夜出，女子荥阳东门被甲二千人，楚兵四面击之。

另据《汉书·张陈王周传第十》记载：平乃夜出女子二千人荥阳东门，楚因击之。平乃与汉王从城西门出去。遂入关，收聚兵而复东。

而这时的东门外,楚霸王项羽闻报汉王已被包围并投降,便来到车驾前,没想到,从车内走出来的不是刘邦,而是一名汉将。楚霸王厉声质问:"你是何人?汉王在哪里?"

纪信哈哈大笑地回答道:"我乃汉将纪信。汉王已经出城了。"

楚霸王项羽大怒,下令烧死了纪信。

刘邦在离开荥阳之前,令御史大夫周苛、枞公、魏豹等人留守荥阳,将领和士卒不能随从的,也都留在城中。

周苛、枞公认为魏豹是个反复无常之人,商量说:"魏豹这个叛国之王,很难与他一起共守城池。"于是,周苛和枞公一致决定将魏豹给杀了。

刘邦逃出荥阳,经函谷关进入关中,收集败散的士兵,想再次东进。

这时,袁生劝汉王说:"汉与楚在荥阳相持了几年,汉军常常处于困境。希望大王从武关出去,项王肯定引兵向南行进,大王深沟高垒,让荥阳与成皋之间的战事得以停歇。再派韩信等安抚黄河以北的赵地,联合燕、齐后,大王您再赴荥阳,也为时不晚。这样,楚军需多方设防,军力分散,而我们汉军则是得到了休整,那么,再与楚军作战,肯定可以打破楚军了。"[①]

刘邦采纳了袁生的计策,率汉军主力经武关,在宛(今南阳)、叶(今叶县南)之间周旋,并与英布会合,在行军中收集兵马,扩大队伍。

楚霸王项羽听说刘邦领军在宛县,果然带兵南下。而刘邦却坚壁固守,不和楚霸王项羽交战。

---

① 据《史记·高祖本纪第八》记载:汉王之出荥阳入关,收兵欲复东。袁生说汉王曰:"汉与楚相距荥阳数岁,汉常困。愿君王出武关,项羽必引兵南走,王深壁,令荥阳成皋间且得休。使韩信等辑河北赵地,连燕齐,君王乃复走荥阳,未晚也。如此,则楚所备者多,力分,汉得休,复与之战,破楚必矣。"

这时，韩信与张耳已经平定了赵国的反抗余波，南下至河内修武（今河南焦作）接应刘邦。而彭越渡过睢水，与项声、薛公在下邳（今江苏邳州南）激战，结果是彭越大败楚军。

楚霸王项羽又离开在宛县拒不出战的刘邦，改转向东进兵攻打彭越。而刘邦趁机引兵向北驻军成皋。

楚霸王项羽率军增援下邳楚军，不出意外地战胜并赶走了彭越，得知刘邦又驻扎在成皋，因此，楚霸王项羽又领兵西进，去攻荥阳。

汉三年（前204年）六月，楚霸王项羽向荥阳发起了猛烈的进攻，周苛、枞公等人死守荥阳。然而，由于楚军攻势过于猛烈，周苛不能抵挡楚军的进攻，当月，荥阳被攻陷，周苛被俘虏。楚霸王项羽对周苛说："做我的将领，我以你为上将军，封三万户。"周苛大骂说："你赶快投降汉军，汉军就要俘虏你，你不是汉军的对手。"楚霸王项羽大怒，烹死了周苛，并杀死了枞公。

随后，楚霸王项羽又领兵进围成皋。

这时，刘邦单身一人与滕公同乘一辆车出了成皋的玉门，北渡黄河，来到修武。在驿馆住了一夜之后，第二天清晨，天还没大亮，刘邦就与滕公自称是汉王的使者，进入了赵军的军营中。此时，张耳和韩信还没有起床。刘邦在滕公的协助下，直接闯入张耳和韩信的卧室，夺走印符，并用军旗招来诸将，宣布调整张耳和韩信职务的决定。

韩信和张耳起来以后，才得知刘邦已经在军营中，大吃一惊，慌忙来见汉王。刘邦把军事调整决定又重新布置了一遍：命令张耳继续去赵地留守，更多地收集兵力，任韩信为相国，召集没有派往荥阳的部队去进攻齐国。

刘邦得到原属韩信和张耳的军队，军威又振作起来。这时，汉军诸将也陆续逃出成皋，追随汉王。然后，刘邦率军来到黄河岸边，向南进发，在小修武南面让士卒吃饱喝足，准备与楚霸王项羽再一次交战。郎中郑忠劝谏刘邦，要避开楚霸王项羽的锋芒，驻扎在河内小修武，深沟高垒，不与楚军交战。刘邦采纳了郑忠的建议。

汉三年（前204年）九月，刘邦采用郎中郑忠之策，派将军刘贾、卢绾率领士卒二万人，几百名骑兵，渡过白马津，进入楚地佐助彭越。刘贾、卢绾率军与彭越联军，在燕县城西打败了楚军，烧掉楚军积聚的粮草。楚军缺乏粮食回击刘贾。刘贾坚守不出不与楚军交战，与彭越互相呼应。

此时，灌婴与靳歙在鲁县打败了项冠，得知荥阳已失。于是，灌婴与靳歙便分兵两路。一路由靳歙率军南下攻打楚国腹地以牵制项羽。另一路则由灌婴率骑兵返回前线增援，在燕县（今河南延津东北）打败楚将王武，又在白马津打败楚将桓婴，然后渡过黄河到达河内修武与刘邦会合，又护送刘邦南渡黄河回到洛阳。

汉四年（前203年）十月，楚霸王项羽又攻破了成皋，到达洛阳附近的巩县，楚汉双方在巩县交战，楚军大败，不能继续西进。

6. 平定齐国

刘邦在巩县遏制了楚军的攻势后，乘胜追击，意图夺回成皋，然而楚军以成皋的险要地形据守，汉军攻之不下。于是，刘邦准备放弃进攻成皋，退守巩县与洛阳。

谋士郦食其劝阻刘邦，不要退却，并向刘邦说明敖仓的重要性，放弃成皋与荥阳就意味着放弃敖仓。

此时，楚军后方受到汉将靳歙的牵制，也不能全力攻打敖仓。

郦食其劝刘邦务必加紧进攻成皋，收复荥阳，坚守敖仓，并自请出使齐国，劝说齐王田广降汉。

刘邦非常赞同郦食其的建议，让他出使齐国。

与此同时，刘邦派遣灌婴往邯郸，调回一部分韩信镇守赵地的军队回到前线,坚守敖仓,并以灌婴接任周苛的御史大夫之职。

郦食其不辱使命,以三寸之舌成功劝说齐王归降。齐王同意归降于汉,撤去历城的守军,示无反意,并与郦食其纵酒庆祝。

汉将靳歙在鲁县打败项冠后,攻打楚国的腹地,此时攻克了缯县(今属山东苍山县)、郯县、下邳(今江苏邳县)、蕲县、竹邑等,几乎包围了楚国的都城彭城。

平定了楚国后方的靳歙从东面进攻,彭越配合攻打楚霸王项羽的背后,据守荥阳与成皋的楚军必将被汉军包抄,这样,如果不出意外,汉军夺回荥阳与成皋指日可待。

然而,就在此时,发生了一件令刘邦意想不到的事。

韩信引兵东进,还没有从平原津渡过黄河,就从灌婴口中得知刘邦已失荥阳与成皋,洛阳危急,并且齐国已被郦食其劝说投降。

韩信准备停止前进,这时范阳辩士蒯通蛊惑说:"将军是受命攻打齐国的,而汉王只是派了一个密使去说服齐王,难道有命令让将军停止进军吗?怎么可以停止前进呢?况且郦生只是一个辩士,坐着车子靠摆弄三寸不烂之舌竟然说下了齐国七十多个城邑,而将军率领数万军队,进攻了一年多才攻下了赵国五十多个城邑,做了几年的将军反而不如一个小小书生的功劳?"①

韩信闻听觉得蒯通讲得很正确,听从了他的计策,继续引兵渡过黄河向齐国进发,并擅自攻打齐国撤去防守的历城。

这时,齐王田广正与郦食其开怀畅饮,闻报韩信所率的汉军攻打历城,大怒,以为是郦食其出卖了他,齐王田广一怒之下就将郦食其给烹杀了。然后,齐王田广急忙逃往高密。

---

① 《史记·淮阴侯列传第三十二》记载:范阳辩士蒯通说信曰:"将军受诏击齐,而汉独发间使下齐,宁有诏止将军乎?何以得毋行也!且郦生一士,伏轼掉三寸之舌,下齐七十余城,将军将数万众,岁余乃下赵五十余城,为将数岁,反不如一竖儒之功乎?"

刘邦得知韩信攻打齐国，齐国叛汉，只得被迫抽调汉军主力以武力平定齐国。刘邦派灌婴、曹参、傅宽、蔡寅、陈涓、冷耳、柴武、王周等汉将赴齐，助力韩信攻打齐国。

汉军攻齐，齐王田广不得已向宿敌楚国求援，楚霸王项羽从壮大自己的力量方面考虑，同意并立即派遣大将龙且率二十万楚军去支援齐国。

韩信攻下历城，接着打到临菑。平定了临菑以后，接着向东追击田广，一直追到高密的西边。

楚将龙且领楚军到达齐国之后，与齐王田广两军联合起来和韩信作战，还未交锋，有人劝龙且说："汉军远征奋战，其锋芒锐不可当。齐、楚两军在自己的国土上作战，士兵容易溃散。不如挖深沟筑高垒，让齐王派他的亲信大臣去招抚丢失的城邑，而被丢失的城邑里的官民知道自己的国王还在，又有楚军来支援，一定会反叛汉军，汉军是在远离家乡两千里的异国他乡作战，如果齐国城邑里的百姓都反对他们，那么汉军就无法得到粮食，这样就可以使汉军不战而降。"

龙且说："我了解韩信的为人，他是很容易对付的。况且我奉命来救齐，如果不战而使汉军投降，那我还有什么功劳呢？现在，如果我经过激战而取胜汉军，就可以得到齐国一半的土地，我为什么要停止作战呢？"

楚将龙且决定与韩信交锋，于是，龙且在东岸，韩信在西岸，两军一东一西隔着潍水摆开了阵势。

韩信派人连夜赶制了一万多个袋子，并装满沙子，用这一万多沙袋堵住了潍水的上游，使得潍水水流变缓，然后韩信率领自己的半数人马趟水过河袭击龙且楚军。两军进行激烈交战之后，韩信假装不敌，引兵后撤回西岸。龙且不知是计，高兴地说："我就知道韩信是一个胆小如鼠之人。"于是，龙且亲自领兵渡潍水追击韩信军。

韩信在潍水西岸密切地关注着龙且，当看到龙且率领一部分楚军渡过了潍水，而大部分楚军或挤在潍水中或还在东岸等待渡河时，韩信派人打开了堵在潍水上游的沙袋，大水汹涌而至，潍水河水量暴涨，渡到潍水河中间的楚军，立即被大水冲走，而靠近东岸边的楚军虽然侥幸躲过一劫，但也无法过河了。

随后，韩信下令汉军反击，围歼龙且带过河的一部分楚军。激战之后，韩信大胜，杀死了龙且。在潍水河东岸的楚军见状，便四处逃散，齐王田广也逃跑了。于是，韩信乘胜追击败兵，一直追到城阳，楚霸王项羽派龙且增援齐国所带来的二十万楚军全部被汉军所消灭，楚将龙且也被汉军在阵前斩杀。

这样，齐国全境被汉军平定。

汉四年（前203年）二月，韩信攻破齐国，自立为假齐王，并派使者向刘邦上书说："齐国伪诈多变，是个反复无常的国家，南面又和楚国接壤，如果不设置一个假国王来镇抚他们，其势必不能安定。信希望做齐国的假国王以便有利于国家的安稳。"

当时，楚军正把刘邦围困在荥阳，韩信的使者到达以后，呈上韩信的书信，刘邦打开一看，勃然大怒，当着使者的面，大骂韩信道："我被围困在这里，时刻盼望着你来帮助我，你却想自立为王。"

这时，刘邦身边的张良、陈平，暗中踩了踩刘邦的脚，并附耳低声劝说："汉军正处境不利，怎么能禁止韩信称王呢？不如借此立他为王，好好地对待他，使他自守一方。不如此就会生变乱。"

刘邦听后也明白过来了，于是仍沿用刚才的语气骂道："大丈夫平定了诸侯，就应当立为真王，为何要做假王呢？"

刘邦优厚地款待了韩信的使者，并立即派张良前去册封韩信为齐王。①

---

① 据《汉书·张陈王周传第十》记载：明年，淮阴侯信破齐，自立为假齐王，使使言之汉王。汉王怒而骂，平蹑汉王。汉王寤，乃厚遇齐使，使张良往立信为齐王。

大汉王朝
诞生记

第八章
成王败寇,形势反转汉军胜

1. 成皋争夺

由于汉将灌婴、曹参等汉军主力被抽调赶赴齐国助力韩信平齐，刘邦失去荥阳与成皋的不利局面又雪上加霜了。危急时刻，刘邦不得不让攻打楚国后方的汉将靳歙也放弃进攻，回军到巩县抵挡楚霸王项羽的楚军。

楚霸王项羽占据成皋天险，继续与汉军在巩县对峙。如果汉军再失巩县，洛阳也将不保。值得庆幸的是，敖仓还在汉军的掌控之下。

刘邦在派靳歙等人坚守巩县的同时，命令周勃、程黑、郭蒙等坚守敖仓。而刘邦自己则驻军河内修武（今属河南焦作）指挥全局。刘邦依黄河北岸驻守，封锁黄河渡口，以阻止楚军攻入河内平原。

刘邦很清楚：为了重新取得战略上的优势，汉军必须夺回成皋。然而，此时汉军的主力都用于去攻打齐国，兵力严重不足。

为了补充兵源，调集一切可以团结的力量，刘邦便派使者去往燕国，请求已经被韩信收复的燕王援助，燕王臧荼便派燕军助汉。

与此同时，彭越在梁地对楚霸王项羽的后方发起了进攻，往来骚扰楚军，烧毁粮草，断绝了楚军的粮食，同时，也牵制住了楚军，使得楚军首尾不能相顾。

汉四年（前203年）十月，刘邦所派的大将刘贾、卢绾率领士卒二万人，几百名骑兵，与彭越联合又攻下了睢阳（今河南商丘西南）、外黄等十七座城邑。

楚霸王项羽知道消息之后，就派大司马曹咎驻守成皋，而自己亲自领兵向东，去攻打彭越与刘贾，收复被彭越和刘贾攻克的城邑。

楚霸王项羽在临行前嘱咐大司马曹咎说："一定要谨慎防守成皋，遇有汉军挑战，千万不能应战，只要阻止汉军东进就行了。我半个月之内一定平定梁地，就回来与将军会合。"

于是，楚霸王项羽领军东进，进军过程中攻打陈留、外黄。

楚霸王攻打外黄时，遭遇到了顽强的抵抗，激战几天之后，外黄才投降，楚军为此也付出了血的代价。为此，楚霸王项羽很生气，下令将全城十五岁以上的男子全部拉到城东，准备坑杀他们。

危急时刻，外黄令一位门客十三岁的儿子前去劝告楚霸王项羽说："彭越用武力逼迫外黄百姓，大家很害怕，所以暂时投降，等待大王到来。大王到了，又要坑杀他们，难道以后百姓还敢有归顺之心吗？从这里往东，梁地的十多个城邑都心怀恐惧，没有肯投降的了。"

楚霸王项羽闻听觉得很有道理，就收回了坑杀令，使得外黄的那些十五岁以上的男子没有被坑杀。

消息一经传开，从外黄往东直至睢阳，百姓们都争先恐后地向楚霸王项羽投降。[①]这样，被彭越所攻克的城邑，又都复归楚国所有。于是，彭越只得率军北上谷城。

汉四年（前203年）冬，刘邦乘楚霸王项羽东去兵力薄弱之机，反攻成皋。刚开始时，汉军屡次向楚军挑战，成皋楚军坚守不战。刘邦就多次派人到成皋的两军阵前辱骂，五六天之后，楚国的大司马曹咎终于被激怒了。曹咎因怒忘记了霸王项羽临行前的嘱咐，率部出击。

曹咎让士卒渡过汜水追杀汉军，然而，汉军乘楚军半渡汜水之时，全力反击，大败楚军，缴获了楚军的全部财物。[②]大司马曹咎和曾归汉后又复叛的前翟王董翳在汜水上自刎，曾归汉后又复叛的塞王司

---

① 《史记·项羽本纪第七》记载：外黄令舍人儿年十三，往说项王曰："彭越强劫外黄，外黄恐，故且降，待大王。大王至，又皆坑之，百姓岂有归心？从此以东，梁地十余城皆恐，莫肯下矣。"项王然其言，乃赦外黄当坑者。东至睢阳，闻之皆争下项王。

② 《史记·项羽本纪第七》记载：汉果数挑楚军战，楚军不出。使人辱之，五六日，大司马怒，渡兵汜水。士卒半渡，汉击之，大破楚军，尽得楚国货赂。

注：汜水在成皋以东，汉军从西边进攻成皋，必是先破成皋，后渡汜水，本书认为《史记·项羽本纪第七》中的记载或许有误。

马欣被汉军俘虏了。

汉军再次夺回成皋。然后,汉军乘胜进兵至广武(今河南荥阳东北),并在荥阳以东包围了楚将钟离眛。

楚霸王项羽急忙从睢阳回救。

鉴于兵力不足,汉军暂时无力彻底消灭楚军,于是见好就收,楚霸王项羽率楚军一到,刘邦就率汉军撤往险阻地带据险坚守。

这样,楚汉双方在广武(今河南荥阳东北)再次形成对峙。

在此期间,齐地的战事已经有了结果。刘邦所派汉将灌婴、曹参等人赶到齐国,助力韩信先攻破了历城、临淄,又在高密西边的潍水打败楚霸王项羽所派往齐国救援的龙且军。

韩信灭亡了齐国,就派人向刘邦请示要自立为假齐王,刘邦听从张良、陈平等人的建议,派张良带着印绶到齐地直接立韩信为齐王。

楚霸王项羽听到龙且军战败了,心里很恐惧。为了避免被汉军三面包围,楚霸王项羽派盱台人武涉赴齐国游说齐王韩信,说:"足下为什么不反叛汉王归附楚国呢?项王与足下有旧的交情,汉王却是一个很不讲信用的人,他落到项王手里好几次,一脱身就背弃约定又来进攻项王。足下现在认为与汉王交情牢固,然而最终还是会被汉王擒拿的。足下之所以能够延迟到今天还没有被擒拿,是因为项王还在,如果一旦项王被消灭了,就轮到收拾足下你了。足下为什么不与楚国联合成为三分天下有其一的齐王呢?如果错过这个机会,足下必定还是要靠汉王攻击楚国,作为一个聪明人,是应该这样做吗?"

韩信辞谢道:"我曾有机会侍奉项王多年,官不过是个郎中,职不过是持戟的卫士,我谏的言不听,献的策不用,因此我才背离项王而归从汉王。汉王授予我上将军印信,让我统领数万人马,脱下自己的衣服给我穿,把自己的食物分给我吃,听从我的意见,采纳我的谋略,因此我才能达到现在的地位。汉王如此真诚地待我,

/ 第八章 / 成王败寇,形势反转汉军胜 /

如果我背叛汉王是不会有好结果的。希望你替我辞谢项王。"

武涉走后，蒯通知道天下定局的关键在韩信，就进一步用三分天下鼎足而称王的观点说服韩信。韩信没有采纳蒯通的计策。

韩信之所以没有背叛刘邦，是因为韩信自认为功劳很大，汉王不会夺取自己的齐国。另外，韩信深知助力攻打齐国的汉将灌婴等人，都是刘邦的心腹大将，如果他叛汉归楚，那些汉将不仅不会听命于他，而且还会与他坚决对抗。

于是，韩信命令御史大夫灌婴离开齐国，率汉骑南下。灌婴首先进攻楚国的鲁地，在鲁北大破楚将薛公昊。接着南下再破薛郡长，攻取博阳，进军至下相，夺取虑、僮、徐等县。又渡过淮河，进兵至广陵（今江苏扬州），尽降楚国城邑。

楚霸王项羽急忙派项声、薛公、郯公夺回淮北。

灌婴又北渡淮水，在下邳大破项声、郯公军，将薛公斩首，夺取了下邳。接着追击楚军，在平阳（南平阳，今山东邹城市）大破楚军，回师攻占了彭城，俘虏楚柱国项佗，降服了留、薛、沛、酇、萧、相等县。

灌婴平定淮北之后，与刘邦会师于颐乡（位于今河南鹿邑县）。

2. 伤胸扪足

彭越在梁地多次反击楚军，断绝楚军的粮食，楚霸王项羽很是忧虑。

由于彭城之战后，刘邦的父亲刘太公和妻吕雉就被楚霸王项羽掳到楚军中充当人质，这时，就有人给楚霸王项羽出了一个主意，让楚霸王项羽用刘太公来胁迫刘邦。

于是，楚霸王项羽就令人设置了一个高大的鼎镬，把刘邦的父亲刘太公捆绑后放在鼎镬上面，然后派使者去告诉刘邦说："如果今天你不赶快投降，我就烹煮了你的父亲。"

刘邦闻听内心当然是十分震惊和恐慌，但表面上却无所谓地对使者说道："转告你家项王，我和他项籍都是北面称臣，受命于怀王，已经相约为兄弟，我的老子就是他的老子，他一定要烹杀他的老子，那么我希望他分给我一杯肉羹。"①

回到楚军中之后，使者原原本本地转述刘邦的话，楚霸王项羽当即大怒，就想烹杀刘太公。这时，项伯劝说道："天下大事还不能预料，打天下的人不顾念家眷，即便是杀了刘太公也没有好处，只能增加祸患。"

楚霸王项羽听从了项伯的话，只好作罢。

楚汉长期相持，一直未决出胜负，使得年轻力壮的人们苦于行军作战，年老体弱的人们疲于水路运输。

楚汉两军在广武相持，数月之后的一天，隔着广武涧，楚霸王项羽对刘邦说："几年来天下扰攘不安，只是由于我们两个人的缘故，我愿与你挑战，一决雌雄，不要使天下黎民百姓徒受其苦了。"

刘邦却笑着拒绝说："我宁愿斗智，不愿斗力。"②

刘邦这个不软不硬的回答，让楚霸王项羽的火气一下子就爆发了。

楚霸王项羽令壮士出去挑战。汉军就派楼烦来应战。楼烦是一位擅长骑马射箭的人，楚军派壮士挑战三次，楼烦都把壮士射死了。楚霸王项羽大怒，亲自拍马上阵。

楚霸王项羽披甲持戟上来挑战，楼烦想要向楚霸王项羽射箭，

第八章 ／ 成王败寇，形势反转汉军胜 ／

---

① 据《史记·项羽本纪第七》记载：为高俎，置太公其上，告汉王曰："今不急下，吾烹太公。"汉王曰："吾与项羽俱北面受命怀王，曰'约为兄弟'，吾翁即若翁，必欲烹而翁，则幸分我一杯羹。"

② 据《史记·项羽本纪第七》记载：项王谓汉王曰："天下匈匈数岁者，徒以吾两人耳，愿与汉王挑战决雌雄，毋徒苦天下之民父子为也。"汉王笑谢曰："吾宁斗智，不能斗力。"

可是楚霸王项羽怒目呵斥，吓得楼烦心里突突直跳，眼不敢正视，手不敢发箭，不由自主地折转身跑回汉军营垒，再不敢出来了。

刘邦见此，急忙派人探听情况，才知道最后上来挑战的人，原来是楚霸王项羽。汉王大为震惊。

楚霸王项羽见汉军中无人应战，就靠近汉王军营，继续和汉王对话。

刘邦也被逼急了，就历数了楚霸王项羽的十条罪状说："最初我和你都受命于怀王，说是先入关平定关中者为关中王，然而你却违背约定，让我去蜀、汉为王，这是第一罪。你假借怀王之命，杀了卿子冠军，而自尊为上将军，这是第二罪。你已经援救了赵地，应当返回复命，而你却擅自胁迫诸侯的军队进入函谷关，这是第三罪。怀王约定到秦地不要残暴掠夺，你却焚烧了秦朝宫室，还挖了始皇帝的坟墓，私自聚敛秦朝财物，这是第四罪。杀掉了秦朝投降的国王子婴，这是第五罪。在新安，你用欺骗的手段坑杀了秦朝子弟二十万，而封他们的将领为王，这是第六罪。你把自己的将领都分封到了好地方为王，而迁走了原来的诸侯王，使臣下争为叛逆，这是第七罪。你把义帝驱逐出彭城，自己建都彭城，夺取韩王的土地，合并梁、楚称霸王，这是第八罪。你派人在江南暗杀义帝，这是第九罪。为人臣下而杀害了君主，屠杀已经投降的人，执政不公允，主持约定不守信用，为天下人所不容，大逆不道，这是第十罪。我带领正义之师来诛灭你这个十恶不赦之人，我何必还与你挑战呢！"

楚霸王项羽当然大怒，恼怒之下，便令埋伏在暗处的弓箭手，偷偷向刘邦射冷箭，一支冷箭射来，正中刘邦的胸部，刘邦却忍着剧痛，摸着脚说："这个贼人射中了我的脚趾！"

刘邦受伤，汉军将领们手忙脚乱地将刘邦抬入了军帐中疗伤，并禁止一切闲杂人等入内。

广武涧对面的楚霸王项羽看到刘邦中箭倒地，又在混乱之中被人抬走，立即派人打探消息，当得知刘邦只是伤了脚趾后，大为失望，因此，没敢轻举妄动。

刘邦身受重创，卧床不起，张良就请求刘邦要强撑着起来，去巡视慰劳士卒，以安定军心。

刘邦伤胸扪足，一是稳定了军心，二是没有让楚霸王项羽知道他受了重伤。这样，就没有给楚军趁机取胜于汉的机会。

汉王由于出来巡视军队，伤势加重，于是就驱车回到成皋休养。刘邦病好后，终于可以放松一下了。

于是，刘邦命令樊哙守广武，周勃守敖仓，带上在汜水之战俘虏的前塞王司马欣回到关中，将司马欣在他的原都城栎阳枭首，置酒慰问关中父老，四天后，带领关中兵又回到了广武。①

从此，楚霸王项羽终究无力挽回楚国的颓势，战争的优势已经开始向汉方倾斜。

3. 鸿沟议和

在潍水之战中，韩信歼灭齐楚联军，不仅完成对楚侧翼的战略迂回，而且还被刘邦封为齐王。

韩信被立为齐王极大地鼓舞了彭越，使得一直拥兵自重的彭越变得积极主动起来。于是，彭越不再观望，趁楚霸王项羽在广武与汉军主力相持之机，彭越率军南下，快马加鞭地侵占楚地。彭越首先攻击的是定陶、昌邑（今山东巨野）这两个富庶之地，然后接着南下攻下睢阳（今河南商丘）、下邑（今安徽砀山）。

---

① 据《史记·高祖本纪第八》记载：病愈，西入关，至栎阳，存问父老，置酒，枭故塞王欣头栎阳市。又记载：大司马咎、长史欣皆自刭汜水上。另据《史记·项羽本纪第七》记载：大司马咎、长史翳、塞王欣皆自刭汜水上。

注：本书采用大司马咎、长史翳皆自刭汜水上，塞王欣被汉军所俘虏，后于栎阳市枭首。

一直以来，彭越在梁地多次反击楚军，断绝楚军的粮食，令楚霸王项羽很是忧虑。刘邦与楚霸王项羽在广武对峙时，彭越坚决守住了敖仓的粮食，才使得刘邦有了与楚霸王项羽在广武相持的底气。

这次彭越再攻楚地，仍然以粮食为主要目标。彭越在楚军后方截断了楚军的粮草供应，楚军陷入困境。粮食一告急，楚霸王项羽就心慌了。

彭越截断了楚霸王项羽的粮食供应，也鼓舞了韩信。因此，待齐地战事一结束，韩信就派汉将灌婴率军一部北上攻打楚将公杲，然后又南下骚扰楚军的大后方。灌婴连战连捷，一度占领下邳，离楚都彭城只有一百六十公里。

可以说，韩信和彭越已经对楚军形成了合围之势，这令包括楚霸王项羽在内的楚军将士都感到了恐惧。

与楚军正相反，韩信和彭越的举动，让刘邦悄悄地松了一口气。然而，实际上，在楚汉相持的主战场上，刘邦仍然没有优势。

汉四年（前203年）八月，因为楚霸王项羽抓了刘太公和吕雉当人质，刘邦怕楚霸王项羽被逼急了会对他们下毒手，所以刘邦派陆贾去当使者，希望与楚霸王项羽休兵讲和，各自退兵，并释放在楚营中的家属。

陆贾是继郦食其之后汉军中最能说会道之人，然而，不论陆贾如何能言善辩都没有用，楚霸王项羽直接就给拒绝了。

汉四年（前203）九月，楚霸王项羽腹背受敌，兵疲粮尽，而刘邦也没能调来韩信、彭越的援军到达广武战场。于是，刘邦又派侯公第二次去议和。这一次，楚军粮尽，楚霸王项羽被迫答应议和。

于是，楚汉双方订立和约：中分天下，以鸿沟①为界，鸿沟以东归楚，鸿沟以西归汉。同时，楚霸王项羽放回了刘邦的父亲刘太公和妻吕雉。

这样，楚汉两军在荥阳、成皋一线相持两年零五个月之后，休兵罢战。消息一经传出，楚汉两军的将士们都是欢欣鼓舞，高呼庆祝。

由于侯公成功地说服了楚霸王项羽答应议和并放回了家人，刘邦拜说："这个人是天下的辩士，所到之处，可以使国家覆灭，所以封他为平国君。"侯公在受封之后，立即隐退，不肯再见汉王。当然这是后话。

不论楚霸王项羽是否甘心议和与归还人质，但引兵东归，恢复元气，的确是所有楚军将士都希望的。汉四年（前203年）岁尾②，楚霸王项羽解除了对峙，引兵向东撤退，准备回到都城彭城去。

安顿好刚从楚营返回的亲人后，刘邦召集会议，也准备西归回到关中去。刘邦对众将说："听说项籍已经引兵撤退，往彭城方向去了。如果你们大家没有什么事，也吩咐下去，收拾收拾，过几天我们也要启程回关中了。"

刘邦说完，将领们就各自散去了。刘邦正想离开时，却见张良和陈平一直站在原地没动。刘邦就问："你们还有事吗？"

这时张良、陈平屏退左右，然后才附耳低声劝刘邦说："我们汉国占领了大半个天下，并且诸侯都归顺了我们。楚军兵疲粮尽，这是上天让楚灭亡的时候，不如乘这个机会消灭它。如果现在放走项王不去攻打他，这就是所谓的养虎为患了。"

其实大家心里都很清楚，议和是暂时的，楚汉相争必定要争出

---

① 鸿沟，是战国时魏国凿的沟通黄河与淮河的运河，北起荥阳，南至中牟、开封，南流至沈丘入淮河的支流颍水。所谓楚河、汉界都是指鸿沟而言。中国象棋棋盘上的"楚河汉界"就在荥阳市的广武山上。今鸿沟两边还有当年两军对垒的遗址，东边是霸王城，西边是汉王城。

② 此时，仍然以九月为岁尾，以十月为岁首。

个输赢。虽然刚刚握手言和，但是刘邦知道与楚霸王项羽的战事还会再起，只是时间或早或晚而已。机不可失，时不再来，刘邦深知这个道理，而此时正是彻底击溃楚霸王项羽的最好机会。

没有了家人被挟持的顾忌，刘邦决定听从张良、陈平的建议，立即跨过鸿沟去追击楚霸王项羽，趁楚军的锐气已经消磨殆尽之时，就在楚军撤退的半路上向楚军发起攻击。

4. 楚退汉追

汉五年（前202年）十月，楚军向南撤退到阳夏（今河南太康）。刘邦发兵一路追击楚军，这一日，汉军到达阳夏南面驻扎下来。

在阳夏，刘邦率军追歼楚军，汉将樊哙俘虏了楚国的大将周将军及四千士卒。楚霸王项羽被汉军击败，便亲率楚军继续东撤。刘邦率领汉军继续追击楚军一直到了固陵（今淮阳西北）。

与此同时，刘邦向韩信和彭越发出指令，约期在固陵会合一起进攻楚军，然而韩信和彭越的军队都没来会合。

此时的彭越，正在趁楚霸王项羽向南撤退到阳夏之机，攻克了昌邑附近的二十多个城邑，缴获了谷物十多万斛，用作汉军的军粮。

而已经被立为齐王的韩信，先是拒绝了楚霸王项羽所派使者武涉的游说，又没有听从谋士蒯通的劝说，虽然还没有亲自率军出兵攻楚，但仍然是坚定地留在了刘邦的阵营里。

刘邦追击楚军到达固陵。在固陵，楚军主动回击汉军，由于韩信与彭越都没来会合，汉军被楚军打得大败。因此，汉军只得又进入营垒，挖深沟堑，自为固守。

于是，刘邦又求计于张良说："子房，各诸侯军队不肯来，怎么办呢？"

张良回答道："楚军即将崩溃，韩信、彭越没有分到一块封地，他们不来会合是很自然的。韩信自立为齐王，实际上这并非汉王您的本意，而韩信心里也不踏实。梁地本来是彭越平定的，可以说他的功劳很大。原来汉王您因为魏豹的缘故，只任命彭越为相国。如今，魏豹不仅已死，而且还没有后人，更何况其实彭越早有称王之意，但汉王您却迟迟没有拿定主意。如果汉王您和这两国分别约定：一方面，如果战胜楚国，那么睢阳以北至谷城的地盘全部划归给彭相国，作为他王国的封地；另一方面，从陈县以东至海滨划归齐王韩信。韩信的家乡在楚地，他自然也想拥有故土。也就是说，汉王您如果愿意分割出这些地方许给他们两人，那么这两人可招之即来；反之，汉王您如果不愿意，那么就不好说了。"①

刘邦说："好。"

于是，刘邦采纳张良的主张，分别派遣使者去彭越和韩信那里传达汉王的决定，说："合力攻打楚军。楚军崩溃后，从陈县以东到海边给予齐王，睢阳以北到谷城给予彭相国。"

结果，使者一到，韩信、彭越都回话说："请让我们立刻进兵。"

彭越立即率领本部人马奔赴垓下与刘邦会合，而韩信也准备从齐国出兵南下攻楚。

与此同时，刘邦又另派汉将刘贾南渡淮水包围寿春。刘贾很快到达寿春，派人寻找机会招降了楚大司马周殷。

汉五年（前202年）十一月，汉将靳歙从济阳来与刘邦会合，同时，平定淮北的灌婴到达固陵东边苦县（今河南省鹿邑县）的颐乡，刘邦亲自率军来颐乡与灌婴率领的汉军铁骑会合。

楚霸王项羽得知灌婴、靳歙等率领汉军东来后，为防自己被包围，

---

① 《史记·魏豹彭越列传第三十》中记载：汉王追楚，为项籍所败固陵。乃谓留侯曰："诸侯兵不从，为之奈何？"留侯曰："齐王信之立，非君王之意，信亦不自坚。彭越本定梁地，功多，始君王以魏豹故，拜彭越为魏相国。今豹死毋后，且越亦欲王，而君王不蚤定。"

又据《汉书·张陈王周传第十》记载：乃封良为留侯，与萧何等俱封。

往南退守至陈下。

刘邦在灌婴、靳歙率领精锐骑兵到来后，发动反攻。汉将宣曲侯义率领骑兵和汾阳侯靳强率汉军为先锋，进攻固陵楚军，击破了楚大将钟离眛的部队，使得楚大将钟离眛率军败退而逃。

楚霸王项羽南逃至陈县，不久楚国大将钟离眛也赶到陈县救援。

刘邦与灌婴会合，对驻扎在陈县的楚军形成东西夹击合围之势，楚霸王项羽只得继续东撤，于是，陈县县令立即降汉。

楚霸王项羽继续向东而逃。

此时，汉将刘贾已经攻占了寿春，楚霸王项羽无心攻打寿春，立即调转马头，转向东方逃跑。汉将刘贾派人策反了楚大司马周殷。周殷叛楚，以舒县之兵屠戮了六县，然后周殷帮助刘贾攻下九江之后率全体九江士卒一起迎接武王英布。

英布和周殷共同北上。在此期间，英布、周殷联合在行军途中攻下城父，并在城父进行了大肆屠杀，致使城父鸡犬不留。然后英布和周殷到达寿春与刘贾会合。三路兵马会合之后就离开寿春前往垓下一线，切断楚霸王项羽向南逃的后路，配合刘邦实施对楚霸王项羽进行战略合围。

无论屠六县还是屠城父都是为了不让楚军得到补给和立足之地。

当楚霸王项羽逃到城父之时，城父①（今亳州）已被屠成空城，楚霸王项羽只得越过城父，率领残兵败将疲惫地继续向东逃亡。

而此时身在齐国的韩信闻听楚霸王项羽被刘邦打败，三分天下的局面已然无望，于是韩信就不再犹豫，率领本部人马离开齐国来到城父与刘邦会合。

---

① 注：城父（今亳州），又为成父，与垓下（今灵璧）均在陈下（今淮阳）的正东边，而不是东南边。

5. 四面楚歌

楚、汉在鸿沟订盟后，刘邦本想退兵，但在张良、陈平的提醒下，刘邦不再犹豫，立即命令汉军全力追击楚军。

汉五年（前202年）十一月，刘邦率领的汉军主力一路追击楚霸王项羽的楚军，当楚军撤退到固陵（今淮阳西北）时，汉军终于追上了楚军。楚汉两军在固陵展开了激战，由于此时韩信与彭越等援军还未赶到，刘邦所率汉军主力势单力薄，而楚霸王项羽所率楚军，虽然兵疲粮少，但十万楚军全力一搏，最后楚汉两军交战的结果是楚军取得胜利。刘邦落败，只得又进入营垒固守，深挖沟堑，以待援军。

汉五年（前202年）十二月，汉军各路人马不仅四处出击攻城略地，而且已经逐渐对楚军形成了包围之势，不得已的情况下，楚霸王项羽只得率领十万楚军一路向东奔逃，一直逃到垓下（今安徽灵璧县南），才得以进入城中驻扎下来。

与此同时，刘邦按照张良的计策，以封赏来笼络住了韩信、彭越、英布等人前来助阵。

从齐地出发的韩信与从寿春出发的刘贾并行，一起到达了垓下。背叛楚国的大司马周殷，先是利用舒地的兵力屠毁了六县，然后调动九江的全部士卒，随同刘贾、彭越一起迅速向垓下集结，与刘邦会合。

汉五年（前202年）一月，刘邦、韩信、刘贾、彭越、英布等各路汉军约计七十万人全部抵达垓下，完成了对十万久战疲劳楚军的包围。

刘邦对七十万汉军人马做了统筹安排与部署，以避免打乱仗。

汉军以齐王韩信率军三十万人马独挡正面，以将军孔熙为左翼、费将军为右翼，刘邦率部居中跟进，将军周勃断后。韩信率军首先向垓下的楚军发起进攻，这一次汉军采用了诱敌深入的战术。汉军初战不利，韩信就命前军不要再恋战，而是先诈败，然后韩信也引兵后退。与此同时，根据战前的部署，韩信引兵后退之后，位于左、右翼的汉军，在孔将军和费将军的率领下，从后面包抄攻击楚军断后的步军。此时，楚军已经久战疲劳，战斗力锐减，因此断后的楚军步军与汉军一交战就处于不利的局面，并且很快就落败了。

十万楚军在垓下筑垒与汉军交战，由于兵少，屡战屡败。

此后汉军又将楚军断后的步军与楚霸王项羽所率的前军骑军进行了分割包围。然后原来诈退的韩信又指挥所部返回全力反击，汉军便形成前后夹击之势，对已经被分割成两部分的楚军再度发起全力攻击，楚军很快就不敌而大败。

经此一战，十万楚军阵亡四万有余，被俘两万，被打散两万，仅剩不到两万伤兵跟随楚霸王项羽退回了垓下阵中。

楚霸王项羽率两万残兵败将退入垓下的壁垒中坚守，而刘邦率七十万各路汉军立即将楚军重重包围起来。

汉军紧紧地将垓下的楚军重重包围起来，使得楚军很快就兵疲粮尽。同时，不知从哪一天开始，每到夜晚，楚军营地四周的汉军竟然纷纷唱起了楚地的歌曲。歌云："人心都向楚，天下已属刘；韩信屯垓下，要斩霸王头！"

四面的楚歌越唱越响亮，越唱人数越多。楚军粮草已经食尽，又夜夜闻听着四面楚歌，军心开始瓦解。

楚霸王项羽当然也听到了四面的楚歌，大为震惊地说："汉军难道全部占领了楚国吗？为什么楚国人如此之多啊？"

没有人能回答楚霸王项羽的提问，不多时，楚霸王项羽就被四面的楚歌搅扰得寝食难安，因此他只得每天夜晚起来，在帅帐中借酒浇愁，而时刻陪伴着楚霸王项羽的是一个叫虞姬的美丽女人和一匹叫骓的骏马。

那一夜，四周的楚歌又起，楚霸王项羽有些悲凉地端着酒杯，拥着宠爱的虞姬，回想着曾经骑着骏马驰骋疆场的一幕幕往事，不禁慷慨悲歌，吟诵道："力拔山兮气盖世，时不利兮骓不逝。骓不逝兮可奈何，虞兮虞兮奈若何！"

楚霸王项羽接连地吟诵了数阕，带动着美人虞姬也与他相和。楚霸王项羽边吟边泣，不知不觉地泪下数行，服侍左右的随从也都俯首哭泣，悲痛得不能抬头仰视。①

四面的楚歌致使楚军士卒思乡厌战的情绪不断上升，粮草断绝也使得楚军两万残兵没有了希望，因此楚军的军心已经瓦解。

四面的楚歌也使楚霸王项羽误以为汉军全部占领了楚地，于是，楚霸王项羽歌罢，就跳上自己的骏马骓准备突围。

楚霸王项羽甩开大队人马，只有八百骑士骑马跟随。

当夜冲破汉军的重重包围向南飞驰而去。天亮之后，汉军才发觉楚霸王项羽已经突围出去。消息很快就汇报给了刘邦。刘邦立即命令骑兵大将灌婴率领五千骑兵尾随追赶而去。

当楚霸王项羽渡过淮河后，身边跟随的骑兵已经从八百余骑到只剩下了百余骑。此时楚霸王项羽已经顾不上计较随从的人数了，他只是慌不择路地一路奔逃。楚霸王项羽这样毫无目标的奔逃，最直接后果就是容易迷失方向。

果然，当楚霸王项羽逃到阴陵（今安徽定远县西北）时就迷路了。因为迷失了道路，楚霸王项羽才勒住骏马的缰绳，停止奔逃。

楚霸王项羽下意识地想着命令侍从去问路，可他环顾一下左右，他这才注意到跟在身边的人马已经不足百骑。将士们骑在马上丢盔

---

① 据《史记·项羽本纪第七》记载：项羽乃大惊曰："汉皆已得楚乎？是何楚人之多也！"……于是项王乃慷慨悲歌，自为诗曰："力拔山兮气盖世，时不利兮骓不逝。骓不逝兮可奈何，虞兮虞兮奈若何！"歌数阕，美人（虞姬）和之。项王泣数行下，左右皆泣，莫能仰视。

第八章 / 成王败寇，形势反转汉军胜 /

卸甲的模样令楚霸王项羽的眉头一皱，此时正好附近的田地里有一位种田的老翁，楚霸王项羽便没有命令侍从，而是直接以命令的口气粗声大嗓地喊道："喂，喂，老头，过来，过来，向东的大道怎么走？"

种田的老翁好像没听到一样仍然低头干着农活。楚霸王项羽接连问了数遍，种田老翁都没有抬头，楚霸王项羽不禁火冒三丈，发怒大吼："好老儿，本王只是暂时落败而已，难道你这个种田的老翁都敢违抗本王的命令了吗？"

刚刚平缓了呼吸的侍从们看到楚霸王项羽发怒，纷纷拍马冲向田地里的老翁。待冲到近前，其中一名侍从挥起马鞭向老翁抽去，正好抽在老翁挽起袖子的手臂上，立即现出了一道血痕。这位侍从边挥鞭子边口中骂道："臭老儿，你耳朵聋了还是活腻了？竟然胆敢无视大王的问话！"

这位侍从边骂边继续挥鞭，在鞭子第二次落下之前，种田的老翁才茫然地抬起头，并愤怒地举起了手中的农具。

见状，其他侍从急忙喊停，那位挥鞭的侍从才将挥起的鞭子放下，但口中仍然骂骂咧咧。

老翁也撂下农具，手捂着被鞭子抽出血痕的手臂，怒目与众侍从们对视，不发一言。

众侍从缓和了语气向老翁询问向东的道路。老翁仿佛刚刚明白是怎么一回事儿似的，抬起左手一指，说了两个字："往左。"[①]

众侍从拍马回报楚霸王项羽，然后一行人向左继续奔逃。

老翁望着楚霸王项羽一行远去的背影，又看看被众侍从踩踏得乱七八糟的田地，鼻子哼了一声，眼中闪出了一丝狡黠，然后老翁简单地整理了一下田地，收起农具，快速地离开了。

---

① 据《史记·项羽本纪第七》记载：项王渡淮，骑能属者百余人耳。项王至阴陵，迷失道，问一田父，田父绐曰"左"。左，乃陷大泽中。

6. 乌江自刎

楚霸王项羽抛弃大队人马率八百余骑兵趁夜突围南逃，天明后刘邦方才发觉，于是派灌婴率数千骑兵追击。

楚霸王项羽在渡过淮河之后因迷路而问路于种田的老翁，又因言语不礼貌而被老翁诓骗背道而驰，结果陷入了一大片沼泽中，又付出了十数骑的代价才从沼泽中撤出。

楚霸王项羽一行陷入沼泽中，才发觉被种田老翁误导，等气急败坏折返回来想杀了老翁，田地里却早就没有了老翁的身影。此时，汉军大将灌婴所率的五千骑兵追上来了。

双方一阵拼杀，楚霸王项羽不足百人的残兵哪里是灌婴五千汉军精骑的对手，因此，楚军又丢下几十骑折路向东逃去。灌婴又率部紧随其后进行追杀。

待楚霸王项羽逃到东城（今安徽定远县境内）时，他的身边仅剩下二十八骑将士了，而楚霸王项羽估计后面的追兵大约有几千人，于是他自认为难以脱身，便对他的二十八骑将士说："本王从起兵到如今已经八年了，历经七十多场大小阵仗，谁抵挡本王，本王就打垮谁，本王攻击谁，谁就得降服，未曾打过败仗，因而雄霸天下。然而如今本王却被围困在这里，这是上天要灭亡本王，不是本王打仗的过错。"

说至此，楚霸王项羽停顿了一下，在二十八骑将士身上环视了一圈，然后接着傲然地说道："如果今天必须得战死，那么本王愿意为各位再痛痛快快地打一仗。各位请为本王见证，本王一定要取得三胜，即突破重围、斩杀敌将、砍倒敌人军旗，本王要让各位知道，天亡我，非战之罪也。"

毕竟跟随楚霸王走南闯北这么多年，能追随楚霸王的脚步走到此地的二十八骑将士都不是孬种。因此，受到楚霸王项羽的一番说辞的鼓舞，群情又振奋起来，二十八骑将士振臂高呼："大王威武！大王威武！大王威武！"

楚霸王项羽见将士们的情绪被调动起来了，决定放手一搏。二十八位骑兵将士被分成四队，面向四方，层层将楚霸王项羽围在了中间。

楚霸王项羽低声对围在身边的二十八骑将士说："弟兄们，四面出击，再在山的东面会合三处，本王将为你们独当一面，斩杀一个将领。"

二十八骑将士齐声回答："杀，杀，杀。"

楚霸王项羽大喊一声："弟兄们，冲啊！"

于是二十八骑将士便四面疾驰而下，楚霸王项羽也飞骑直下。

汉军骑兵虽然人数众多，但眼见着楚军骑兵突然采取了拼死一搏的打法，队伍立即惊慌混乱。楚霸王项羽抓住时机，直接飞骑奔向一位汉军将领而去。手起刀落，快速地将这名汉军将领斩杀。

事发突然，追赶的汉军骑兵将领杨喜还没搞清楚状况，就只听到楚霸王项羽如虎啸般地大吼一声，一时间将杨喜震得人马俱惊。倒退了好几里，汉军骑兵主将灌婴害怕困兽犹斗，汉军会中计，因此命令本部人马全部撤退到几里之外，远远地跟随。

楚霸王项羽和他的骑兵将士分三处会合，汉军骑兵不知道楚霸王项羽究竟在哪一处，灌婴就把汉军也分成三部分，再一次将楚军包围起来。

楚霸王项羽如法炮制再次拍马冲杀，又斩杀了汉军的一个都尉。楚军骑兵将士们又紧紧跟上杀入汉军阵中，杀死了一百余骑汉军。

楚霸王项羽待战事稍停，把他的骑兵将士再集合起来，一查人数，只折损了两名骑兵。楚霸王项羽狂傲地扬起头，对他的骑兵将士们说："怎么样？"

骑兵将士们都佩服地说："正像大王所说的那样。"

虽然汉军被楚霸王项羽组织的几次冲击打乱了阵型，但是大将灌婴所率汉军骑兵精锐很快就稳住了阵脚，又围攻上来。楚霸王项羽一见，立即又开始逃亡。

当楚霸王项羽逃到乌江（今长江，位于今安徽和县东北乌江镇）岸边时，乌江亭长已经把船靠在岸边等待多时了。

楚霸王项羽望着奔腾的乌江水，再看看已经空无一人的身后，曾经雄心勃勃的西楚霸王不禁仰天长叹："天亡我，非战之罪也！"

接下来，只见楚霸王项羽跳下心爱的坐骑骏马骓，卸下了身上沉重的铠甲，就那么一身轻松地走到乌江河边，甚至还用双手捧起河水洗了一把脸，又喝了一口河水。这一刻，没有人能明白楚霸王项羽的举动，也许，楚霸王项羽此刻已变回到最初那个跟在叔父项梁身边朝气蓬勃的青年项籍了。

乌江亭长似乎看出了什么，他力劝楚霸王项羽说："江东虽小，但地方也纵横上千里，民众也有数十万，足以称王。希望大王赶快过江，以图东山再起。现在只有我有船只，汉军来到这儿，没有船只渡江，就无法追上大王了。"

楚霸王项羽听了乌江亭长的话，却惨然一笑说："上天要灭亡我，我又渡江干什么呢？况且我项籍与江东子弟八千人渡江西进，如今无一人回来，即使江东父兄怜悯我，让我称王，而我又有何面目去见他们？即使他们不说什么，而我项籍又能不愧对于心吗？"①

乌江亭长坚持着劝说："留得青山在，不怕没柴烧，大王还是快快上船渡江吧！"

已经由楚霸王变成了项籍的项羽，抚摸着跟随多年的骏马对亭长说："我知道你是一个忠厚的长者，我骑这匹马已经五六年了，

---

① 据《史记·项羽本纪第七》记载：于是项王乃欲东渡乌江。乌江亭长……谓项王曰："江东虽小，地方千里，众数十万人，亦足王也。愿大王急渡。今独臣有船，汉军至，无以渡。"项王笑曰："天之亡我，我何渡为！且籍与江东子弟八千人渡江而西，今无一人还，纵江东父兄怜而王我，我何面目见之？纵彼不言，籍独不愧于心乎？"

一直所向无敌，它曾经一天奔驰一千里，是一匹真正的千里马。我不忍心杀了它，也不想它被我的敌人所得，就把它送给你吧！希望你能善待它。"

此时汉军追兵已经快追到乌江边了，项羽将马缰绳放到乌江亭长的手中，然后折转身，徒步拎剑迎向汉军追兵。

短兵相接之下，已经心灰意冷地不惧生死的项羽犹如一头野兽，汉军骑兵竟然有数百人马被项羽挑落斩杀，当然此时的项羽身上也有十几处受伤，全身已经被鲜血染红了。

这时，项羽看到汉军的骑司马吕马童，说："你不是我项籍的老朋友吗？"

吕马童被项羽认出，脸上不禁有些尴尬，心虚地说："是我，那又怎么样？"然后吕马童背对着项羽，指给王翳说："这就是项王。"

项羽对吕马童说："我听说汉军用一千两黄金、一万户封邑来买我项籍的人头，念你曾经跟随我一场，我就成全你这件好事吧。"

说完，项羽挥剑自刎而死。

呜呼！曾经不可一世的楚霸王项羽，自觉无颜见江东父老，因此不肯渡江。在力杀汉军数百人之后，自刎而死。

项羽自刎而死后，汉将王翳割了项羽的头，其他汉军骑兵见状一起争夺项羽的尸体。骑兵们自相蹂躏践踏，在互相残杀了几十人之后，郎中骑杨喜、骑司马吕马童、郎中吕胜、杨武等人各自得到了项羽的一段肢体。因此，得到项羽肢体的五个人都被封侯，其中，吕马童被封为中水侯，王翳被封为杜衍侯，杨喜被封为赤泉侯，杨武被封为吴防侯，吕胜被封为涅阳侯。

在楚汉战争的末期，原属楚国阵营的衡山王吴芮、九江王英布都先后归附刘邦，唯有临江王共尉仍不听命。

汉五年（前202年）十二月，汉军攻破了临江国都江陵（今湖北荆州），俘虏了楚霸王项羽所立的临江王共尉。

垓下一战，刘邦全歼楚军，获得最后胜利。项羽败亡后，楚地陆续平定。各地都投降汉军，唯有原项羽的封地鲁城不肯投降，因为鲁城的父老乡亲在坚守他们的礼仪，他们要为主人项羽以死守节，绝不背叛。

刘邦令汉军把项羽的人头展示给鲁城人看，鲁城的父老乡亲确认他们的主人已死，于是才投降了刘邦，至此楚国全部平定。

当年，楚怀王曾封项羽为鲁公，项羽死后，鲁城最后也投降。

刘邦以鲁公之礼把项羽埋葬在了谷城。刘邦亲自为项羽发丧举哀，并且大哭了一场，然后离开了鲁城。

对待各支项氏宗亲，刘邦不仅都没有诛杀，而且还封侯赐姓刘。刘邦封项伯为射阳侯。另外，桃侯、平皋侯、玄武侯等原本都是项氏宗族。

至此，楚汉相争，以项羽自刎身死刘邦取胜而结束。

回首项羽的崛起，就连太史公都猜测项羽难道是舜的后裔吗？不然为什么他会兴起得如此迅速啊！

秦王朝政治腐败，陈涉首先发难，豪杰并起，相互争斗，你方唱罢他登场。然而项羽没有一点凭借，他乘势起于民间，仅用三年时间，就率领五路诸侯军消灭了秦王朝，分割天下，封王建侯，政由己出，号为"霸王"。虽然最后没能保持下去，但这样的成就已经是世间少有了。

当然，等到项羽放弃关中，怀恋楚地，放逐义帝而自立为王，抱怨诸侯背叛，这时的局势已经难以控制了。

项羽错就错在他自我夸耀功勋，逞一己私智，又不效法古人，自认为创立霸王的事业，需要用武力来经营天下，以至于仅仅五年的时间就使国家覆灭了。况且项羽直到身死东城，还没有觉悟到自己错了，不自我谴责，竟然还用"天亡我，非战之罪也"为借口。

呜呼！真是太荒谬了，也太可惜了啊！

大汉王朝
诞生记

第九章
大汉开国，承袭秦制大一统

1. 君临天下

楚汉之争是由秦末农民战争直接演变而来的，但性质却截然不同。在当时的社会条件下，农民战争虽然胜利地推翻了旧的封建王朝——秦朝，但曾经是农民战争领袖的刘邦和项羽，却不得不走封建统治的老路子，转变为封建统治权的角逐者。

在这场角逐中，因项羽具有强烈的旧贵族意识，不善于用人，不能重建统一王朝。而刘邦却能知人善任，因势利导，从而终于战胜了项羽，登上了皇帝的宝座，建立了汉朝。

楚霸王项羽在乌江自刎而死，楚汉相争以刘邦取得最后胜利而结束。刘邦以鲁公的礼仪和封号在谷城安葬了项羽，也算是给了楚霸王项羽以应有的尊重。

待此事一了，刘邦立即回到定陶，并马不停蹄驰入齐王韩信的营垒中，收了韩信的兵权，夺了韩信的军队。

汉五年（前202年）一月（正月），刘邦在定陶大宴宾朋，一是庆祝取得楚汉相争的胜利，二是对战后的诸多事宜进行议事商讨。

此时，诸侯和将相们一起请求尊崇刘邦当皇帝。

刘邦说："本王听说皇帝这一尊号属于有贤德的人，不是虚言浮语、空有其名的人所能占有的，本王不敢承受皇帝之位。"

众人都说："大王出身地位贫寒，诛暴讨逆秦朝，威势震动海内。又在僻陋之地，从汉中就开始推行威德，诛灭不义之徒，有功的就割地封为王侯。功臣都封地食邑，没有私自独占。大王之德施于四海，诸侯王无法与大王相比。如果大王不尊崇名号，那么臣等对自己的封号都要产生疑虑，不敢相信是真的。臣等誓死坚持尊称大王为皇帝。"①

刘邦见群臣皆推他为皇帝，内心当然十分高兴，但他暗自告诫自己不能太得意忘形，他必须吸取秦王朝灭亡和项羽失败的教训。于是，刘邦用手势压下了众人的七嘴八舌推崇之语，高声说道："本王要兑现先前的诺言，继续封赏有功之人。"

群臣用振奋而期待的眼神崇敬地仰望着他，刘邦对这个效果很满意，于是便继续说道："楚地已经平定，义帝没有后代，本王想安抚民众，要为他们立一个君主。齐王韩信熟悉楚地风俗，改立为楚王，封地在淮北，定其都在下邳。魏相国建成侯彭越为魏民勤劳，亲近士卒，经常以少击众，多次击破楚军，应以魏故地作为王封地，号梁王，其都定在定陶。韩王信仍为韩王，建都阳翟；迁徙衡山王吴芮为长沙王，建都临湘；淮南王英布、燕王臧荼、赵王张敖都保持封号不变。其他人也将陆续论功进行封赏。大家以为本王这样的安排，可否妥当？"

刘邦这一番说辞，使得群臣的情绪完全被调动起来了。此前他们何曾见过这样的君王，自己推辞不就，却极力主张封赏有功之人。

刘邦趁机又说："战争八年不得休止，万民的苦难深重，今天下的战事结束，赦免天下死罪以下的犯人。"

刚刚受封的韩信和彭越激动地站出来谢恩。韩信说："大王虽然出身贫寒，但能率领众人扫灭暴秦，诛杀不义，安定天下，功劳超过诸王，您称帝是众望所归。"

韩王信、淮南王英布、梁王彭越、燕王臧荼、赵王张敖以及长沙王吴芮等人也一起站出来谢恩，并再拜说："以前秦行无道，天

---

① 据《史记·高祖本纪第八》记载：正月，诸侯及将相相与共请尊汉王为皇帝。汉王曰："吾闻帝贤者有也，空言虚语，非所守也，吾不敢当帝位。"群臣皆曰："大王起微细，诛暴逆，平定四海，有功者辄裂地而封为王侯。大王不尊号，皆疑不信。臣等以死守之。"汉王三让，不得已，曰："诸君必以为便，便国家。"甲午，乃即皇帝位汜水之阳。

下诸侯起而诛灭。大王先掳获秦王,平定关中,对天下功劳最多。保存了危亡者,救助了败绝者,安定万民,功德浩大。又加恩于诸侯王有功人员,让他们建立封国。如今封地已经划定,大王与别人的号位相同,无上下之分,大王功德显著,却没有宣明后世。我等愿冒犯死罪再拜献上皇帝尊号,希望大王君临天下。"

刘邦再三推辞,众臣一直坚持恳请,于是刘邦顺水推舟地说:"既然你们大家都这样看,觉得有利于天下吏民,那就按你们说的办吧。"

于是诸侯王及太尉长安侯卢绾等三百人,与博士稷嗣君叔孙通选择吉日,定在二月初一,敬上尊号。

汉五年(前202年)二月,刘邦正式下诏书对有功之人进行封王。改封韩信为楚王,都下邳(今江苏邳州东)。封建成侯彭越为梁王,建都定陶(今山东曹县)。韩王信仍为韩王,建都阳翟(今河南禹州)。迁徙衡山王吴芮为长沙王,建都临湘(今湖南临湘)。

汉五年(前202年)二月二十八日,在山东定陶汜水(今山东曹县北)之阳举行了登基大典,刘邦正式称帝,是为汉高祖[①],定国号为汉。

成为了汉高祖的刘邦即皇帝位之后,按照惯例,将王后吕雉改称为皇后,太子刘盈改称为皇太子,而诸侯都成为了汉高祖刘邦的属臣。

天下基本平定。汉高祖刘邦根据大臣们的建议,决定定都洛阳。于是汉高祖在定陶完成登基大典之后,移驾洛阳。

汉五年(前202年)五月,已经到达洛阳的汉高祖诏告天下,诏书说:"士卒都可以解甲归田。关东人愿意留在关中的,免除徭役

---

① 据司马迁《史记》记载,刘邦死后,群臣议定的庙号是太祖,谥号是高皇帝,正式的全称为汉太祖高皇帝,简称庙号应该是汉太祖,简称谥号是汉高帝。司马迁《史记》作《高祖本纪》,首称刘邦为高祖。后世史家均尊称呼刘邦为高祖。班固写《汉书》时因文字与《史记》相同,恐怕引来歧义,因此将《史记》中的"高祖"换为"帝"。本书以下称刘邦为汉高祖。

/第九章/ 大汉开国,承袭秦制大一统/

十二年；那些回家乡的免除徭役六年，发给粮食供养一年。以前有的民众聚集躲藏在山泽中，没有户籍，今天下已定，让他们各回原县，恢复原来的爵位田宅。各级官吏要讲解法律条文，分辨义理，使百姓明白，不得鞭打羞辱百姓。民众因饥饿自卖为别人的奴婢者，都免为平民。军士遇到大赦，无罪无爵及虽然有爵位但不到大夫的，一律赐给大夫。原有大夫以上爵位的各赐爵一级，七大夫以上都受食邑，不是七大夫以下，都免自身及一户的赋役，不事差役。七大夫、公乘以上的都是高级爵位。关东人及从军回乡的有很多高爵位，要先给他们田宅，他们的请求要从速办理。爵位高的称人君，都是被天子尊敬和礼遇的。有些摆在官吏面前的事长时间不给办理，真是不足为训。过去秦民爵位在公大夫以上，就与县令、丞行平等礼节。如今没有从军的小吏大多自己满足，而有功劳的人却得不到，背公立私，这说明郡守、郡尉、县令、县长管教得很不好。今诏令官吏们都要很好地对待高爵位的人，今后还要察访，有不按诏令办理的官吏，要从重论处。"

汉五年（前202年）五月的一天，汉高祖刘邦在洛阳南宫摆设酒席，大宴诸侯将相等群臣。酒至半酣，汉高祖举杯对群臣说："各位都不要隐瞒朕①，都要畅所欲言，说出你们的心里话。你们说说朕能够得到天下是什么原因？而项氏失去天下又是什么原因？"

高起、王陵回答道："陛下傲慢而侮辱人，项籍仁慈而爱护人。然而，陛下派人攻城略地，所招降攻占的地方就封给他，与天下人利益相共。项籍嫉贤妒能，对有功的人加以陷害，贤能的人又受到怀疑，将领打了胜仗也不论功行赏，取得了土地也不给分利，这是项籍失去天下的原因。"

汉高祖刘邦闻听此言，哈哈大笑着又说道："你们只知其一不

---

① 据《史记·秦始皇本纪第六》记载：秦既灭六国，议君主称号，王绾、李斯等议："天子自称曰'朕'"。

知其二。说到在帷帐之中运筹划策决胜于千里之外，朕不如子房。说到镇守国家，安抚百姓，供给军粮，畅通粮道，朕不如萧何。说到连兵百万，战必胜，攻必取，朕不如韩信。这三个人，都是人才俊杰，朕能任用他们，这是朕之所以夺取天下的原因。项氏有一个范增而不能任用，这是他所以被朕擒杀的原因。"①

汉高祖刘邦的一番话，说得群臣诸多感慨，特别对汉高祖刘邦的"识人之明"和看人识人用人的本事，真是佩服得五体投地。

想当初，在韩信还没有"履历"的情况下，当时还是汉王的汉高祖就拜他为"大将军"，并让他统领所有大军，这份识人用人的本事，才使得汉高祖刘邦最终缔造了千秋伟业。

另外，在楚汉相争时，季布和丁公两人都是楚霸王项羽的手下大将。季布领兵几次将刘邦打败，而丁公也领兵追击过刘邦，但最后却放过了刘邦。当刘邦成为了汉高祖刘邦之后，因为记着季布曾经打败过自己的恨，就把季布抓了起来，然而汉高祖刘邦想到自己还需要季布这样的忠臣来辅佐，就放下了仇恨，不仅释放了季布，而且还封季布为郎中。丁公和季布是同母异父的兄弟，丁公一看季布被释放还做了官，就想自己是对汉高祖刘邦有恩的人，就更得受封了。于是丁公就主动去邀功，没想到汉高祖刘邦立即把丁公抓了起来。

汉高祖刘邦对众大臣说："丁公做项王的将领时对项王不忠，就是他这种人使项王丧失了天下。"汉高祖刘邦下令处死了丁公，还在军中示众，警示大家要做忠臣，不要学丁公。

汉高祖刘邦君临天下之后，定都洛阳，并想长期以洛阳为都城，

---

① 据《史记·高祖本纪第八》记载：高祖曰："公知其一，未知其二。夫运筹策帷帐之中，决胜于千里之外，吾不如子房。镇国家，抚百姓，给馈饷，不绝粮道，吾不如萧何。连百万之军，战必胜，攻必取，吾不如韩信。此三者，皆人杰也，吾能用之，此吾所以取天下也。项羽有一范增而不能用，此其所以为吾擒也。"

这时来了一个人,力劝汉高祖刘邦要迁都长安,这个人就是娄敬。

娄敬,生卒年不详,齐国卢(今济南长清)人。此时的娄敬是齐国的戍卒,正在被发往陇西戍边。娄敬与虞将军是同乡,娄敬便让虞将军引荐他叩见了汉高祖刘邦。

娄敬向汉高祖刘邦力陈都城不宜建洛阳而应该建在关中的利弊,说:"陛下得天下和先前的周朝不一样,因此不应该像周朝那样以洛阳为都城,而应该到关中定都,这样便可以在秦地固守险地,国家才能长治久安。"

根据娄敬的建议,大汉应该定都咸阳以东的长安(今陕西西安)。对于娄敬的话,汉高祖刘邦虽然认为有一定的道理,但却疑而未决。

这时候,汉高祖刘邦便将此等国家大事拿到朝堂上议事。

汉高祖刘邦身边大臣大多数是山东六国人,因此大多数人的意见是建都洛阳,他们说:"洛阳东面有成皋,西面有崤山、渑池,背靠黄河,面向伊水、洛水,洛阳的地势很坚固,足以凭借据守。"

汉高祖刘邦最后又问计于留侯张良。因为在以往的岁月中,每到关键时刻,张良的计谋都能运筹帷帐之中而决胜于千里之外,当然这次也不例外。

留侯张良向汉高祖刘邦明确表示,他同意娄敬的建议,也认为以建都关中为最好。张良说:"洛阳虽然有此险固,但它地区狭小,不过数百里,土地也贫瘠,如果四面受敌,洛阳不是用武之地。倒是关中,左有崤山、函谷关,右有陇蜀大山,沃野千里,南面有巴蜀一带的富饶资源,北有畜牧之利,凭借三面的险阻来防守,只用东边一面来控制诸侯。如果诸侯安定,那么黄河、渭水可以运输天下的物资,向西供给京师,如果诸侯有异动,那么出兵可顺流而下,足以靠它运输军需物资。这正所谓金城千里,天府之国,退可守,攻可出。"

在得到留侯张良明确答案的当天,汉高祖刘邦就命驾起身,进入关中，并定都长安。

长安之名取长治久安之意。

娄敬谏言有功，因此得到汉高祖刘邦为其赐姓刘，拜为郎中，号奉春君。娄敬又称为刘敬。

汉五年（前202年）六月二十九日，汉高祖大赦天下。

汉高祖刘邦君临天下，开基肇始，建立汉朝，史称为西汉。

2. 汉承秦制

大汉王朝的开国皇帝刘邦亲眼见证了秦王朝的兴亡，体会自然就更加刻骨铭心。因此大汉王朝从诞生之日起，就去其糟粕、取其精华地承袭秦制。

在地方区划上，汉高祖刘邦接承秦朝的中央集权制和郡县制，也按照多年来形成的社会风气沿用了先秦的分封制，并将两者结合起来，实行郡国并行制。

汉高祖刘邦在建国称帝后，封赏功臣侯者的位次大约有一百四十三位。因为部分封侯者有并列排名的情况，实际上封侯数量还更多。被封侯的功臣们都得到了优厚的待遇，被赐予爵位和食邑，这些功臣们最后都得以善终，其爵位也能被后代所承袭。

对于其他将领，汉高祖刘邦先是分封了萧何等二十余人的官职，但是众将领因为互不服气，一直争功不休，汉高祖刘邦就没有继续封官。

汉五年（前202年）五月的一天，在洛阳南宫的一次早朝议事之前，汉高祖刘邦看见众将都坐在沙地上不知在说着什么。

汉高祖刘邦就问陪同在身边的留侯张良说："子房，他们这是怎么回事？坐在沙地上在说些什么？"

留侯张良向众将那边看了一眼，躬身回答道："回禀陛下，他们在谋反。"①

汉高祖刘邦闻听大吃一惊,急忙又问:"为什么?难道朕对他们不够好吗?"

留侯张良回答说:"陛下出身于平民,用这些人夺取了天下,如今陛下做了天子,而所封赏的都是萧何、曹参这些陛下的故旧亲朋,而所诛杀的都是陛下平时所怨恨有仇的。现在他们在计算战功,因天下的土地不够全部封赏,他们是害怕陛下以后不会封他们了,又害怕平时的过失被陛下怀疑而受到诛杀,所以他们就相聚在一起密谋反叛。"

汉高祖刘邦又问:"封官他们互相不服气,一直争功不休,不封官他们又想谋反,朕总不能将他们都拿下问罪吧,这可怎么办?"

留侯张良就反问汉高祖刘邦:"以陛下之见,在众将中陛下您最恨的人,又是大家所共知的人,是谁呢?"

汉高祖刘邦不加思考,直接就说:"朕最痛恨的人当然是雍齿,他在朕起兵初期的关键时刻,竟然敢多次背叛朕,在朕的背后捅刀子,害得朕差点一蹶不振。早就想杀了他,无奈又因为他功劳太大而不忍心杀了他。"

留侯张良听了又说:"那现在臣斗胆恳请陛下封雍齿为侯,不知陛下意下如何?"

闻听张良此语,汉高祖刘邦用愠怒的目光瞪着张良,只是用鼻孔哼了一声,没有说话。张良明白如果此话是别人所说,说不定已经被问罪了。于是张良赶紧解释道:"陛下您如果封了雍齿为侯,这样一来,众将就会觉得被陛下记恨的雍齿都能受封,那么他们就更不用着急了,认为陛下一定会对他们论功行赏的。"

---

① 据《史记·留侯世家第二十五》记载:上已封大功臣二十余人,其余日夜争功不决,未得行封。上在洛阳南宫,从复道望见诸将往往相与坐沙中语。上曰:"此何语?"留侯曰:"陛下不知乎?此谋反耳。"

汉高祖刘邦闻听，转怒为喜。

于是汉高祖刘邦大摆庆功宴，封雍齿为什方侯，还当场命丞相和御史抓紧时间草拟论功行赏分封的名单。群臣参加完酒宴后都高兴地说："雍齿尚且能封为侯，我们就没有什么可担心的了。"这样，留侯张良的计策又一次奏效，汉高祖刘邦和众将的心都安定了。

在继承相关秦制的同时，汉高祖刘邦还废除了秦朝的苛刻法律刑罚。[①]

在平定天下后，汉高祖刘邦采取以儒家思想为主，以法家思想为辅，取消秦朝"严刑峻法"的做法，废除连坐法及夷三族，提出了"德主刑辅"，也就是汉高祖刘邦在汉王朝建立初，采取了以教化为主，刑罚为辅的统治制度，从而达到刚柔相济、严松相当的统治效果。

汉高祖刘邦命令丞相萧何参照秦朝的法律，选取秦律中适宜在汉朝推行的部分，制定九章汉朝的律法，即《汉律九章》。

《九章律》，是在战国时期李悝所制订的《法经》六篇基础上，又补充了户律、兴律和厩这三律，一共合成九章律。

《法经》六篇是指：盗法篇、贼法篇、网法篇、捕法篇、杂法篇、具法篇。

户律，是指户口管理、婚姻制度和赋税征收等方面的律法。

兴律，主要是规定征发徭役、城防守备等方面的律法。

厩律，主要是规定牛马畜牧和驿传等方面的律法。

而现在一般所说的汉律，就是指《九章律》。

与此同时，汉高祖刘邦还重用叔孙通整理朝纲。叔孙通制定了一套适合当时形势需要的政治礼仪制度，撰写了《汉仪十二篇》《汉

---

① 据《汉书·高帝纪第一下》记载：初，高祖不修文学，而性明达，好谋，能听，自监门戍卒，见之如旧。初顺民心作三章之约。天下既定，命萧何次律令，韩信申军法，张苍定章程，叔孙通制礼仪，陆贾造《新语》。又与功臣剖符作誓，丹书铁契，金匮石室，藏之宗庙。虽日不暇给，规摹弘远矣。

礼度》《律令傍章十八篇》等仪法法令方面的专著，为汉朝的建立和巩固起到了重要作用，也为后人留下了一笔宝贵的文化遗产。

在制定经济制度上，早在汉高祖刘邦攻入咸阳时，便废除了秦朝的苛法。

当时的刘邦还是楚怀王封的砀郡长，他奉"怀王之约"西进攻秦。进入咸阳之后，刘邦在张良、萧何等人的劝谏下，就采取与民约法三章的政策，封存府库，对百姓秋毫无犯，深得民心。

天下平定之后，汉高祖刘邦制定了一系列"与民休息"的制度。

一是免除徭役减轻人民的负担，如减轻田租、什五税一等制度；二是释放奴婢，规定凡是百姓因为饥饿而自卖为奴婢的，都免为庶人；三是解放生产力，让士兵复员归家，按功劳给予他们土地及住宅，使他们从事生产劳作，迅速恢复提高国民经济；四是继续推行秦代按军功授田宅的制度，规定商人不得衣丝乘车，并加重租税等，恢复残破的社会经济，稳定封建统治秩序；五是鼓励生育，扩大劳动力；六是大力发展农业，抑制打击唯利是图的商人及残余的奴隶主阶级。

这样一来，汉高祖刘邦在建国之初就通过制定各种经济制度，使百姓得以生息，民心得以凝聚，国家得以巩固。

汉高祖刘邦年轻时放荡不羁，鄙视儒生。称帝之初，他也一度认为自己是马上得天下，《诗》《书》没有用处。

这时大臣陆贾觐见说："马上能得到天下，但马上能治天下吗？"

汉高祖刘邦接受劝谏，于是就命陆贾著书论述秦王朝失去天下的原因，以资借鉴。陆贾也不辱使命，完成了一部《新语》回报皇恩。

与此同时，汉高祖刘邦还下令建立规模宏大的天禄阁、石渠阁，用以收藏《诗》《书》等典籍，特别是当初入咸阳时，萧何在咸阳宫所保存下来的秦朝典籍制度等文献。这就相当于后世的"国家图书馆"了。

汉高祖刘邦开创的汉朝还奠定了中国古代社会的主要文化，即儒家思想影响下的文化制度。当年，刘邦被父老乡亲立为沛公后，他就在沛县修建了黄帝祠，祭祀蚩尤。

在汉二年（前205年）时，时任汉王的刘邦就作了一首《重祠诏》：

"吾甚重祠而敬祭。今上帝之祭，及山川诸神当祠者，各以其时礼祠之如故。"

当时的刘邦就已经在思考作为尊王应该有的祭祀礼仪，他认为"天子尊事天地，修祀山川，古今通礼"。

成为汉高祖的刘邦在经过涂山时，又命人修建禹王庙来镇守涂山。涂山是夏朝兴起之地，汉高祖刘邦在涂山修建了禹王庙，从此历代官府和黎民百姓便有了祭祀大禹之所——涂山禹王庙。因为有了禹王庙，从而开始有祭祀活动。在大禹诞辰的农历六月六，会举办涂山禹王庙会。后来，由一年一祭的庙会，又发展为一年三祭大禹的庙会，即在农历三月二十八日的禹会诸侯会期、六月六日的禹诞辰、九月九日的登高怀古庆祝丰收这三个日子，举办三次大型庙会活动。

汉十一年（前196年）二月，汉高祖下诏说："朝廷一直很想减少赋税，然而一直到现在也没有定出规章，官吏有的以多收赋为献费，而诸侯王征收得更多，使得百姓十分疾苦。今下令诸侯王、通侯都要在十月朝见时纳献费，郡国都要各以人口实际数计算，每人一年六十三钱，用来缴纳献费。"

与此同时，在朝堂上汉高祖刘邦又对众大臣们说："听说帝王没有高于周文王的，霸主莫有高于齐桓公的，他们都是依靠贤人而成名。难道天下贤者智者只有古人吗？究其原因是人主不去结交，贤士没有机会见到啊！今朕凭借上天的神灵和贤士大夫的帮助夺取天下，一统为刘氏江山，并想让它长久传下去，世世代代祭祀宗庙不间断。贤人已经与朕一道平定天下了，而不与朕共安定同享受，这样可以吗？贤士大夫肯跟随朕的，朕能够让他位尊名显。布告天下,让人们都明白朕的心意。御史大夫周昌低于相国,相国萧何低于诸侯王,御史中执法下郡守,凡是诚意推举有贤明之德者,郡守必须亲自前往劝勉,为之驾车,送到相国府登记品行、仪表、年龄。有贤明之人而不报告,一旦发现,即行免职。当然对于那些年老多病的贤士,就不要送上来了。"

汉十二年(前195年)十二月,汉高祖刘邦从淮南回京长安,当路过鲁地时,他专程到曲阜,以隆重的"太牢"礼仪祭祀孔子。

太牢,即供奉猪、牛、羊三种牲畜各一个。

这样,汉高祖刘邦就成为中国历史上第一个亲临孔庙并祭祀孔子的君主,开创了帝王祭孔的先例。另一方面也说明了统治者掌握政权后,儒学的价值在社会的变革中得以充分体现。

3. 强化皇权

刘邦君临天下成为汉高祖之后,在政治、军事、经济、文化等方面去其糟粕取其精华地承袭秦制,制定了一系列律法规章,除此之外,还采取行之有效的措施对皇权进行巩固。

楚汉相争的末期,时任汉王的刘邦就承诺会根据军功给予封王和划分土地的待遇。西汉开国之后,汉高祖刘邦信守承诺,陆续分封异姓王。各地的异姓王有封地有兵将,还有些人对汉王朝三心二意。

更有一些其他将领,为了功劳大小和赏赐的多少一直争斗不止。如果安抚不当,就会投奔那些异姓王联合作乱。

汉五年(前202年)秋七月,燕王臧荼反叛,汉高祖刘邦亲自率兵征讨。

到了九月,臧荼的反叛被平定,并俘虏了臧荼。随即,汉高祖就下诏给各诸侯王征求意见,诏令在各诸侯王中推荐选拔燕王的人选,条件是看谁的功劳最多。荆王刘贾和韩信等十多人都说:"太尉长安侯卢绾功劳最多，恳请陛下立卢绾为燕王。"

汉高祖刘邦采纳了大家的意见，于是立太尉卢绾为燕王。随后汉高祖刘邦又派遣丞相樊哙率军去平定代地。

就在这时，颍川侯利几也反叛了。闻报后，汉高祖刘邦又亲自率军去平叛。

利几原是楚霸王项羽的将领。项羽败逃时，时任陈县县令的利几没有跟随项羽，而是逃走投奔了当时的刘邦。利几降汉后，被封为颍川侯。

当汉高祖刘邦称帝后到了洛阳时，按照全部通侯名册来召见诸侯。当然利几也在召见名单之内。然而，也许是利几做贼心虚，又或者是他听信了谗言，总之利几恐惧胆怯得不知所措，最后竟然因此而反叛了。

汉高祖刘邦亲自率军平叛，利几又闻风而动，逃走了。

汉六年（前201年）十二月，有人告发楚王韩信谋反。汉高祖刘邦就将此事拿到朝堂上商议。汉高祖刘邦对大臣们说："有人举报楚王欲谋反，众爱卿看看应该怎么办？"

众大臣们都说要发兵讨伐，并争相着要领兵去攻打韩信，唯有陈平是一个例外。陈平反对朝廷出兵讨伐韩信，他说："楚国兵精粮足，韩信又善于用兵，发兵很难取胜。"

汉高祖刘邦问："依陈爱卿之言，朕应该怎么办？"

陈平看了一看众人，说："启禀陛下，微臣觉得此事须从长计议。"

汉高祖刘邦明白了陈平的言外之意，于是宣布退朝，独留下陈平，并屏退左右，说："陈爱卿但请道来。"

陈平躬身说道："臣以为陛下可以巡游云梦泽为借口，诏令各诸侯王都到陈县拜见，到那时楚王韩信就一定会来拜见陛下，然后陛下就乘机抓住他问罪。"

汉高祖刘邦依陈平之计行事。汉高祖到了陈县，会见各路诸侯，

第九章 /大汉开国，承袭秦制大一统/

楚王韩信果然也去迎接。于是汉高祖一声令下直接就将韩信逮捕了。[①]

楚王韩信一边挣扎一边向汉高祖刘邦喊道:"陛下,这是为什么?"

汉高祖刘邦说:"有人举报你要谋反,对朕不忠之人,难道不应该抓吗?"听到对他的指控,韩信大声喊冤:"陛下,臣冤枉啊!这一定是小人在诬陷臣。陛下明鉴啊!"

汉高祖刘邦没再说话,只是一扬手示意将韩信拉下去。

见此,韩信甩掉士兵的拉扯,昂首走出去,并哈哈大笑着说:"狡兔死,良狗烹;高鸟尽,良弓藏;敌国破,谋臣亡。古人说的果然没错,如今天下已经平定,像我这样的人也没有用了,是早就该烹杀了。"

为了安抚人心,汉高祖下诏大赦天下。诏曰:"天下已经安定,各路豪杰有功者理应均封为侯,然而,由于初登帝位,还没来得及把有功人员都考虑进去。有些人在军中服役已经九年,这些人之中,有的人因为不熟悉法令而犯法,罪过大的还判了死刑。朕很怜悯他们,今赦免天下罪人。"

有一个叫田肯的人前来祝贺,对汉高祖说:"陛下抓到韩信,又建都秦中,这事儿办得很好。秦地是地理优越的地方,既有阻山带河之险,又与诸侯国远隔千里,如果有一百万的人马来进攻,凭借秦中的地形,只用两万人马就可以抵御。如果向关东发兵对付诸侯,就如在高高的屋子上用瓶子倒水,有居高临下之势。齐国,东有琅琊、即墨的丰富资源,南有泰山的险固,西有浊河的天然阻隔,北有渤海的鱼盐之利。地方两千里,可以武装百万士卒,相隔在千里之外,齐国用二十万人的兵力就能抵挡百万士卒。这就是东秦和西秦。如果不是陛下的血亲子弟,不可以让他在齐为王。"

汉高祖刘邦闻听田肯之言心中当然很高兴,但皇帝金口玉言,

[①] 据《汉书·高帝纪第一下》记载:人告楚王信谋反,上问左右,左右争欲击之。用陈平计,乃伪游云梦。十二月,会诸侯于陈,楚王信迎谒,因执之。

对田肯只说了两个字："很好。"随后，因谏言有功，汉高祖又赏赐给田肯五百斤黄金。

十多天之后，汉高祖刘邦回洛阳时，将韩信也押回到了洛阳。由于没有明确的证据，便释放了他，但韩信由楚王被降成了淮阴侯，这使得韩信对汉高祖刘邦心生了怨恨。

从此怀恨在心的淮阴侯韩信便一直谋划着如何反叛汉朝廷，凭着韩信的能力，不久就想到了一个办法，那就是游说代相陈豨在代地反叛，迫使汉高祖刘邦亲自前去平叛，然后韩信自己就突然袭击留守在都城长安的皇太子和吕后。然而，韩信的谋划只成功了一半，因为他虽然成功地引开了汉高祖刘邦去代地平叛，但是他偷袭都城长安的事情还是败露了。

被韩信鼓动并利用了一回的代相陈豨，于汉九年（前198年）九月反叛。

汉高祖刘邦得知陈豨反叛，很是感慨地对群臣说："陈豨曾做过朕的使臣，是一位很讲信用的人。代地是朕当时急要获得之地，因此就封陈豨为列侯，并让他以相国的身份镇守代地。没想到如今他竟然与王黄等人劫掠代地！罢了，罢了，代地的官吏百姓没有罪，能离开陈豨和王黄叛军归降的人，全部赦免。"[1]

汉高祖刘邦果然御驾亲征。当到达邯郸时，汉高祖高兴地说："陈豨不在南据守邯郸却防御漳水，朕就知道他不能有什么作为。"

赵相周昌上奏说："启禀陛下，常山二十五城现已经丢失了二十城，请示是否杀了郡守和郡尉？"

汉高祖刘邦问："常山郡守和郡尉反叛了没有？"

周昌回答道："没反叛。"

---

[1] 据《汉书·高帝纪第一下》记载：九月，代相国陈豨反，上曰："豨尝为吾使，甚有信。代地吾所急，故封豨为列侯，以相国守代，今乃与王黄等劫掠代地！吏民非有罪也，能去豨、黄来归者，皆赦之。"

汉高祖刘邦说:"那是因为兵力不足才丢失了城池,常山郡守和郡尉无罪。"

接着汉高祖刘邦又令周昌在赵地挑选出可以带兵打仗的壮士。周昌领命而去,不多时就回报选出了四位壮士。于是汉高祖刘邦立即召见四人。

汉高祖刘邦谩骂道:"小子们能当将军吗?"吓得这四人赶紧羞愧地伏在地上不敢抬头也不敢回答。然而接下来令四人没想到的是,他们被各封千户,并被任为将军。

汉高祖刘邦身边的大臣们纷纷劝阻说:"对那些跟从入蜀郡、汉中郡、伐楚的功臣们还没有封赏完毕,今天封的这四个人,他们有什么功劳?"

汉高祖刘邦说:"这不是你们所能了解的。陈豨反叛,赵、代地都被陈豨占据了。朕也曾檄文征天下之兵,然而却没有来应征的。现在看来,也只能依靠邯郸的兵来平叛了,朕又岂能舍不得四千户来慰劳赵地子弟呢!"

汉高祖刘邦的一番话,说得众大臣心服口服,都说:"很好。"接下来,汉高祖又令人寻找大将乐毅的后代。手下人找到了乐毅的孙子乐叔,被汉高祖封在乐氏的故乡,号华成君。

汉高祖刘邦又问陈豨的将领们都是什么样的人,当得知都是旧时的商人时,汉高祖刘邦说:"朕知道怎么办了。"于是汉高祖刘邦就令人多用黄金收买陈豨的将领,陈豨的将领们有很多投降了。最后,又经过一年多的平叛,周勃平定了代地,斩陈豨于当城。

汉十一年(前196年)春正月,淮阴侯韩信兵发长安,留守在长安的吕后采用了丞相萧何的主意,将韩信诱骗入宫实施了抓捕,最后韩信被斩于长乐宫钟室,并被诛杀三族。为此,给后世留下了一个"成也萧何,败也萧何"的成语。

萧何作为"汉初三杰"之一,是三人中最早追随汉高祖刘邦的。

汉高祖刘邦对萧何在镇守国家，安抚百姓，供给军粮，畅通粮道等后勤保障上的功绩给予了很高的评价。因此，将萧何当成了丞相的不二人选。

刘敬建议迁都长安，此建议又得到了张良的认可，汉高祖刘邦决定正式迁都长安。汉七年（前200年）二月，汉高祖刘邦到达长安。与此同时，萧何就开始负责筹建未央宫。萧何在未央宫设置了东阙、北阙、前殿、武库、大仓。

有一天，汉高祖刘邦见到未央宫这样的设置感觉太壮丽了，就很生气地对萧何说："天下喧扰不安，劳苦多年，成败还不知道，为什么把宫室建得如此华丽奢侈呢？"

萧何躬身回禀道："正因为天下还没平定，所以才要造宫室。况且陛下以四海为家，不壮丽就不能加重声威，只要让后世不要超过这种壮丽就行了。"汉高祖刘邦听了萧何如此说，才转怒为喜。于是，正式从栎阳迁都长安。设置宗正官以谱序九族。

汉十二年（前195年）冬十月，汉高祖刘邦在平定了叛乱回到长安后，丞相萧何提议："启禀陛下，臣建议开放上林苑，让百姓去耕种。因为现在上林苑基本上处于闲置状态，已经荒芜了。上林苑那么好的土地不应该任其荒芜，只是作为圈养野兽来供皇家狩猎的地方。"

汉高祖刘邦一听就恼怒了，说："大胆萧何，你是拿了商人的贿赂，所以才替他们说话的吧？你这是借百姓之名在为商人牟利。"

汉高祖刘邦不由分说，就令人将萧何拿下关进了监狱。过了几天，有大臣直言问："陛下，萧丞相犯了什么罪？"

汉高祖刘邦说："原先李斯做秦国的丞相时，凡是有功劳都归始皇帝，不好的事都由自己承担，然而丞相萧何却接受了商人的贿赂，替他们求朕开放上林苑来收买人心。因此朕要治他的罪。"

就这样，汉高祖刘邦通过打击元老功臣萧何，在削弱相权的同

第九章 /大汉开国，承袭秦制大一统/

时将皇帝的权力提高了。

4. 对战匈奴

汉五年（前202年）二月，刘邦在齐王韩信、韩王信等人的拥戴下称帝。君临天下成为了汉高祖的刘邦也没有亏待众人，称帝伊始，就真正剖符委任韩信、韩王信等人为王。

汉高祖刘邦发布任命诏书之后不久，韩王信便回到韩国享福去了。此时韩国的都城在阳翟（河南禹州），而阳翟的周围都是天下劲兵的屯兵处。北面与巩、洛相近，南面对宛、叶有逼迫之势，东面又与淮阳相望。

汉高祖刘邦此时还没有确定大汉朝廷的都城所在地，暂时还停留在洛阳，而阳翟近在咫尺，韩王信就相当于是放在汉高祖身边的一颗钉子，因此命令韩王信迁都是势在必行的。

汉六年（前201年）春，汉高祖刘邦下诏把太原郡三十一县划为韩国，命韩王信迁都至晋阳（山西太原），令韩王信在太原以北，防备抵御北方匈奴的骚扰与掳掠。

韩王信作为皇室后裔，又经过了战争的洗礼，自然知晓皇帝诏书中的深意，因此韩王信并没有像韩信似的进行抱怨，而是顺着皇帝的意思，提出了更加妥当的迁都计划。

韩王信提出由于匈奴接二连三地袭扰边地，晋阳距离与匈奴的交界处太远，如果匈奴来扰，无法快速采取措施应对，因此愿意将韩国的都城继续北迁至马邑（山西朔州），为国家备边，以抵抗匈奴。

汉高祖刘邦对韩王信的建议感到很满意，因此当即就同意了韩王信的要求。这样韩王信就迁都到了马邑。然而，就是因为这样的迁都，使得韩王信最终背叛了汉高祖刘邦及大汉而为匈奴效力。

当秦末天下大乱之时，漠北的匈奴乘机南下，重新占据了河南地（今内蒙古河套地区）。汉初，匈奴在冒顿单于的治理下兵强马壮，因此更是不断地侵扰汉朝的边郡。

汉六年（前201年）秋九月，匈奴将韩王信包围在了韩国的都城马邑。冒顿单于在率军围困马邑的同时，又另派兵围攻云中郡。

汉六年（前201年）秋，在接到韩王信的求救后，汉高祖刘邦亲率三十二万大军出击匈奴。

汉高祖刘邦在洛阳周边调配大军，驱兵分路救援马邑和云中郡。由于马邑距离中原地区过于遥远，这样一来所需时日就要多上一些。冒顿单于当然不会给韩王信等待援军的时间。为了坚持等汉高祖刘邦援军的到来，韩王信就采取了与匈奴求和的缓兵之计。然而，汉高祖刘邦不问缘由就贸然派使者责备韩王信。韩王信惧怕汉高祖刘邦事后追责，他一定会被问斩，因此转而假戏真做投降了匈奴。

投降匈奴之后的韩王信，立即率军南下迎战汉高祖刘邦，而冒顿单于自己则率军进攻代郡（河北蔚县）。

汉七年（前200年）冬十月，汉高祖刘邦的进军比较顺利，连连取胜。在铜鞮（今山西沁县南）汉高祖刘邦率汉军与韩王信遭遇，大战一番之后，初战告捷，大获全胜。此战使得韩王信的军队遭到了严重的损伤，韩王信部下大将王喜更是在这场战斗中被汉军杀死，韩王信只能逃奔匈奴再次与匈奴合作。

韩王信败退至晋阳（今山西太原），据城坚守。韩王信与部将曼丘臣、王黄共立原赵国之后裔赵利为赵王，并收集韩王信败逃的散兵，抵抗汉军。韩王信一直坚持到汉将周勃率军加入，再也无法抵挡两路汉军的联合进攻，于是率军继续向北逃亡。

周勃率军为前锋，汉高祖刘邦率汉军大部队继续乘胜追击，又在途中多次击败了韩王信与匈奴的联军，并且一路追击下去，直接追到了楼烦（今山西朔州）。

冒顿单于得知消息，也放弃对代郡的围攻，急忙率军回撤。

汉高祖刘邦获悉，赶忙率军追击。当时正值寒冬时节，天天下大雪，地冻天寒，汉军士卒十人中就有两三个人被冻掉了手指头。担任前哨探军的刘敬就劝阻汉高祖刘邦要停止追击，然而汉高祖刘邦因为此前一直获得大胜，从思想上就轻视了敌军，所以汉高祖刘邦不顾刘敬的劝阻，犯了轻敌冒进的错误，继续追击一直到平城（今山西大同）。

实际上，刘敬所料不错，匈奴军回撤正是冒顿单于的诱兵之计，因此汉高祖轻敌冒进的结果就是中了敌军的诱军之计。

汉高祖刘邦的先头部队周勃军最先在平城追上匈奴人，随后是汉高祖刘邦所率的大军赶到。

冒顿单于见汉军已经进入他所设的陷阱中，就利用匈奴军熟悉地形的特点，进一步将汉军引诱到白登山中，并引军实施对汉军的围困。

在白登山（今山西大同东北），匈奴三十余万骑兵利用熟悉地形的优势，将汉军紧紧围困起来。整整七天七夜，汉军的先头部队和外面的主力完全失去了联系，而汉高祖刘邦正好在先头部队中。被围困的汉军粮食已经基本见底，天气又正值寒冬，汉军士卒饥寒交迫。

汉军已经身陷绝境，危在旦夕，一度十分危险。正当汉高祖刘邦感到绝望之时，跟在汉高祖刘邦身边的谋士陈平想到了一个计谋。

陈平看到匈奴的冒顿单于十分宠爱他的妻子阏氏，于是陈平就在绝境中看到了一丝光亮。陈平向汉高祖刘邦献计说："臣观察到冒顿单于十分喜爱妻子阏氏，天天朝夕不离，还经常一起骑马出入，十分恩爱，陛下可派遣使者趁大雾天下山给冒顿单于的妻子阏氏献上大量的金银珠宝，也许阏氏能劝说冒顿单于撤退。"

汉高祖刘邦听了陈平的计谋，问："你有把握能成功吗？"

陈平回道:"这是臣的突发奇想,说实话臣也不能确定能否成功,只是觉得阏氏是汉军能逃离白登山的一个机会,权且是死马当活马医了。"

于是汉高祖刘邦采取了陈平的计谋,令人带着大量的金银珠宝去贿赂冒顿单于的妻子阏氏。阏氏收到大量金钱后十分高兴,就对冒顿单于说:"汉军有几十万的大军来支援,打算拼命救出汉高祖刘邦。"

冒顿单于闻听爱妻之言,也害怕汉军援军到来之后自己被反包围。同时冒顿单于还有一件更担心的事,这就是冒顿单于本来与韩王信的部下王黄和赵王赵利约定的会师时间已经到了,但对方的军队却没有按时到来。因此冒顿单于怕韩王信又与汉军勾结一起来对付自己。因此冒顿单于就采取了妻子阏氏的意见,打开了包围汉军的一个角,放汉军安全离去。

这样在被困了七天七夜后,汉高祖刘邦才得以脱困,这就是历史上有名的白登之围。①

白登之围让汉高祖刘邦意识到武力解决问题的错误。因此白登之围之后,汉高祖刘邦采用联姻的方法笼络匈奴,使之不再来犯。

汉九年(前198年),汉高祖刘邦不得不对匈奴采取和亲政策,开放汉与匈奴之间的关市,以缓和双方的关系。

直至汉十一年(前196年),韩王信与匈奴攻占参合(山西阳高),被汉高祖刘邦派遣的柴将军攻破,才将韩王信斩杀。

其间,汉高祖刘邦曾留有书信给韩王信,准备用赦免和爵位不变来获取韩王信的归降。然而韩王信一面检讨自己的罪过,另一面

---

① 据《汉书·高帝纪第一下》记载:秋九月,匈奴围韩王信于马邑,信降匈奴。七年冬十月,上自将击韩王信于铜鞮,斩其将。信亡走匈奴,(与)其将曼丘臣、王黄共立故赵后赵利为王,收信散兵,与匈奴共距汉。上从晋阳连战,乘胜逐北,至楼烦,会大寒,士卒堕指者什二三。遂至平城,为匈奴所围七日,用陈平秘计得出。

又坚决不信汉高祖刘邦会放过割据一方的异姓诸侯王。

5. 清除异己

楚汉相争时，刘邦为了打败楚霸王项羽，采取拉拢其他诸侯王的外交策略，从而打败楚霸王项羽取得天下。在战后不得不与这些与他结盟的诸侯王分享胜利果实。与此同时，在楚汉战争中，刘邦迫于形势又把手下一些战功卓著的将领封为诸侯王。这些异姓诸侯王主要有：淮南王英布、燕王臧荼、长沙王吴芮、赵王张敖、韩王韩信（即韩王信）、楚王韩信、梁王彭越。楚汉战争时，刘邦仅是他们的盟主，并非严格意义上的君臣关系。战后，刘邦成为各诸侯王中实力最强者，因此其他诸侯王尊刘邦为皇帝。

然而成为汉高祖的刘邦始终认为异姓诸侯王仅能利用，不可完全信任，始终对异姓诸侯王心存疑虑，害怕他们谋反，危及自己的江山。

汉初的异姓诸侯王国土幅员辽阔，不仅高度自治，而且这些异姓王国连成一片，中央政令往往无法到达，这点早在楚汉战争末期就已经出现端倪。实际上这些异姓诸侯王又大多数对中央确实也是三心二意。因此汉高祖刘邦先后以各种借口除掉异姓诸侯王和功臣势力。

汉高祖刘邦将异姓诸侯王清灭后，发现汉朝的控制力还只能停留在关中地区，在边疆地区却显得鞭长莫及，因此分封刘氏子侄为同姓诸侯王，实行郡国制，以保刘氏江山稳固。

临江王共尉、燕王臧荼这两位是被楚霸王项羽所封的诸侯王，他们率先造反，因此也最早被平定。接着又有人举报楚王韩信谋反，汉高祖刘邦采纳陈平之计将韩信掳至长安，降为淮阴侯，最后借吕后之手斩杀了韩信。

汉六年（前201年）十二月二十八日，汉高祖开始剖符封功臣曹参等为通侯。下诏说："齐，古代建立了国家，今天为郡县，应该恢复为诸侯国。将军刘贾多次立大功，还要选择性情宽厚并且品德纯洁的人封在齐、荆地为王。"①

汉六年（前201年）春正月十三日，此时还未谋反的韩王信等人奏请将原东阳郡、鄣郡、吴郡五十三县封给刘贾为荆王，将砀郡、薛郡、郯郡三十六县封给汉高祖刘邦的弟弟文信君刘交为楚王。正月十九日，将云中、雁门、代郡五十三县封给汉高祖刘邦的兄宜信侯刘喜为代王，将胶东、胶西、临淄、济北、博阳、城阳郡七十三县封给汉高祖刘邦长子刘肥为齐王。

汉七年（前200年）十二月，匈奴进攻代国，代王刘喜弃国逃跑回到了洛阳。汉高祖刘邦对自己这位只会务农且胆小怕事的兄长没有治罪，赦免了他，并将他由代王降为合阳侯。十二月二十八日，汉高祖刘邦封自己的儿子如意为代王。

汉八年（前199年）冬，汉高祖刘邦率军在东垣追击韩王信的残部。大军返回时路经赵国，赵国的相国贯高因为汉高祖刘邦没有礼待赵王张敖而感到耻辱，因此就密谋刺杀汉高祖刘邦。

当时汉高祖刘邦本来是想留宿，不知道为什么突然心中一动，就问："此地叫什么名？"身边有一位大臣回答道："柏人。"汉高祖刘邦暗自嘀咕："柏人者，迫于人也。"想至此，汉高祖刘邦转身就走，离开了该县，因此于不经意间却也躲过了一场危机。②

第二年，赵相贯高等人曾密谋刺杀汉高祖刘邦的事被发觉了，

---

① 据《汉书·高帝纪第一下》记载：甲申，始剖符封功臣曹参等为通侯。诏曰："齐，古之建国也，今为郡县，其复以为诸侯。将军刘贾数有大功，及择宽惠修洁者，王齐、荆地。"

② 据《汉书·高帝纪第一下》记载：八年冬，上东击韩信余寇于东垣。还过赵，赵相贯高等耻上不礼其王，阴谋欲弑上。上欲宿，心动，问："县名何？"曰："柏人。"上曰："柏人者，迫于人也。"去弗宿。

/ 第九章 / 大汉开国，承袭秦制大一统 /

不仅贯高等人被逮捕，赵王张敖也被连累下狱。汉高祖刘邦下诏说："敢有跟随赵王到长安的人，罪及三族。"然而，赵国的郎中田叔、孟舒等十人却甘愿冒着被诛三族之罪，扮成赵王的家奴，跟随赵王张敖一起入狱。

实际上，赵王张敖是真不知道贯高等欲谋刺杀汉高祖刘邦的事。因此，汉九年（前198年）春正月，汉高祖刘邦只是废了赵王张敖的王位而改为宣平侯，并没有斩杀张敖。二月，汉高祖刘邦召见了赵臣田叔、孟舒等十人，汉高祖刘邦认为他们是贤德之人，在汉朝廷的大臣中都没有人能超过他们的，因此汉高祖刘邦高兴地将他们全部都封为郡守、诸侯国相。

除了异姓诸侯王之外，对于原六国的贵族后裔，汉高祖刘邦也没有掉以轻心。

汉高祖刘邦接受刘敬"强干弱枝"的建议，将关东六国的强宗大族、豪杰名家和名门望族共计十几万人全部迁到关中居住，将他们置于中央的控制之下，消除后顾之忧。

汉九年（前198年）十一月，汉高祖刘邦下诏令原齐楚的大族昭氏、屈氏、景氏、怀氏、田氏五姓举家迁徙到关中，给予很好的田宅，让他们繁衍生息、生活富足。

汉十一年（前196年）春正月，汉高祖回到洛阳，下诏说："代地位于常山以北，与夷狄族的边界接壤。赵的国境从山的南面开始，距代很远，代常有胡人入寇，难以保全国土。割取山南太原之地增属代国，代的云中以西设云中郡，代受到的边寇骚扰就减少了。在王、相国、通侯、二千石官吏中选择一位可以立为代王的人。"燕王卢绾、相国萧何等三十三人都提议说："皇子刘恒贤惠、聪明、温和、善良，请立刘恒为代王，都晋阳。"汉高祖刘邦对群臣如此的反应当然感觉很满意，于是大赦天下。

汉十一年（前196年）三月，梁王彭越谋反，被诛灭三族。汉高祖刘邦对众朝臣说："众爱卿，大家来推荐一下可以立为梁王和淮阳王的人选。"

燕王卢绾、相国萧何等请立皇子刘恢为梁王，皇子刘友为淮阳王。又建议撤销东郡建置，扩增为梁国封地，撤销颍川郡建置，扩增为淮阳国封地。

汉十一年（前196年）夏四月，汉高祖刘邦从洛阳返回京师长安，下令凡是丰邑人迁徙到关中的都终身免除赋役。

是年五月，汉高祖刘邦又下诏说："粤人的风俗喜好互相械斗，以前秦朝时迁徙中原百姓到南方的桂林、象郡、南海三郡，使得中原人与百越人杂居。当天下群雄反秦之时，南海尉赵佗担任南方官长，治理当地很有条理章法。中原人没有减少，而粤人喜欢互相械斗的风俗又进一步制止，这些都是赵佗的功劳。因此，今立赵佗为南越王。"于是，汉高祖派陆贾前去授予玺绶。赵佗当然就感动地叩头称臣了。

六月，汉高祖刘邦又下令，所有从军入蜀郡、汉中郡、关中的人全都免除终身赋税。

秋七月，淮南王英布谋反。汉高祖刘邦召集众将议事，问："英布英勇善战，军势甚盛，怎么办？"滕公夏侯婴推荐说令尹薛公有平叛的计谋。汉高祖刘邦就立即召见了薛公。于是薛公就向汉高祖刘邦陈述了英布所处的形势。听了薛公的分析，汉高祖刘邦立即拍手称赞道："此计妙啊！"随后汉高祖刘邦就封薛公为千户。又诏令王、相国推荐可以立为淮南王的人选，群臣请立皇子刘长为王。汉高祖刘邦当然立即恩准，并征发上郡、北地、陇西车骑士、巴郡、蜀郡材官士及中尉卒三万人为皇太子的卫士，驻扎在霸上。

英布果然如薛公预言的那样东进击杀荆王刘贾，胁迫其兵，渡淮击楚。楚王刘交逃入薛城。早有准备的汉高祖刘邦大赦天下死罪以下的罪犯，令他们全都从军，与此同时，又征调诸侯兵增援，然后汉高祖刘邦抱病御驾亲征攻击英布。

汉十二年（前195年）冬十月，汉高祖刘邦在会缶击溃了英布军。英布逃走，汉高祖刘邦令别将追击。汉别将领命追击英布残军，在洮水南北追上英布军并大败英布军。英布又继续逃到番阳，被汉别将追斩身亡。

与此同时，汉高祖刘邦召集众大臣商议说："吴，古代所建之国，从前荆王兼有其地，今王已死且无后，朕欲再立吴王，应该议一议谁可以为吴王。"长沙王吴芮等大臣们都说："沛侯刘濞稳重厚道，请立为吴王。"汉高祖刘邦同意立刘濞为吴王。

当刘濞已拜为吴王之后，汉高祖刘邦召见了刘濞，拊其背说："你相貌有反相。汉以后五十年东南有乱，难道是你吗？然而毕竟你也姓刘，天下同姓是一家，你要谨慎，不要造反。"吓得刘濞急忙叩头说："不敢。"①

汉十二年（前195年）十二月，陈豨的降将说当初陈豨谋反时，燕王卢绾曾派人去陈豨的住所暗中谋议。汉高祖刘邦对待这个从小一起长大的燕王卢绾还是比较谨慎的，他不相信卢绾会背叛他，因此便派辟阳侯审食其去迎接卢绾来见他，然而，卢绾不知道是什么原因，竟然称病没有来见。审食其没有接来卢绾只得禀报说卢绾有谋反的端倪。于是汉高祖刘邦是真伤心，甚至是更生气了。他没想到卢绾竟然真的有背叛他之心。

是年春二月，汉高祖派樊哙、周勃率军攻击燕王卢绾，并下诏说："燕王卢绾与朕是老朋友，爱之如子，听说他与陈豨有密谋，朕认为他没有，因此才派人去迎接他。他托病不来，谋反之心已明。燕国的吏民没有罪，官吏在六百石以上级别的赐爵位各一级。原与卢

---

① 据《汉书·高帝纪第一下》记载：诏曰："吴，古之建国也，日者荆王兼有其地，今死亡后。朕欲复立吴王，其议可者。"长沙王臣等言："沛侯濞重厚，请立为吴王。"已拜，上召谓濞曰："汝状有反相。"因拊其背，曰："汉后五十年东南有乱，岂汝邪？然天下同姓一家，汝慎毋反。"濞顿首曰："不敢。"

绾居住在一起而离开卢绾回来的人,不仅赦免,而且爵位也加一级。"

与此同时,汉高祖刘邦又请众臣商议立燕王的人选,汉初所封的异姓诸侯王中唯一的幸存者长沙王吴芮等人请立皇子刘建为燕王。

西汉王朝建立初年,诸侯国占据大汉江山的多半疆土,如同先秦列国割据状态,异姓诸侯王在封国内部军政独立、尾大不掉,给中央集权的统治带来了极大的不稳定因素。刘邦称帝之后,有意削除异姓诸侯王。韩王信叛逃匈奴被汉兵诛杀、赵王张敖因部下谋反而被废为侯。梁王彭越、淮阴侯韩信被废后皆因吕后而遭至惨重下场。随后淮南王英布起兵,汉高祖刘邦亲征才平定了他。与汉高祖刘邦从小一起长大的燕王卢绾本想亲自入长安向汉高祖刘邦解释,后来却因为汉高祖刘邦驾崩又畏惧吕后,不得不逃往匈奴。各大封国自此全部转入刘氏子孙手中。只有长沙王吴芮的长沙国幸免。

6. 汉室江山

汉六年(前201年)四月间,汉高祖刘邦出征后返回栎阳(今陕西西安阎良区武屯镇东)。此时汉高祖刘邦的父亲刘太公就住在栎阳。汉高祖刘邦按照人子之礼,五天一朝见父亲刘太公。

刘太公的家令见此就劝刘太公说:"天无二日,士无二王。陛下虽然是你儿子,却是人主;太公虽然是陛下的父亲,却是人臣。怎么能让人主拜人臣!这样一来,陛下的权威就不能体现出来了。"

听了家令之言,刘太公这才恍然大悟。此后汉高祖刘邦再来朝见父亲刘太公时,刘太公就手握一把笤帚,在大门口迎接并一步步向后退行。汉高祖刘邦看见父亲刘太公此举,吓得大惊失色,赶紧下车搀扶着父亲刘太公。刘太公就声音颤抖地说:"你现在是皇帝,是人主啊!怎么能因为我而乱了天下大法呢!"

汉高祖刘邦一问才知父亲刘太公这是受到了家令的指点，因此在心里称赞家令之言，赏赐家令五百斤黄金。

汉六年（前201年）夏五月十三日，汉高祖刘邦下诏书说："人之最亲的人，没有亲过父子的，因此父有天下传归于子，子有天下尊归于父，这是人道的最高原则。过去天下大乱，战火四起，万民遭殃，朕身披铠甲，手执锐器，亲自统帅士卒，救护危难，平定暴乱，封立诸侯，停止兵戈，休养百姓，使天下太平，这一切都是太公教训的结果。诸王、通侯、将军、群卿、大夫已尊朕为皇帝，而今太公没有名号。今尊太公为太上皇。"

汉八年（前199年）春三月，汉高祖刘邦前往洛阳，下令给从军去平城平叛的官兵及守城邑的士卒都终身免除赋役。又规定：爵位不在公乘以上的，不得戴刘氏冠。商人不得穿锦、绣、绮、縠、纻制的衣服、携带兵器、乘车骑马。是年秋八月，汉高祖刘邦又下诏赦免了虽然有罪但还没有发觉的那些官吏们无罪。到了九月，汉高祖刘邦从洛阳返回京师长安。

汉九年（前198年）冬十月，汉高祖刘邦在长安未央宫前殿设宴为太上皇祝寿。席间汉高祖举杯对太上皇说："当年大人常说朕无赖，不能治产业，不如刘仲勤快。今天朕所取得的成就和仲相比谁的多呢？"

汉高祖刘邦此言说得太上皇老脸一红，随即只是笑呵呵地一直点头，却不发一言。殿上群臣见此都高呼万岁，大笑为乐。①

汉十年（前197年）夏五月，太上皇后崩。是年秋七月初十，太上皇驾崩，葬在了万年县。汉高祖刘邦为此还赦免了栎阳死罪

---

① 据《汉书·高帝纪第一下》记载：九年冬十月，淮南王、梁王、赵王、楚王朝未央宫。置酒前殿，上奉玉卮为太上皇寿，曰："始大人常以臣亡赖，不能治产业，不如仲力。今某之业所就孰与仲多？"殿上群臣皆称万岁，大笑为乐。

以下的囚犯。八月时，汉高祖刘邦还诏令诸侯王在其国都都立太上皇庙。

汉十二年（前195年）冬十月，汉高祖刘邦击溃了淮南王英布的反叛，在得胜还军途中，顺路回了一次自己的故乡——沛县（今属江苏徐州）。汉高祖刘邦在沛宫留住并设酒宴，将昔日的朋友、尊长、父老子弟全部召来，共同欢饮十数日。其间还招来沛县的儿童一百二十人，教他们唱歌。有一天酒喝得正酣，汉高祖刘邦一边击筑、一边唱起了即兴创作的一首《大风歌》①："大风起兮云飞扬，威加海内兮归故乡，安得猛士兮守四方！"然后汉高祖刘邦让一百二十名儿童和他一同习唱。

返回到了故乡的汉高祖刘邦起舞，慷慨悲歌，泪水一行一行流下来。那一刻，在汉高祖刘邦的心里一定是浮想联翩。他想到了新建的汉王朝相继经历了燕王臧荼、韩信、韩王信、陈豨等的叛乱，如今虽然英布的造反渐趋平定，但是北面的匈奴仍然虎视眈眈，而国内反叛势力也伺机而动，整个国家依然摇摇欲坠。他想起了前半生的坎坷才换来了如今的荣华富贵，然而各方势力又时刻想把这个他亲手打造的汉帝国推向深渊。

汉高祖刘邦怀着一股被悲凉掩盖着的豪气吟唱完这首《大风歌》，然后对沛县的乡亲们说："游子悲故乡，朕虽然定都关中，死后朕的魂魄还是思念故乡沛，况且朕自称沛公开始诛讨暴逆，然后才有天下，今天以沛为朕的汤沐邑，免除沛县百姓的赋役，世世代代都不用缴纳租税。"

就这样，汉高祖刘邦和沛县的父老乡亲整日畅饮欢乐，每日以

---

① 大风歌：大风起兮云飞扬，威加海内兮归故乡，安得猛士兮守四方！
南朝萧统将其选入《文选·卷二十八》杂歌类。原文：高祖还，过沛，留。置酒沛宫，悉召故人、父老子弟佐酒。发沛中儿得百二十人，教之歌。酒酣，上击筑，自歌曰："大风起兮云飞扬，威加海内兮归故乡，安得猛士兮守四方！"

讲故旧往事为乐。十余天后，汉高祖刘邦不得不离去了，沛县父兄坚持请求他再多留住几日，汉高祖刘邦笑着说："朕手下的人众多，父兄们管不起饭吃啊！"

汉高祖刘邦真要离开了，整个沛县万人空巷，所有人都去了城西献酒送行。见此，汉高祖刘邦只得又停了下来，与沛县父兄乡亲帐饮三日。沛县父兄乡亲皆叩头说："沛有幸得到免赋役的恩赐，但丰邑未得到，只求陛下哀怜。"汉高祖刘邦说："丰邑是朕的生长之地，本来是最不能忘的。朕是因为他们曾经为雍齿而背叛朕去降魏的缘故，才记恨他们。"沛父兄坚持请求，汉高祖才答应与沛县一样免除丰邑百姓的赋役。

汉十二年（前195年）三月，汉高祖刘邦下诏说："朕立为天子，称帝于天下，至今十二年了。朕与天下的豪杰之士贤大夫共同平定天下，举国上下安定和睦。所有人功高的封王，次的封侯，再下的还有食邑。重臣之亲者，有的封列侯，都允许他们设置官吏、征收赋税、女子称公主。列侯有食邑的，都给佩有印，赏赐大宅第。二千石一级的官吏，迁徙到都城长安，赏赐小宅第。入巴蜀、汉中定三秦而有功者，全部都世世免除赋役。朕自认为对于天下的贤士没有亏待他们了。如果再有不义之人想背叛天子擅自起兵，一定与天下共讨伐诛杀之。此诏布告天下，使人们明知朕的心意。"

汉高祖诏书中所表述的内容并不是虚情假意，实际上，对于跟随自己打天下的开国功臣，以及始终对自己忠诚的大臣们，汉高祖刘邦一直是善待的。

以最早追随汉高祖刘邦的萧何、樊哙为例。汉高祖刘邦晚年带病征讨淮南王英布时，曾对镇守关中并且有很高威望的相国萧何不放心。为了让汉高祖刘邦安心，萧何听从他人的建议，故意霸占百姓田产自污声名，因此被抓捕入狱。汉高祖刘邦明白萧何的良苦用心之后将萧何释放出狱，又专门召见萧何，自比"桀纣"当面向萧何道歉。汉高祖刘邦在病重昏聩时受到他人的谗言，以为樊哙谋反，担心樊哙会帮助吕氏作乱危及刘氏江山，后来樊哙因为陈平的保护而幸免于难。总之，萧何、樊哙两人最后得以善终。

汉高祖刘邦虽然诛杀了臧荼、韩信、韩王信、陈豨、彭越、英布等人，但实际上汉高祖刘邦所平定的是威胁中央统治的"王"而非"臣"。真正被汉高祖诛除的有功之臣仅只陈豨一个人，而陈豨还是因为汉高祖刘邦放权给他守卫边疆，但他却放任部下违法乱纪，继而被煽动拥兵造反、自立称王，这才最后被汉高祖刘邦带兵消灭。其他追随汉高祖刘邦打天下而没有异心的一百多名功臣宿将，如曹参、周勃、灌婴、夏侯婴、张良、陈平等人，甚至是曾经背叛的雍齿、项它都得到了善待。

为了皇权的巩固，汉高祖刘邦真可谓费尽心机。

汉十二年（前195年）三月，汉高祖刘邦此时已经是六十二岁的高龄老人了。本来年龄就大，在平定英布叛乱时又中了箭伤，在行军途中病情已经发作，等到回到长安之后病情就更加严重了。吕后找来一位著名的医官进宫给汉高祖刘邦看病。汉高祖刘邦问医官自己的病情，说："朕的箭伤能治不能治？"医官说："可治。"汉高祖刘邦一听口气，就知道不会好了，气得大骂医官，说："朕以布衣之身提三尺剑取天下，这不是天命吗？命乃在天，虽然扁鹊在世又有什么益处？"于是汉高祖就令人赏赐给医官黄金五十斤打发他走了，从此停止治疗。

吕后看着停止治疗的汉高祖刘邦，便问汉高祖对后事的安排："陛下百年之后，萧相国死了，由谁来接替呢？"

汉高祖刘邦说："曹参。"

吕后又问："曹参之后是谁？"

汉高祖刘邦说："王陵可以在曹参之后接任，但是王陵智谋不足，可以由陈平辅佐。然而陈平虽然有智谋，却不能独断大事。周勃虽然不擅言谈，但为人忠厚，日后安定刘氏江山的人肯定是周勃，任用周勃为太尉吧。"

吕后又追问："以后怎么办呢？"

汉高祖刘邦有气无力地说："这以后的事你也不会知道了。"

汉高祖刘邦晚年宠爱戚姬及其子赵王如意，疏远吕后，几次想废黜吕后所生的太子刘盈（汉惠帝）而立刘如意，然而因为大臣们都极力反对，也只好作罢。

然而随着吕后势力的日渐增大，汉高祖刘邦就开始担忧汉室江山会被吕氏夺去，于是，汉高祖刘邦在有生之年，完成了一件大事，那就是立下了"白马之盟"。

汉十二年（前195年）三月，汉高祖刘邦自己明白来日无多了，便令人准备好了一匹白马并布置好了祭坛。

这一天，阳光明媚，汉高祖刘邦感觉自己精神状态又恢复了，身体也是少有的轻松，于是他便离开床榻，来到朝堂之上，召集文臣武将前来议事。

群臣见高祖皇帝精神状态很好，都十分高兴，心下略安。这时汉高祖刘邦令人杀白马取血，然后率先来到布置好的祭坛前，用手指蘸血涂在嘴上，发出誓言："国以永存，施及苗裔。非刘氏而王者，天下共击之。若无功上所不置而侯者，天下共诛之。"①

随后众文臣武将也依汉高祖刘邦之举依次盟誓。

以杀白马方式订立盟约，这是古代盟誓的方式之一，要杀牲取血，并用手指蘸血来涂在嘴上，以示恪守盟约。

而汉高祖刘邦与群臣定下的白马之盟，盟约的内容是：第一，

---

① 白马之盟，是汉高祖刘邦登基后与群臣以杀白马方式订立的盟约，此为古代盟誓的方式之一，其要杀牲取血，并用手指蘸血涂在嘴唇上，以示恪守盟约，而此盟约的内容为确保只有刘姓者可为王。据《史记·吕太后本纪第九》记载："非刘氏而王，天下共击之。"

只要汉帝国存在，大臣们及其子孙就永远有酒喝有肉吃；第二，非皇族成员不得封王，如没有军功者不得封侯。

汉高祖刘邦立下"非刘氏不王"的誓约，是为确保只有刘姓者可为王，是作为巩固中央政权的辅助手段。由此，也奠定了大汉王朝四百年的根基。

汉十二年四月二十五日（前195年6月1日），汉高祖刘邦崩于长乐宫，享年六十二岁。葬于长陵（在今陕西咸阳），谥号高皇帝，庙号太祖。